証言 戦後日中関係秘史

天児 慧
高原明生［編］
菱田雅晴

はじめに

日中関係はいつの時代でも日本にとって重要である。ましてや、日中関係史上最大規模の戦争を経験し、その後両国は新しい国家建設の取り組みに入りながらも、二七年の長きにわたって外交関係を持たない歳月を経験した。おそらくこの時期を日中関係史全体の中で鳥瞰すれば、特筆すべき時期に相当するのではないかと思われる。

国際史的には、戦後の両国はやがて東西冷戦の枠組みに組み込まれ対立関係に陥り、国家間の正式な手続きによる戦後処理もなされず、国家間の交流もないまま、ほぼ一世代の歳月を経た。その間、日本は急速な経済復興を実現し、安全保障上の関係から大陸中国ではなく、台湾の中華民国政府との関係回復・強化を選択した。他方で中国は毛沢東の様々な挑戦・実験で行き詰まり、民衆にとって苦難の歴史をたどった。一九七二年、年初のニクソン大統領の訪中を直接的な契機として、ようやく日中の国交正常化が実現した。その後、中国自身が毛沢東の激動の時代を終えて経済近代化建設の道に入り、それを日本が支援するという形で日中関係は一挙に広がり、緊密化した。

戦後の日中関係を考える場合、一般的には、正常化以前と以後の関係史を分けて理解し、いくつかのトピックを取り出してそれぞれの時代を理解する傾向にある。たとえば、正常化以前では、非政府の民間貿易・LT貿易の活動やその役割、長崎国旗事件、ピンポン外交などが重要なトピックとなる。正常化後は、中国の対日プラント「破棄」問題、対中ODA供与、「歴史教科書問題」、「尖閣領土領海問題」などのトピックが浮上する。

しかし、今回のオーラル・ヒストリーを紡ぎ上げるためのインタビューを重ね、あらためて痛感したのは、水面に浮上したトピックを追いかけるだけでは決して日中関係の核心に触れることはできないこと、様々な領域の水面下で日中の人々の深い関わりが存在していたこと、しかもそうした人の関係を十分に認識することで両国関係の重要さ、意味ある全体像が浮かび上がってくるのだということであった。各インタビューは、人間の生きざまから見た戦後の関係史に、断絶の時期などなかったということを映し出すものであった。戦争終結の時期においてすら、大陸からの日本人の帰還・残留問題、残留兵士の国共内戦への参加などから関係はすでに始まっており、経済交流を担った人々の活動など、今日に至るまで途絶えることのない流れの中で両国の関係は浮き沈みし、改善され継続していったのである。それらを可能な限り明らかにし、関連付けていくことで、水面上に現れた日中関係史への真の理解を可能にすることができるだろう。

今回のインタビューは二〇一六年五月より二〇一九年一月まで、計一二回にわたって主に早稲田大学内で行われた。インタビューに応じてくださった方々は、まさに各分野での歴史のキーパーソンであり、これらの方々の発言は極めて貴重な歴史証言として関係史の中に刻み込まれることになろう。言い換えるなら、本書に収められたインタビューは、日中関係史の深みと多様さを読者に提供する格好の資料と言える。これらの人々を類別するならば、(1)「戦後日中関係」のいわば土台づくりに貢献をなした人々、(2)各分野でのメイン・トピックの大事な裏方を担った人々、(3)一般に関係の改善と発展のために奔走した人々に分けられるであろう。

そして、これらの証言を通して、読者は、(1)日中関係において「人の要素」がいかに重要な役割を果たしていたか、(2)そうした人々のつながりは、国家体制の枠を越えており、人間の「情」とか「信頼」がいかに重要な絆となっていたか、さらには、(3)決して多数ではないが、彼らのこうしたつながりが、日中関係の歴史を動かす上で欠かすことのできない重大な要素となっていたこと、(4)彼らの発言から当時一般的に理解されてきた様々な重大事件、問題をあらためて問い直すことが可能となること、などを感じ取ることであろう。以上のことから、われわれは、日中関係史のオーラル・ヒストリーとして出版に踏み切ることにした。

ところで、出版企画の主体である「新しい日中関係を考える研究者の会」は、二〇一二年九月の尖閣諸島(中国名・釣魚島)をめぐる衝突をきっかけとして深まった日本と中国の対立に強い懸念を抱き、対立の緩和と関係の再構築に力を尽くしたいと考え、毛里和子、平野健一郎、山田辰雄ら志を同じくする呼びかけ人が、二〇一三年七月に立ち上げた組織である。最初の代表幹事は毛里和子、二〇一五年一月より天児慧が代表幹事を引き継ぎ、二〇一九年七月の会員総会で、高原明生を代表に新たな研究者のネットワーク「日中関係論壇」へと発展させる方針が定められた。

会が目ざしたものは、(1)学術的知見の提供を通して、日中の政府、国民、そして研究者の間の信頼構築を進め、狭隘なナショナリズムを乗り越えて、東アジアでの和解への道を探ること、(2)日中の研究者を中心とした国際的な知的ネットワークを広げること、(3)新しい善隣関係の構築に寄与できるよう日中関係研究の新たなパラダイムを追求すること、であった。

会の具体的な活動を振り返ってみると、大まかには、中国の研究者との交流、日本国内の政府、メディア、経済界ほか中国関係者との交流などがあった。その中で継続的で重要な活動となったのが、この戦後日中関係のオーラル・ヒストリーの聞き取り研究会であった。若い世代に日中関係の歴史を理解してもらうという意味で、重要な意義を持つ活動だったと考える。近く発足する「日中関係論壇」の活動に対しても、従来以上に温かいご支援、ご協力をお願いする次第である。もちろん、今日の日中関係の局面は新たな深刻な事態が出現し、決して予断は許されない。日中関係者の中国における研究交流が厳しく制限され、以前のような比較的自由な交流、調査が困難になってきていることである。しかし、苦しいことではあるが、挫けることなく、真実を追求し、日中関係の改善、発展に尽力しなければならない。

最後になったが、本書は登壇者の方々はむろん、とりわけ聞き手の役を担当してくださった加藤千洋、服部健治、山本秀也、石井明の各氏のご協力、そして出版にあたっては格別のご尽力をくださった馬場公彦氏、さらには労多い煩雑な編集の作業を快くお引き受けくださった清宮美稚子氏のお力添えがなければ、この成果を世に出すことはできなかったであろう。

さらに厚かましく付け加えさせていただくなら、本書の編者は実際には表題の三名の他に久保、諏訪、小嶋の三名を加えた幹事全員である。いつも自由に意見を戦わせ合いながらも深い信頼で一致して事に当たってきた会の幹事一同の互助協力のたまものである。

すべての関係者に心からの謝意を表したい。

二〇二〇年一月

「新しい日中関係を考える研究者の会」幹事

天児慧　菱田雅晴　久保亨　高原明生　諏訪一幸　小嶋華津子

目次

第一部

戦後日中経済の〝井戸掘り人〟たち

第1章
伊藤忠商事の対中戦略秘話

藤野文晤
（元伊藤忠商事常務取締役）

聞き手＝高原明生

藤野文晤（ふじの　ふみあき）　1937年広島生まれ．1959年大阪外国語大学中国語学科卒業後，同年伊藤忠商事(株)入社．伊藤忠では，中国室長，北京事務所長，審議役，伊藤忠中国集団有限公司董事長，中国総代表，常務取締役，中国研究所長等を歴任．2003年より藤野中国研究所代表．亜細亜大学アジア夢カレッジ顧問，亜細亜大学客員教授も務めたほか，富山県新世紀産業機構環日本海経済交流センター長，同機構アジア経済交流センター顧問等を務める．主な著書に，『中国と私』（伊藤忠商事(株)，1999），『仕事人秘録（日中友好の井戸を掘る）』(2005)，『日本と中国「Focus」論集』（日中友好協会，2007）等．

藤野　皆さんこんにちは。私は学校を出てから中国一筋の人生を半世紀以上歩んできました。今でもどっぷり中国との関係に漬かっています。伊藤忠商事に入って中国関係で印象に残ったことはたくさんありますが、とくに二つの点を申し上げたい。

一つは、ある人物に巡り会ったことです。瀬島龍三[1]という、戦時中は大本営参謀だった人です。この瀬島さんが私の直属の上司になった。それまで彼とは何の個人的な関係もなかったのですが、この出会いが私のその後を大きく決定づけたのです。もう一つは、やはり伊藤忠商事という会社自身が中国進出を決断し、当時の越後正一[2]社長と瀬島龍三と私の三人で、中国への進出プロジェクトを何年もかけて手がけたことです。この二つがなければ多分今の私はないと思います。

瀬島龍三氏との出会い

高原　瀬島さんが伊藤忠の、あるいは日本の中国との商売を切り開いていったやり方について、まずお話しいただけますか。

藤野　瀬島さんは、かつての大本営参謀で日本を第二次世界大戦のるつぼに放り込んだ人でもあることから、いろいろ毀誉褒貶《きよほうへん》のある人です。私は、彼が伊藤忠へ来て商売を始めることになったときに、普通の商人とはまったく違う発想の人だということがよく分かりました。

最初の取っ掛かりは越後正一という近江の豪商です。当時は繊維屋さんですから、この人がなぜ中国に出ることになったのか、そしてなぜ瀬島を使ったのかをお話しする必要があります。一言で言うと、伊藤忠は当時発展途上にありました。われわれの前には三井、三菱、住友という巨大な「財閥」が聳えていました。伊藤忠は言ってみれば野武士の集団、場合によれば山賊みたいなものだったかもしれない。本拠の大阪から東京に出て旗を揚げなければならなくなったときに、これらの財閥とどう戦うかを、多分、越後さんは必死に考えたのでしょう。私には言いませんでしたが、彼と付き合っていれば大体分かるのです。当時の日中関係はご承知のように、友好商社という細い糸でつながって、松村謙三[3]さんら政治家や財界人がその間を取り持っていました。しかし、日本は中国との貿易をやはりやらなければいけないと、微々たるものではありましたが、腹の中で思っていました。

一方、日本政府はやはりアメリカとの提携を第一に考えており、佐藤内閣は中国敵視政策をとっていました。佐藤・ニクソンの会談[4]で中国敵視政策を確認しましたが、それに対して様々な方面から問題が起こった。そういう状態で日本の「財閥」(大手企業)は動けるかといったら、多分動けない。日本の「財閥」は日本国家を代表しているからです。越後さんが目を付けたのは多分そこだった。中国なら彼らは手を出せない、しかし、われわれにはできる。言ってみれば山賊ですから。しかし、今までの発想では無理で、まったく発想の違う人を持ってこなくてはいけない。そこで彼は瀬島龍三を抜擢したのだと思います。

瀬島さんは中国問題の専門家ではありません。しかし、国家経営や会社経営はどうあるべきかということには長けている。基本的問題、戦略的問題について、ある意味での哲学を持った人だったのです。それで、越後は彼を起用したのです。

瀬島さんは中国のことは分からないが、そして私には言わなかったが、多分、越後さんと中国進出について話をしたのだろうと思います。そしてやることになった。一九七一年の正月の話です。国交正常化は一九七二年九月、中国が国連に復帰したのは一九七一年一〇月ですから、その前です。

当時、伊藤忠の中で中国関係を担当していたのは私しかいませんでした。あとの人はみんな中国との関係を切られていた。一九七〇年春の広州交易会で「周四条件」(5)が出され、日中貿易は駄目だということになって、伊藤忠が持っていた中国ルートの人材はばらばらにされ、ロシア貿易や東南アジア貿易を始めていました。私一人がアジア総支配人兼秘書という格好で何となく残っていたのです。

国交正常化直前の日中貿易——伊藤忠の決断

藤野 「周四条件」が出た直後、私は瀬島さんに直訴したことがあります。広東の交易会から引き揚げてきて、いわば路頭に迷っていたとき、当時専務だった瀬島さんの門をたたき、「周四条件を受け入れるべきだ」と訴えた。瀬島龍三は、会ったこともない、雲の上の人です。そうしたら、「よう来てくれたが、周四条件の受け入れは、今の伊藤忠にはできない」と断られた。ただ彼には中国進出をする、そして藤野をキーパーソンにするという発想はあったのでしょうね。日中関係をやるときに誰かにばれたらやばい。国家の大きな流れに抵抗するような仕事ですから、絶対に漏れないようにしなければならない。そのためには人を制限する以外にない。で、結局私を使ったのです。

それが当時の状況ですが、ポイントの第一点は、越後社長が三井、三菱、住友と戦って東京に進出したいと考えていたということ。第二点は、中国との貿易は他はどこも手が出せないが伊藤忠なら多分できる、そして瀬島龍三は今までの商売人とはまったく発想が違う人だから、瀬島を使えば突破できるだろうということ。あのときにやらなければいけないことの一つは、日本にたくさんいた右翼や国家主義者を説得することです。もう一つ説得しなければいけないのは台湾と韓国です。説得というか、中国へ出ていくことを了解してもらわないといけない。これは、伊藤忠の子飼いの商人ではできません。唯一、瀬島龍三はそれをやり遂げたわけです。私はその手下ですから、瀬島さんが奉行なら私は岡っ引きです。岡っ引きの私は、手先としていろいろな仕事をした。そうして伊藤忠は中国に出ていくことができるようになったのです。

高原　今のお話にあった一九七〇年の「周四条件」、要するに韓国、台湾、南ベトナムと商売をしている会社は、たとえダミーであっても大陸との商売はまかりならん。周恩来首相がそう言いだしている日本の会社はみんな非常に困ってしまったわけです。一九七一年正月の決断というお話でしたが、当時は一九七六年まで続いた文化大革命のさなかですし、いわゆる米中接近が形を取って始まるのは一九七一年七月のキッシンジャー秘密訪中(6)からです。それに先立つこと半年前に、そういう決断がすでに行われ、かつ韓国、台湾との貿易がなくなってもいいという判断がなされた。その辺のお考えはどこから来たのでしょうか。

藤野　韓国、台湾との商売がなくなっていいとは絶対に思っていなかった。韓国、台湾との商売もやりたいけれど、中国ともやりたい。しかし、われわれの常識では、伊藤忠商事の名前では中国が受け入れない。だから、やはりダミー会社をつくらざるを得なかったのです。「周四条件」が出たとき、伊藤忠はすでに五つのダミーを持っていたのですが、これは全部伊藤忠との関係をなくしました。

そこで、伊藤忠本来のダミーを私個人でつくり、そのダミーの名前で中国に出ました。台湾、韓国もやりながら、中国もやることはできないかと、私は瀬島龍三にずいぶん食い下がりましたが、瀬島さんの答えはこうでした。「それはなかなか大変ですな」「今の状況では簡単にはいかないかもしれないが、とにかくできるだけのことをやってみよう」。日中関係には誰も手を出さないのだから、手を出すだけでもいいじゃないかという思いです。

米中「アヒルの水かき」をいち早く察知

藤野　米中関係が動くのは一九七一年七月のキッシンジャーの訪中からです。彼らはその事前作業をいろいろ進めていました。パキスタンを通じ、あるいはルーマニアを通じた交渉でした。米中が水面下でかなり動いていることはわれわれにもおぼろげながら分かっていたのです。そこで瀬島さんに、「一番大事なのは、中国が一体何を考えているのかということでしょう？　だったら日本でじっとしていても情報はとれませんよ。中国が唯一情報を発信していて、われわれが情報をキャッチできるのは香港だ。だから私を香港に行かせてくれ」と言って、瀬島さんの了解を取り香港に先行して行きました。

そうこうするうちに、米中関係が動いてくるという情報が、不思議なもので香港の下の方から、友達や一般の人たちから上がってくるのです。これは何か動いているなと思っているとキッシンジャーが中国へ行きました――ホワイトハウスや国務省とは無関係に動いていたようですが。そこで、瀬島さんに報告すると、彼は「もう(新しい局面に向かって)動いている」と判断し、「積極的にやろうぜ」ということになった。翌年春の交易会に向けて、伊藤忠は中国に出ていく一つの大きなアウトラインである目論見書を作ったのです。

瀬島さんは、これを実行に移すための準備として台湾と韓国の説得、そして日本国内の反対勢力との交渉を始めました。それが当時の状況です。

高原　なるほど。そうしますと、伊藤忠のダミーを通してという考えも、当時の周条件には合致しないわけですね。「周四条件」はやがて変わるだろう、という見込みがあったのでしょうか。

藤野　見込みはまったくありません。しかし、私たちの間にあったのは「やるんだ」という決断、そして日中関係が前に進むに違いないというある種の楽観論ですね。

高原　それはどこから来たのでしょうか。

藤野　何とも言えないですが、一つは冒頭で私が言ったように三井、三菱、住友の鼻を明かすにはこれしかないという大きな目論見ですね。もう一つは、越後さん個人の意識です。彼は戦前、青島《チンタオ》の支店長を八年やっており、中国に対して思い入れがたいへん深かった。戦後もよく中国に行っている。やはり、ある種の個人的な感覚の問題があると思います。

そして、私は米中委員会というサークルがあるという情報を香港でつかんでいましたから、キッシンジャーが北京へ飛んだときに、これは尋常ではない、大きな動きがあるなと感じた。まもなく一〇月に国連でアルバニア決議案が可決され、中国の国連参加が決まったのです。

その時点で中国は日本に対する基本的考え方を変えた可能性があります。というのは、今までは友好貿易でなければ認めない、台湾や韓国と取引している会社はノーだと言っていたのを、その年の一一月になって「伊藤忠でもいい」と言いだしたのです。

高原　一九七一年ですか。

藤野　一九七一年です。友好商社ではなくても、伊藤忠の名前でも受け入れる。その代わり、中国と熱心にやってくれと。「そうしたら台湾、韓国はどうするのですか」と訊くと、「いや、台湾、韓国とはこれ以上商売を増やすのはやめてくれ」。その意味を問うと、「まあいいよ」ということなのです。それと、一九七二年三月に訪中するミッションの団長として当初は副社長の戸崎誠喜が行く予定だったのですが、「社長が来てくれ」ということになった。つまり、中国の対日方針は一九七一年の一一月前後に大きく転換して、日本と仲良く経済交流を進めようとしている、私はそう推測した。伊藤忠の名前で中国が受け入れれば、日本の他の商社も必ず動くと思ったのでしょうね。

「民をもって官を促す」国交正常化前後

高原　今のお話は、われわれが日中関係の分析で七一年から七二年の間に転換が起こったと主張してきたことを裏付ける、われわれにとっても非常に貴重な証言をいただいたという気がしております。しかし、政策の大きな転換が、どういう経緯で、要するにどういう勢力・グループが中国の中にあって、それらがどう絡み合い、戦って、状況を変えていったのか。中国内部の政治状況について何か気配は感じられましたか。また、この人物はこちらの勢力で、あの人物はあちらの勢力というようなことは分かるものでしょうか。

藤野　それは分かりません。が、はっきりしていることは、一九六六年八月に勃発した文革が、一九七二年九月に国交が正常化されたときにはもう完全に下火だったことです。文革の中心人物だった四人組はむしろ叩かれ始めていました。そういう大きな流れがあります。最後は四人組を毛沢東が批判するわけです。

しかも中国は日米関係をものすごく気にしていました。ちょうどその頃に訪中した越後さんが当時の対外貿易部の劉希文と話したときに、彼が聞いたのは「佐藤栄作さんの後は誰になるのですか」ということです。福田赳夫さん、田中角栄さんのどちらですかと。越後さんは困ってしまって、「私には分かりません」と答えたのです。佐藤栄作は間違いなく日米の同盟を強化しようと動いていて、その衣鉢を継いでいるのが福田赳夫だと懸念する。だけど実際は、田中角栄がぱっと出てきた。だから国交正常化がすっと動いたのだろうと思う。大きな流れがそういう方向にあったことは間違いないです。

高原　国交正常化までの日中関係ですが、「民をもって官を促す」[7]というスローガンを中国側は立てていて、いわゆる民間交流があったのですが、中国側にはわれわれの理解する言葉の意味での「民間」はないわけです。では日本側はどうだったのでしょうか。商社のような民間が国交正常化までに日中関係において果たした役割についてはどうご覧になっておられましたか。

藤野　日本政府はやはりものすごくアメリカのことを気にしているわけですから、あまり表立って動けない。それと、日本におけるある種の右翼の人たちの顔色も見なくてはいけなかった。さらに、台湾問題は間違いなく存在しました。だから、田中角栄が動いたけれど、彼は暗殺されることを覚悟で出ていったとも言われているぐらいです。日本国内には中国との本格的な交流についてはやはり強い疑問があったわけで、民間の力がなかったら全体は動かなかった。民間が圧倒的な力を持って動いたことは間違いないのです。

日本国際貿易促進協会(国貿促)のような組織は積極的に動きました。国貿促は村田省蔵さんから始まって、石橋湛山[8]、藤山愛一郎[9]など、みんな政府を辞めて民間人になった人が親方になっていました。

一九七二年九月までは日中経済協会も存在しないわけですから、民間が全体を引っ張ったことは間違いない。政府が中心で日中貿易をやっていける状況にはなかったのです。

ただ、日中貿易は民間が引っ張っていける程度のボリュームだったことも間違いない。政府中心の貿易がなくてもLT貿易があった。けれどLTはごく一部でたいした量ではありません。日中関係はしょせんその程度の量でしかなかったのです。それが、国交が正常化して日中貿易も拡大し、今日では三千数百億ドル規模になった。これは政府が表に出なければやれません。中国は圧倒的に官なのです。官が民の冠をかぶっているだけの話で、彼らもよくその辺は分かっています。

高原　国交正常化が一九七二年九月に実現し、しばらくして文化大革命が終了し、次第に市場化が進み、いわゆる改革開放の時代に入っていきます。それによって商売がしやすくなった面も大きいと思いますが、同時に、中国がある意味では普通の途上国化していって、今日大変な問題となっているように汚職腐敗も相当進む。こうした状況に日本商社はどう対応されたのか、藤野さん個人としてはどういうお考えを持っていらっしゃるのか。

藤野　なかなか難しい質問ですね。一つはっきり言えることは、やはり日中経済交流は中国にとってはものすごく大事で、日本の存在は中国にとって圧倒的な重要性を持っていたことです。最近は世界百数十カ国と関係があるとは言いますが、当時の状況では日本が中国の経済発展に協力できるかどうかが中国の経済発展にとってやはり非常に大きなファクターだったのです。だから、日中国交正常化して、伊藤忠が最初ですが、民間企業が一斉に中国へ進出したことは中国にとってものすごく重大なことだったのではないでしょうか。ただ、繰り返しますが、当時お皿の中(貿易量)はまだたいした規模ではないから、われわれはマネージできたのです。当時は腐敗堕落を感じたこともまったくありません。今のような状況は、鄧小平が改革開放を始めて、アメリカ的な資本主義経済が勢いよく中国に入って社会主義市場経済といわれるようになり、「白猫でも黒猫でもネズミを捕るのがいい猫だ」と大っぴらに言われるようになってから深刻化したわけです。それまでは非常にモラルの高い中国だったと私は思っています。

高原　汚職腐敗についてはお答えが難しいかもしれないのですが、市場化が進むにつれて商売のやり方が変わっていったという印象はありますか。たとえば人的要素よりもルールが大事になったとか。

藤野　最近の状況はよく分かりませんが、中国との商売がものすごく変わったという印象は私にはないのです。私が中国にいた頃は腐敗の話はそんなに耳にしませんでした。当時はまだ対外貿易部があって、その下に各公司があって、みんなが仲良くやっていました。別に飛び抜けた何かが横から割りこんできて金をくれたら商売をやるとか、そういう人はまったくいなかったわけです。今は多分そういう人がいるのでしょう。その辺は私よりだいぶ世代の若い人に聞いていただかないと実感は出てこない。ただ一つ言えることは、欧米、とくにアメリカ的金融資本主義がどんどん中国へ浸透して、レバレッジをかけたり、賄賂が膨らんでいくといった状態が起こっていますから、商売のやり方はすっかり変わったかもしれないです。

一九八〇年代の中国実務官僚との個人的ネットワーク

高原　中国の変化といったときに、藤野さんも現地で経験された一九八九年の六四天安門事件があります。その三年後、一九九二年の鄧小平の南巡講話(10)で計画経済の看板を下ろし、市場経済化に大きく踏み出す。欧米もどっと中国に入ってきて日本の相対的な重要性が下がっていく。そういう展開の中で、一九八〇年代と一九九〇年代以降とで、中国人あるいは中国社会、日中経済交流の在り方に大きな変化はありますか。

藤野　間違いなくあります。一九八〇年代はやはり日本に学ぼうという気運がものすごく強かったと思います。当時、伊藤忠が一番最初に出ていった恩恵を受けました。中国が日本に発注したプラントの三分の一ぐらいは取った記憶があります。その中でいろいろな人と付き合ったのですが、一人、非常に強い印象を受けた人がいます。芮杏文《ぜいきょうぶん》(11)さんという方です。

もともとは蘭州の石油化学の技師で、私の会社が三井石油化学と組んでポリプロ八万トンのプラントを売ったときに、彼は研修で日本に来ました。まさに一九八〇年代の頃です。日本に何カ月か滞在しましたが、彼が何を勉強したかというと、「日本の財閥はどうしてこんなに大きくなったのか。日本の財閥の発生の経緯を教えてくれ」と言ってきたのです。「私は財閥じゃありませんよ」と言ったのですが、私も彼と膝を突き合わせて勉強した記憶があります。戦後日本経済の発展の歴史を彼はものすごく知りたがっていました。

芮杏文は環境保護部の部長になった後、上海市の書記になりました。その後、趙紫陽(12)に呼ばれて党中央書記局の書記になったのですが、天安門事件で胡《こ》啓立《けいりつ》と共に趙紫陽を擁護し、失脚するのです。失脚しなかったら多分総理になっていたのではないか。「もし彼が総理になったら都合がいいな」と実は思っていたのですが、残念ながらそうはならなかった。二〇〇五年に亡くなりましたが、彼とはものすごく親しかったのです。

芮杏文はすごく頭のいい人で、趙紫陽の右腕として辣腕を振るったといわれています。彼は日本の戦後の発展の歴史を北京に戻っても勉強していました。日本の経験を参考にして、たとえば外資の導入を具体的に考えました。鄧小平は外資法の最初の基本的なものを作りましたが、数か条しかない。渡辺弥栄司さんと一緒に中国へ行ったときに、「これじゃあ外資なんか来ませんよ。施行細則を作らなければ駄目ですよ」と鄧小平に言ったことがあります。

芮杏文のように一九八〇年代は日本に対する関心の強い人が多くいたのですが、その後は、だんだんアメリカの影響が強くなってきて日本は置いていかれ、そのうちに中国の力がどんどん上がってきて、今度は日本が「この野郎」と対抗意識をむき出したところが日中関係の悲劇でしょう。

高原　今、芮杏文さんのお名前が出ましたが、中国の指導者で印象に残った方が他にいたらご紹介いただけますでしょうか。

藤野　たくさんいます。たとえば副総理だった万里[13]さんです。万里さんは、伊藤忠がもっていたテニスコートに毎日のようにやって来て、テニスの後にあんまをして帰っていました。彼とは親しく付き合いました。他には天津の市長をやっていた李瑞環《りずいかん》、趙紫陽の片腕といわれた田紀雲《でんきうん》、もう一人、辞めてしまった胡啓立、彼らも来ていました。一番印象に残っているのは万里さんです。六四事件のときに彼はカナダにいて、カナダから上海に戻ったのですが、上海から北京に入れない。当時、私たちは天壇東路に住んでいたのですが、万里さんの秘書から電話で「この事件は必ず数日のうちに落着するから、おまえたちは日本に帰る必要はない」と言ってきました。当時、日本大使館は在中日本人の帰国勧告を出して、飛行機がたしか三機、出迎えに来ていたのです。「俺は帰らん」と言ったらとうとう会社の業務部長から電話がかかってきて、「偉そうなことを言うな」と言われて帰らされたのですが、やはり万里さんはそういうことが中できちんとできていたのです。

長い間にはいろいろな人との付き合いがあります。芮杏文が上海市の書記のときの市長は江沢民で、芮杏文の下にいました。「何かあったら俺のところへ来い」と言っていた芮さんが、「俺はこれから浦東の開発をやって橋を架ける」と言いだしたとき、橋のプロジェクトを「私がやります」と手を挙げ、全部手配したところで芮さんは北京に行ってしまった。後を引き継いだ江沢民は日本なんか全然相手にしないと言って、アジア開発銀行（ＡＤＢ）から金を借りてとうとう橋を造ってしまったのです。

高原　一番好きだったのは芮さん？

藤野　ああ、この人は大好き。すごい男でした。

高原　やはり中国指導者の間にも人脈といいますか、派閥はありますよね？

藤野　たとえば、葉剣英《ようけんえい》(14)が中心になって文革を収束するでしょう？

高原　華国鋒《かこくほう》(15)と共にですね。

藤野　その下にいる息子の葉選平《ようせんぺい》と、岳楓《がくふう》すなわち葉選寧(16)。この次男の岳楓が私の本当の友人なのです。国際友好連絡会の一員で、鄧小平が「尋常ならざる男」（不尋常的人）と言った人です。怖いという意味ですかね。まあどういう意味かは分からんがね、彼はすごい男だと。人民解放軍の総政治部ですから。

高原　彼は情報系統ですね。

藤野　彼が動くと私のところへ日本の自衛隊が電話をしてきました。「何で来るのですか」と。「そんなこと僕に聞いたって知りませんよ」と答えたのですが、こういう人が仲間で、毎晩酒を飲んでいました。鄧小平に会おうと思ったら、彼に言えば何の心配もない。江沢民さんも言ってみれば鄧小平の手下ですから、うちの室伏社長が初めて訪中したときに江沢民が会ってくれたのは、全部岳楓がおぜん立てをしたのです。

そこで問題が起こったのは、三菱の人だったか誰か忘れましたが、「藤野のやつは何百万円か江沢民に渡したのではないか」と言う。「私は一銭も渡していませんよ」と。本当に渡した記憶はまるっきりありませんから。今はそうはいかないのかもしれませんが、僕らがやっていた頃はそんなことは一切関係なかったのです。個人と個人とのつながりでいろいろなことができた。中国の韓国との国交正常化と、サウジアラビアとの国交正常化も葉岳楓が動いてやったのです。

高原　一九九〇年代初めですね。

藤野　はい。私はその岡っ引きもやらされたわけです。そうそう、この岳楓さんの下に朝鮮族の金《きん》黎《れい》さんが、孫平化《そんへいか》と同じような立場にいたのです。彼が全部仕組んで韓国との正常化をやりました。この頃は、そういう中では日本がものすごく重要だったのです。もう今はとにかく見る影もないです。

アメリカか中国か、二者択一的思考の強い日本

高原　最近の中国ではもう日本は必要ないという意識を持つ人、日本をよく知らない人が増えたということもあるでしょうか。

藤野　いや、それは全然違います。一言で言えば、日本が中国から逃げていったのです。日本という国は、イエスかノーかの二者択一なのです。かつて戦争に打って出たときも同じでしょう？　両方を生かすという発想が日本人にはない。アメリカか中国かとなってしまったから、中国にしてみたら「俺は日本をこんなに頼りにしているのに、何で逃げていくのか」と思っているでしょう。

高原　ただ、やはり日本よりはアジア開発銀行がいいという人もいるわけですよね。

藤野　そこのところは今の政治家の中でも、本当に本音で中国と付き合って、「とことん中国と俺はやるんだ」という政治家はどこにもいません。みんな自分のポケットに幾らか入ればいい、大臣になればそれでいいと思っている人が多いのではないですか。中国との関係を何とかしようと本当に本音で思っている政治家なんてどこにもいないでしょう。みんなアメリカの顔ばかり見ているから。

たとえば「一帯一路」[17]です。高原さんは「一帯一路」に疑念を抱いているかもしれませんが、これは中国がやろうとしている壮大なプロジェクトです。六十数カ国が参加して深く関係しているのですから、ものすごい軋轢はありますよ。安全保障を含めるとさらに問題はたくさんある。しかしこの「一帯一路」は、本当は日本が協力しなくてはうまくいかない。シルクロードの終着駅は日本なのです。

高原　そうですよね。

藤野　日本人は誰もそのことを言わないでしょう。橋本龍太郎さんは、かつてユーラシア外交をやろうとして志半ばで死んでしまった。今、日本でユーラシア外交をやろうという政治家はどこにもいません。太平洋ばかりやっているのです。私は環日本海をやっていますが、日本海がちっとも動かないのは、ろくな港がないからです。だけど考えてごらんなさい、シルクロードは朝鮮半島を通って日本につながって、平城京の正倉院にいっぱい宝物があるわけでしょう。

シルクロードの出発点は日本だと言えば、インドネシアの鉄道建設で日中ががやがやと競争する必要もないし、タイでの東西南北の鉄道建設を、東西は日本に、南北は中国にと振り分ける必要もない。両方でやればいい、中国はそれを期待しているのです。だけど、強く大きくなったから「私はあなたに期待しているから助けてくれ」とは言えないわけです。それが分かる政治家がいないのでしょうか。

高原　私は、アジアでもどこでも、日中はもっと協力すればいいと昔から思っていて、実は王毅さんに直接、「一帯一路と中国の対日政策はどう関係しているのですか」と訊いたことがあるのですが、彼は全然答えてくれなくて、代わりに「日中関係の問題は、中国が大きくなったということを日本人が認めないことだ」と言われました。

藤野　彼の発言は本音ではないと思います。外務大臣として、片意地を張っているけれど、まあ、しょうがないでしょう。私が総理大臣なら、習近平に会って、「一緒にやろうではないの。一帯一路は東アジア共同体のワンステップで、あなたが言ってくれたから俺はそれに乗るよ」と言うでしょう。一番慌てるのはトランプですよ。少しアメリカを脅かした方がいいのです。

高原　おっしゃる通りです。

藤野　今は、中国はこれだけの力を持って、しかも日本の協力に期待しているのですよ。この間、汪洋《おうよう》さんに会いました。汪洋さんも政治の問題は一切語らなかったけれど、河野洋平さんがちょっと水を向けたら一言ぽろっと言った、基本的には日中経済交流で進めていこうと。ただ、「政冷経熱」とは言いたくないようでした。そう言ってしまったら政治が駄目でも経済がよければいいとなるから、そうは言えないけれど、経済を大いにやりましょうと。重慶の黄奇帆《こうきはん》だって、政治の問題は一切語らないわけです。黄奇帆はまた偉くなるかもしれない。明らかに中国政府は日本の協力に期待している。

私は今富山に住んでいますが、最近は誰も「中国はどうなっていますか」と聞きに来ないのです。日本という国は、両天秤に掛ける能力とバランス感覚にものすごく欠けている民族です。「こっち」と言ったら、みんなこっちへ行って、南京ちょうちん行列になってしまった。それはやめないといけない。中国が日本に期待していることは間違いないと私は思います。

高原　もう一つだけお伺いしたいのですが、これまで何十年と中国と関わってこられた藤野さんから見て、中国の現状をどう評価されていて、これから中国はどうなるとお考えでしょうか。

藤野　中国の現状を見ると、ものすごく悩んでいるでしょうね。社会主義市場経済[18]という鄧小平の路線はもう終わりだから、新しい路線を見つけなくてはいけない。しかし、そこで共産党とか社会主義ではなしに、中国という中華世界が一つにまとまるようなイデオロギーを求めなくてはいけない。それが「中国の夢」という漠然としたものの考え方になった。やはり私は、欧米がやってきたような金融資本主義的な形は中国はもうとらないと思います。また、中国でやったらうまくいかないです。

中国を引っ張っていくためには、社会主義でも共産主義でもない、何か別のイデオロギーが必要だと思います。それはある種の民族主義というか、中華社会主義というようなものです。基本的に中国人は物を作る民族ではなく重商主義です。ですから、物は作ってくれと日本やアメリカに頼んでどんどん外資を入れたい。労働力は安いのを提供しますよと。けれどそれはあくまで労働力であり、彼らが自分で発明して物を作るわけではない。

ただ、作ったものをどう売るか、どう処理するかにはものすごく長けた民族です。だから、貧富の差はどんどん広がりましたが、これをどうやって一つにまとめていくかについては、今までの世界がつくってきた経済学では処理できない。新しい経済学を中国人がつくらないといけない。どうつくるか、私には分かりませんが、今その大きな曲がり角に来ています。

共産党も曲がり角にいる。一党独裁だとしても、共産党がすべてを仕切ることはもうできないでしょう。やはり最後は連邦国家を考えざるを得ないのではないかと私は思います。それには一定の期間が必要です。よく分からないけれど、気分的には儒教が必ずどこかで復活してくるのではないかと思っているのです。もちろん、昔の孔子、孟子ではなく、形を変えてです。アジアの倫理観、道徳観が中心になった一つのイデオロギー、これは儒教にかなり近いものではないか。封建国家をつくるためのイデオロギーではなく、人をまとめていくイデオロギー、それは習近平さん一人ではできませんよ。

高原　どれぐらい時間がかかりますか。

藤野　何十年とかかります。けれど、やらないとしょうがないし、彼はやると思いますよ。私が生きている間には多分無理です。だから、習近平は一〇年で辞めるわけにはいかず、何らかの形で残っていくと思います。権力の温存という話ではないと私は思っています。

私は、欧米の資本主義経済も一つの曲がり角に来たと思います。日本はもともとそういうことを自分で考える民族ではなく、人がやってきたことを受け入れてやってきた民族だから、日本人には発言権はほとんどない。だから、日本の学者諸君には悪いけれど、そういうことを考えなければいけないという発想には今ないのではないかと思います。

質疑応答

質問　一九七一年の中ごろに中国が変わったかもしれないという感触を藤野さんは持たれたと言われましたが、それをもう少し詳しくお聞かせください。

藤野　あの頃経団連に外務省のアジア局長が来られて、「アメリカは日本の頭越しにこんなことをやることはあり得ない、だから皆さんは安心してください」と言ったのです。それに異論を唱えた人が一人いました。それが、たしか元通産省の局長だった渡辺弥栄司です。彼は、「そんなことは誰もギャランティーできないよ」と明言しました。私もそう思ったのです。

質問　その根拠をもう少し詳しく聞かせていただけないでしょうか。

藤野　これは、勘働き(笑)。私は一九七一年の正月に、レポートを書くよう瀬島さんから言われました。今でも手元に保管してありますが、そのレポートで二つのことを指摘したのです。一九七二年中に日中国交正常化は必ずできる。それから中国は日本に対する賠償は要求しない。「だから、伊藤忠は中国をやりましょう」と言ってあおりました。「どこでそんなことが分かるの?」と言われたが、私の勘働きで、中国は確実に日本と組んでやろうとしていると思ったので、私は香港に行きたいと願い出たのです。香港に行けば多分生の情報がいっぱいあると。しかし、玉石混交で、うそ八百もいっぱいあるし、まともな情報もある。それを見分けることがものすごく大事です。香港島の日本人社会の中にいたら、全然情報は入ってこない。だから、私は九龍サイドに住んで、ジャンパーにハンチング姿で、朝はおかゆをすすって中国の人と付き合って、いろいろな情報を得ていたのです。

私の勘働きがぱっと来たのは、「米中はアンダーテーブルでいろいろな話をしていますよ」と言った中国の華僑がいたのです。それで、瀬島さんに電話をかけて「こういうことを言っているやつがいるから、私たちはそんな間違ったことはしていないのではないか」と言ったら、「そうか」という反応です。みんな勘ですよ。当時それをつかんでいたのは香港総領事だった岡田さん。今の共同通信の岡田充さんのおじさんです。ところが彼が外務省に言ったら、全部無視された。

質問　今日の藤野さんのお話を聞いていて、日中でものを動かしていくときの人間関係のウェイトが非常に大きいということですね。日中ビジネスで、政治家がやはり中国人との特別なクワンシー、圏子《チュエンズ》(仲間)を持たなければいけないのか。

藤野　間違いなく人間関係《クワンシー》はアジアを仕切る中心だと思います。法律では処理できない、やはり人間関係が第一というのは今も変わっていない。だから、それをたどっていけば商売はいくらでもできるわけです。最後に残るのはお互いを信頼し合うという関係だから、契約書などなくてもいい、そういう関係が日中関係でつくれたらうまくいく。けれど、日本は残念ながらそういうものから離れていったのです。

日本は欧米の文化を吸収する中で、血縁とか地縁といったものから離れて、法律や制度がすべてだとなってしまった。だから、アジア共同体があるとしたら、今、日本がアジアの中でそれと一番関係のないところにいるわけです。それでいいのですか。世銀までアジアインフラ投資銀行(ＡＩＩＢ)に協力するというときに、日本はなぜＡＩＩＢに入らないのか。口先では協力すると言うものの、外務省と経産省は絶対反対です。

やはり、強くなった中国は嫌だというのが基本にあるわけです。それを早くやめるべきです。しょせん日本は小さい国だからＧＤＰで争ったって意味がない。何で争う必要があるのか。われわれは江戸時代に三〇〇〇万人が豊かに暮らしていたように、豊かに暮らせばいいのではないですか。

質問　今日のお話で一番印象的だったのは勘働きというお話です。この勘働きなるものが培われたのは、やはり中国と長いお付き合いがあったからだと思うのです。先ほどのお話からすれば、中国ビジネスは小さいスケールであまり意味がないという中にあって、これからは大きくなると、商機として中国に関心を持つことになったのか、それとも岡崎嘉平太風にある種の贖罪《しょくざい》めいたものがあるのか、あるいは渡辺弥栄司風に日中のつながりこそ戦略的関係云々、いろいろな背景が考えられると思うのですが、どういう動機が全体の井戸を掘った方々の中にあったのか。

藤野　私は広島の高等学校を卒業したとき、大阪外国語大学（当時は二期校）の試験だけ、それも中国語だけを受けました。何故そうしたかよく分からないのですが、一つだけはっきりしていたのは、私は漢文が大好きで、唐の詩が最高の文学だと思っていたことです。それで中国の文学に興味を持ったことが、私を外語に行かせることになった。外語に入っても文学ばかりやっていましたから、どんどん中国に傾注していくわけです。何千年の歴史をもつ中国は日本のお兄さんだとその頃から強く認識していました。だから、日本は何としてでも中国と仲良くやっていかなくてはいけない。

当時は、日本の政治家にも中国が嫌いだという人はあまりいなかったと、私には思えた。とにかくこんな巨大な中国とこれから付き合っていくのが私のライフワークだと思い始めたのです。ただそれだけのことなのです。私の勘では、中国は日本が離れることのできない大国というか、大きな塊になるだろうと日頃思っていました。日中関係が日本の生命線になるのではないかという勘働きはありました。

もう一つあるとしたら、一九六四年正月に周恩来に会ったことです。当時、日本の企業は中国に一〇〇社ぐらいしかいませんでしたが、みんな友好商社で、三井の子会社も三菱の子会社も伊藤忠の子会社も運命共同体。競争などないのですから、まさに社会主義です。その私たちみんなが正月一日に北京の新僑飯店にいると、夜に周恩来さんが一階の食堂に突然現れて、「正月に家族と離れて一人で駐在していてかわいそうだから、私がごちそうします」と言いました。私はまだ二十何歳の若者です。片方は総理。これがまさに周恩来というおっさんです。そして、茅台酒を随分飲まされましたが、喜んで飲みました。彼は「まあ、頑張ってやりなさい」と言いながら一人ひとりに握手をした。いやあ、偉い人だなあと思いました。そのころは大国ではないにしても、そういうかけらを私は勘働きで感じました。彼と握手をしたぬくもりを忘れることはできないです。

人脈については、一つの区切りというか、一つの大きな転換点が今来ているのですかね。私たちは、古い中国の発想、文化、教育を受けた人とずっと一緒にやれたけど、最近の若い人は欧米の教育を受けた人がものすごく多いから、ちょっと違うのかという気もする。何とも言いようがないです。

質問 一九七一年に実際にプラントなどの輸出入が非常に活発になってきたときに、中国は日本に具体的に何を一番期待していたのか、とくに商社に何を求めていたのかについて、今ご記憶に残っている印象的なものがもしあればお聞きしたいです。

藤野 当時、中国はプラントではやはり石油化学と鉄鋼を日本に期待したのだろうと思います。石炭もそうですね。

伊藤忠T 石油化学プラントの導入のときの面白い逸話がたくさんあるので、少し紹介してみたいと思います。まず、プラントキャンセル問題でいきますと、一九七八年ぐらいから日本の多くの企業、東洋エンジニアリング、三井造船、日揮(JGC)、千代田は、受注したので非常にうれしくて、日中貢献ができると思っていた。その矢先に、「We would like to cancel the plants contracted between our two companies」という一本だけのテレックスでキャンセルが来ました。

高原 延期ではなくて、キャンセルで来たのですか。

伊藤忠T キャンセルで来たのです。私は藤野さんの下で中国事務所にいましたが、プラントをやるときに一番大事なのは中国の国家トップとの関係です。そこで、国家計画委員会、国家経済委員会、中国石油化工総公司、石油工業部など、いろいろなところのパーティなどで最後まで残って関係を築いてくださったのが藤野先生です。それが、結果的にいざという場面では非常に助けになりました。
プラント商談というのは面白くて、先ほど話が出た石油化学プラントは日本に特に期待していたのかというと、実はそうではなく、日本、ドイツ、アメリカ、いろいろな国が競合していたのですが、浪花節が一番強いというか、日本が一番粘り強く中国の要望に応えて値下げをしっかりしたのではないかと思います。結果的には日本がたくさん受注しました。そういう時代のプラント商談の思い出がなかなか若い人には分からないのです。日本と中国がどれだけプラント商談を通じてその後も関係を強化していったのかということを共有していきたいと思います。

藤野　今の話の中で、プラントはキャンセルなのか、延期なのか。僕はまさにその渦中にいました。中国側からは、「これは必ずお支払いします。ただ、ちょっと時間がかかるから延期してくれ」と頼まれた。ところが日本のメディアは「キャンセルだ、キャンセルだ」と騒ぎ立てたのです。僕が戸崎社長に「これはキャンセルではない。延期だから延期の措置を取ってくれ」と言いに行くと、彼は最初は渋っていましたが最後は認めてくれて、読売、朝日、毎日、日経を呼んで、「これはキャンセルと書かないで、延期と書いてください」と随分頼みました。結果としてメディアがキャンセルと書いたことは非常に残念でした。実態とはちょっと違うのです。

高原　それではこの辺でそろそろお開きとさせていただきたいのですが、本当に今日は貴重なとしか言いようがないお話を伺うことができて大変勉強になりました。

第2章
日中貿易促進の歴史の証人

武 吉 次 朗
（元日本国際貿易促進協会常務理事）

聞き手＝服部健治

武吉次朗（たけよし じろう）　1932年生まれ．1958年中国から帰国．日本国際貿易促進協会事務局勤務．1980年同協会常務理事．1990年には摂南大学に転じ，同大学国際言語文化学部教授．2003年同大学退職．2008年より日中翻訳学院にて中文和訳講座「武吉塾」を主宰．主な著書に『新版 現代中国30章』（共著，大修館書店，2004），訳書に『盲流 中国の出稼ぎ熱とそのゆくえ』（葛象賢・屈維英著，東方書店，1993），『大破産 中国の国有企業改革』（謝徳禄著，東方書店，1997），『新中国に貢献した日本人たち』（中国中日関係史学会編著，日本僑報社，2003），『中国の歴史教科書問題―「氷点」事件の記録と反省』（袁偉時著，日本僑報社，2006）等．

服部　武吉さんは、「留用」の対象になったお父さん、お母さんと、あるいはご兄弟との関係もあって、戦後も中国に長く残り、瀋陽や鄭州で会計のエキスパートとしてお仕事をされました。一九五八年に帰国、その後一九六三年に日本国際貿易促進協会（国貿促）に就職されました。そこで、文革の前、文革中、日中国交正常化、そして「改革開放」の順にお話をうかがいます。

武吉　私は一九三二年（昭和七年）の生まれです。一九五八年まで中国におりまして、帰国後、郷里である福岡県久留米市で建設現場の仕事や小さな診療所の事務長などを務めておりました。一九六三年、いよいよ日中貿易が本格的に拡大していく時期になって、念願だった日本国際貿易促進協会の事務局に入りました。そして一九九〇年、大阪にある摂南大学に教授として赴任するまでの二七年間、国貿促事務局で働き、退職するときの肩書は常務理事でした。

日中貿易の黎明期

武吉　日中貿易の黎明期には、二つの大きな背景があります。

一つは、侵略戦争への反省を踏まえて、中国と平和友好関係を築こう、また日本の復興のためにも日中貿易を進めるという機運が、日本の経済界だけではなく中央政界、地方議会、はては労働界まで巻き込み、一つの運動になっていたことです。いろいろな推進団体が各地で結成され、業界だけで構成される全国的な専門団体である日中貿易促進会ができたのが一九五〇年の秋です。

もう一つの背景は、戦後世界が資本主義陣営といわゆる共産圏に二分されましたが、両者間の交流を図ろうということで、東陣営と西陣営の間の貿易を意味する「東西貿易」という言葉がはやりました。この東西貿易を促進するため、一九五二年にモスクワで国際経済会議が開かれ、世界各国に国際貿易を促進する団体をつくる動きが起こり、真っ先に中国国際貿易促進委員会ができました。日本では、日本国際貿易促進協会が五四年九月に設立されております。今でこそ国貿促は日中専門団体ですが、当時はいわゆる共産圏全体を相手にした団体で、事務局もそのように体制が組まれておりました。

一方、中国が、日本との友好関係、ひいては国交を目指してまず貿易から始めるという方針を出したのが一九五二年です。両者の呼吸が合いまして、この年に第一次の日中民間貿易協定が結ばれ、その後、四回にわたって貿易協定が結ばれました。

しかし、一九五七年に登場した岸信介内閣は非常に露骨な中国敵視政策を取り、それを背景にして五八年五月、いわゆる長崎国旗事件[1]が起こります。さらに岸内閣は、同じ年に結ばれた第四次貿易協定を実質否認するような回答を出してきました。当時の日中貿易関係者はその回答をよしとして、そのまま中国に送ったため、中国側はそれに抗議して、開封しないまま回答の手紙を突っ返してきたのです。

そして一九五八年五月、中国側は日中貿易を全面中断しました。これは大変だというので、日本では日中貿易業界が中心になって「日中貿易再開」をスローガンに全国業者大会を開くなどいろいろな運動が起こったのですが、ちょうどこの運動が折から全国で巻き起こったいわゆる安保改定反対運動とごく自然に結び付いて、その一翼を担う形を取るようにまでなってまいりました。

他方中国は、ソ連との間でその数年前から路線対立が激しくなっておりましたが、一九六〇年七月、ソ連が突然中国への経済援助を全面的に中断し、派遣していた一三九〇人の専門家全員を引き揚げました。これによって中国は貿易の相手国をソ連や東ヨーロッパから、西ヨーロッパおよび日本へ切り替えざるを得なくなりました。これが日中貿易再開に関する中国側の必要性です。

ちょうど日本では、同じ一九六〇年七月に岸内閣が退陣して池田内閣が発足しました。これで中国政策に少し変化の兆しが見えるのではないかという期待が出てきました。こうして、日中貿易再開に関する中国側の必要性と日本側の可能性がかみ合って、翌八月、周恩来が「日中貿易三原則」[2]を提示して、友好貿易という形で日中貿易が再開になりました。そして、池田内閣が日中貿易に前向きの姿勢を示す中で、自民党の中で松村謙三、高碕達之助といったいわゆる親中派勢力が台頭してきます。役所の中でも通産省を中心に同じような動きが出てまいります。

このような新しい動きを捉えて、中国が新しい中日貿易方式を模索した結果出てきたのが「LT貿易」[3]です。半官半民、長期総合、積み重ね方式がLT貿易の特徴で、中国側の連絡役の廖承志さん、日本側の連絡役の高碕達之助さん[4]、この二人のイニシャルを取ってLT貿易と名付けられました。一九六四年にはそれぞれ相手国に常駐事務所を設けます。日本が北京に設けた事務所には通産省、外務省、農林省などから大勢の官僚が出向という形で配置されました。記者交換も実現しました。

LT貿易が誕生したときに、日本の友好貿易業界ではこれで友好貿易がなくなるのではないかという不安が出てきました。そこで中国側は、LT貿易に調印した一九六二年一一月の翌月に、日中貿易を進めていたいわゆる三団体、正確には当時二団体三方面という言葉がありましたが、日中貿易促進会、日本国際貿易促進協会、日本国際貿易促進協会関西本部の三者のトップを招いて「友好貿易議定書」に調印します。廖承志さんは宴会の席上で、「LT貿易と友好貿易は中日貿易を動かす『車の両輪』だ」と表現しました。中国語では普通「二本足で歩く」というのですが、廖承志さんは日本語で「車の両輪」という言い方をして大いに皆さんを勇気付けました。

このような紆余曲折を経た結果、両国の貿易関係者は経験を積み、これからの目標と道筋も明確になりました。体制も整いました。いよいよ日中貿易が本格化する時期を迎えるわけです。国貿促も事務局体制を強化するということで、時間的にも財政的にも新卒を養成する余裕のないなか、私を含む数人が即戦力として採用されました。私の現場体験はここから始まります。ここまでを私は日中貿易の黎明期と名付けたわけです。一九六三年から日中貿易がいよいよ本格化してまいります。

服部　黎明期の特色は、ＬＴ貿易というある意味で政経分離の方向で持っていこうとする動きと、国貿促の政経不可分という原則、この二つがあったことになるでしょうか。

武吉　一九六三年から文革が始まるまでの間は、確かに中国側も政経不可分と政経分離をうまく使い分けていたと思います。ただ、一九六六年に文革が始まってからは、中国はＬＴ貿易に対しても政経不可分を強く求めるようになり、コミュニケにも必ずそれが入るようになったということです。

服部　やはりこの一九六〇年代後半の段階から、日中国交正常化に向かう動きとしてＬＴ貿易もあったと見ていいのでしょうか。

武吉　積み重ね方式とは、最終的には国交正常化を目指すという意味で日本側が最初に使い始めた言葉で、中国側もその表現を使うようになりました。

文化大革命前夜

服部　一九六三年に入られたときの国貿促の業務組織は、具体的にどのようになっていましたか。

武吉　国貿促の中は、業務でいえば一部、二部、三部と分かれておりました。業務一部はソ連担当で、ロシア語の堪能な事務局員が六～七名おりました。業務二部が中国担当で、私を含めて中国語ができる者がやはり六～七名。業務三部はそれ以外の国、特に東ヨーロッパ諸国を中心にしたもので、これには英語およびフランス語の事務局員が数名配置されておりました。

服部　業務三部は中国とソ連以外ですから、東欧のほかにベトナムも関係していたのですか。

武吉　当時アジアにはベトナムや北朝鮮、それからモンゴルもありました。モンゴルからも団が来たことがあります。

服部　当時、国貿促とは別にあった日中貿易促進会は、日本共産党の影響下で動いていた団体だという認識でいいのでしょうか。

武吉　日中貿易促進会の当時の専務理事、のちの理事長の鈴木一雄さんは、戦前の三菱商事出身で特に政治色の強い人ではなかったのですが、それ以下の専務理事および事務局長、事務局員は大半が日本共産党の党員であり、裏で日共がいろいろ指示を出していたことは間違いありません。そうした事情から、一九六六年の日共と中共の関係断絶に伴い、日中貿易促進会も解散することになるわけです。国貿促の中にも何人か関係者がおりましたが、円満退職という形を取りましたし、またソ連担当者とかフランス語や英語ができる人は能力が非常に高かったので、あっという間に各大手商社に転職しました。だから国貿促の事務局の中でガタガタが起こることは一切なかったです。

服部　日中貿易促進会は、一九六六年の文化大革命の評価を巡る日中両共産党の対立の中で消滅したのですね。

武吉　具体的には一九六六年の秋に北九州と名古屋で中国の展覧会が開かれた際、日中貿易促進会から出た常務理事が日共の指令に基づいて陰に陽に協力しない形を取り、最終的には非常に露骨な形で中国展への妨害活動が始まりました。そこで業界の皆さんが非常に憤激しました。また、日共関係の貿易商社が当時非常に恵まれた貿易取引を中国側からもらうこともあったので、他の商社の人たちがかねて苦々しく思っていたのも一面の事実です。それらが相まって、実際中国展を成功させなければいけないという気持ちと、「御三家」と呼ばれていた日共系商社に対する苦々しい気持ちとが重なって、日中貿易促進会は、とうとう総会を開いて解散してしまいました。

「御三家」とは、睦、羽賀通商、三進交易の三社です。睦は確かベトナムとの貿易の方に移ったと聞いております。三進はその後に自然消滅したようです。羽賀通商は、社長自体が当時はやった言葉で言えば「造反」して中国関係の方に移ったので、日共から除名され、今でもこの商社は新生交易という名前で存続しております。

服部　一九六三年に国貿促に入られた段階で、日中間の大きな事業として、日本工業展覧会という大きな展示会が北京と上海で開かれたと聞いております。この日工展で具体的にどのようなことを手掛けられて、どのような成果、意味があったのでしょうか。

武吉　一九六二年の一二月に結ばれた、日本側の貿易三団体と中国側との友好貿易議定書の付属文書に、日本工業展覧会を一九六三年に北京と上海で開くこと、それから中国展覧会を翌一九六四年に東京と大阪で開くこと、これが取り決められました。そこでこの貿易三団体が中心になって日工展事務局をつくりました。総裁には石橋湛山さんに就いていただき、当時はたいへん日中貿易に前向きだった通産省と交渉し、競輪から三億円の補助金をいただきました。これが財政的にも役に立ちました。
当時は日本の高度成長が軌道に乗っているときですから、中国との貿易ということで五〇〇社ほどのメーカーが参加して、盛大な展覧会が北京と上海で開かれ、北京は約一二〇万人、上海は一二五万人以上の参観者がありました。
私はもともと簿記をやって日本商工会議所の簿記検定も取っていたものですから、国貿促事務局では経理の仕事から始まったわけですが、当時神谷町にあった日本工業展覧会の事務局にもしょっちゅう行きまして、そこでも経理の面倒を見たりしておりました。まだ日本銀行の許可がないと外貨持ち出しができない時代で、各企業がそれぞれ自社の北京出張者のために出す手当を日工展事務局に集約し、まとめて日本銀行に外貨を申請する形をとっていました。経理の仕事を見ていた私は、どこの会社の日当が幾らかまで全部把握しておりました。

服部　その後、経理部から業務部に移ったと伺っておりますが、それは一九六四年ですか。

武吉　一九六二年の年末に結ばれた友好貿易議定書の付属文書に「技術交流を進める」という一項目が入ったのです。技術交流とは、双方の技術専門家が相手国の工場を見学し理解を深め、貿易拡大に寄与するというものです。中国の工場に行っても特に日本側が勉強になるようなものがなく、実質的には日本の企業が日本の製品を紹介することが多かったので、技術「交流」ではなくて技術「直流」ではないかとさんざん言われました。しかし、実際にこれが貿易拡大に役立ったことは間違いないです。

私は一九六三年に北京の電子学会というエレクトロニクスの団体が最初に来たときに随行して以来、一九六四年は、ほとんど一年中、中国から来る団に付いて日本全国を回りました。三二歳の時です。

服部　ちょうどこの時期にビニロンプラントを中国に提供する話がありましたね。

武吉　ビニロンプラントは中国にとっては綿花の節約になるため、非常に重視していたのです。ただこれは繊維の話ですし、クラレの工場も関西ですから、私どもはほとんどタッチしないで、大阪の日本国際貿易促進協会関西本部が中心になって協力・推進しました。木村一三[5]さんはなかなかのやり手で、このプラントにも大きく寄与しました。当時中国から帰って来た小宮さんという人が木村さんの紹介でクラレに入社し、中国語の通訳で頑張りました。私もよく知っており、今でも彼とはしょっちゅうメールでやり取りしています。

このプラントが一番注目されたのは、延べ払いがついたことです。日本輸出入銀行の延べ払いがついたのは、国交正常化前にはこれ一件だけです。一九六三年八月のことで、クラレのテレビＣＭに「中華人民共和国向けビニロンプラント[6]の契約に成功しました」と出ました。私は契約時のことはあまり知らないのですが、実際に操業を開始してから、北京の近郊の工場を見にいったことがあります。

服部　電子は東京の国貿促、繊維関係等々は関西国際貿促という役割分担に加え、油圧のほうも関西国際貿促が担当したということでしょうか。

武吉　中国側が日中貿易促進会に油圧機器の訪問団を割り振ってきたのです。この油圧機器の訪問団の中に周鴻慶という通訳が入っていて、この通訳が帰国の前日に酔っ払って逃げ出してソ連大使館、それから当時の台湾の大使館に行く大騒動を起こしました[7]。最終的には本人もやはり祖国に帰り家族と一緒に暮らしたいということになり、中国側は彼が帰っても一切処罰はしないと事前に言明することで無事帰国しました。私は彼が北京に着いたときに北京駅で迎えました。

服部　一九六三～六四年頃、国貿促という名の団体は全国にあったのでしょうか。

武吉　東京、大阪、京都、名古屋、神戸の五都市にありました。京都はそのままの名前で残っていますが、他は名前が変わり、神戸は解散しました。

服部　国交正常化の一九七二年以降に、今おっしゃった五団体にさらに五つの国貿促ができるのですが、それは今はもうないのですね。

武吉　北海道、新潟、北九州、北陸(金沢)、沖縄の五つにできましたが、今は五つとも解散しています。名前は同じでも、経営面でも役員の面でもそれぞれ独立したものです。業務の面を共同でやろうということがあった程度です。

服部　何年かに一回、国貿促ミッションが訪中していたときは、一〇団体か五団体が一緒に行ったのですか。一緒に訪中するということはあったのですか。

武吉　ほぼ毎年のように年の初めに行きました。一番面白かったのは、一九七七年、文革が終わった後に行ったときです。

文化大革命期

服部　一九六六年に文化大革命が始まり、日本共産党傘下の日中貿易促進会は日中共産党の対立の中で解散に追い込まれましたが、一方で国貿促は中国の文革を支持したために、業務第一部が担当していたソ連との交流が断絶したということでしょうか。

武吉　ソ連は、中国との関係が非常に悪い時期に文化大革命が起きたので、国貿促など日本の団体がどうするかを注視していました。一九六七年二月に国貿促の代表団が中国に行って、文化大革命を支持するという意味を含めた共同声明のようなものを出しました。私たちは当時、支持することによって日中間のパイプを切らずにつないだままにできるかということで腐心したわけです。すると四月になってソ連が、当時モスクワにいた国貿促の駐在員を呼んで、今日からあなたたちとの関係は一切断絶するから早く帰国するようにと通告してきました。東ヨーロッパその他もそうなりました。北朝鮮やベトナムはもともとあまり国貿促との関係がなかったところであり、それぞれ別の専門団体もありましたので、国貿促は実質的に中国一本やりの団体に変わるわけです。

文化大革命があったからといって日中貿易の金額が激減することはなかった。むしろ輸出は割合順調に推移しています。これには二つ理由がありまして、一つは中国国内でソ連やアメリカに対抗するため内陸地に新しい工場その他を造る、いわゆる三線建設(8)が始まりました。これに日本の建設機械、あるいはトラックが相当売られています。もう一つは対外援助で、一番多かったときには国家計画委員会が「もうこれ以上増やさないでください」と音を上げたくらいの対外援助を非常に気前良く行っていました。一番多かったのはタンザン鉄道です。タンザニアからザンビアに敷く鉄道で、一九七〇年に契約して一九七六年に完成したのですが、中国から技術者、労働者が二万人入っております。その頃大きな貿易商談は大体広州交易会でやりましたが、トラックメーカー、特にいすゞ、三菱自動車、日野自動車、なかでも日野といすゞが一挙に一〇〇〇台のトラックを売る契約をしました。担当者が意気揚々と帰ったら、「ばか言え。もう一つのライバルの方は二〇〇〇台契約したぞ」と言われてギャフンとなったという笑い話もあるくらいです。

もう一つ売れたのが、小松製作所のブルドーザーをはじめとした建設機械です。契約書を見たら仕向地がダルエスサラームになっていたのが幾つかありました。それから実際石油関連の機器のメーカーが私のところに聞きに来たのは、仕向地がティラナになっていると。「ティラナってどこですか」と聞かれて、アルバニアに詳しい人を紹介したこともあります。このように対外援助でも日本の輸出貢献が当時はあったわけです。

今、中国側で書かれたものを読んでみますと、タンザン鉄道はやはり中国の国力を超えた、かなり背伸びをしてやった事業だと書いてあります。

服部 今、タンザン鉄道に関しては内部で批判もありますね。

もう一度、文革期の話に戻りますが、文革に関し国貿促内部で議論はかなりあったのでしょうか。

武吉 私は一九六六年八月、紅衛兵が街に出たときにも北京で目撃しましたし、一九七六年一〇月、四人組が逮捕されたときもちょうど北京にいたので、初めと終わりの両方を見ております。最初は官僚主義に反対するためにも必要なことだと感じておりましたが、一九六八年の夏に広州に入りましたら、駅頭で大の男が首からハートのマークが付いたものをぶら下げて変な踊りを踊っているのです。私はそれを見てドキンと心臓が止まるような思いがしました。ハートのマークの中には忠という字が書いてありました(9)。私どもかつての軍国少年は忠義の忠という字には生理的な嫌悪感を持つわけですが、忠と書いたハートマークを付けて大の男が踊っている、これは何だ、文革とは一体何なのだ、という非常に強い疑念を持ちました。しかし、国貿促は中国とのパイプを細くてもつないでいかなければならないという使命感があったから、私は自分の文革に対するそういう心情は誰にも言わないで、とにかく中国との付き合いを続けようと心ひそかに決意したわけです。

服部　文革に対する違和感はあったとしても、中国との関係が大事だという一つの使命感があった。それは、武吉さんはじめ当時の日中貿易に従事する方々全体にあった雰囲気と考えていいでしょうか。

武吉　そうだと思いますね。

服部　その中にはやはり、戦争をした方々の持っている贖罪意識的なものがあったのでしょうか。

武吉　当時の日本経済界、特にそのトップの人たちの政治に対する影響力には、今とは比べものにならないほど強いものがあったわけです。首相官邸に乗り込んで怒鳴るくらいのことは平気でやるような信念の持ち主が大勢いたわけです。

慶應大学の添谷芳秀教授の書いた本にはこう書かれています。「この人たちに共通した認識というのは第一にアジア主義、日本はやはりアジアなのだから、アメリカではなくてアジアを大事にしなくてはいけない」、第二に、経済面での協力拡大は当然のことだと考えていた点です。たとえば稲山嘉寛[10]さんは中国から鉄鉱石や石油を輸入して日本の製品を売る、こういう有無相通じる関係を発展させることに情熱を燃やし続けた方でした。三番目に添谷さんが挙げているのが、贖罪意識です。それをはっきり口に出すクラレの社長のような人も、口には出さず心の中にそれを秘めていた人もいたが、当時のトップはみんな贖罪意識を持っていたと。四番目に挙げているのが周恩来との出会いです。岡崎嘉平太先生が一番の典型で、同じ歳だけれども周恩来を師と仰いでいました。贖罪意識は二〇〇〇年頃まで続いたと思います。後藤田正晴さんが入院中の河野洋平さんを見舞ったとき、「河野さん、今が大事なときだよ、二〇〇〇年までが勝負だよ」と言ったそうです。河野さんが後からいろいろ考えてみたら、二〇〇〇年という年は、実際に兵隊に行った戦場体験の持ち主がほぼ政界から消えてしまう年だと。そうなったら、戦場体験もなく、爆撃に遭うなどの戦争体験もない人たちが政界を占めてしまう、これは大きな転機だという見方を後藤田さんは持っていたのだろうと書いていますが、そのとおりだと思います。

服部　この時代の一つの雰囲気として、今ちらっとおっしゃったアジア主義の流れもありますが、根本的には反米だったのでしょうね。

武吉　いや、反米まではいかないです。周恩来も、キッシンジャーによって彼の認識が変わったとよく言われています。キッシンジャーが「安保条約は瓶のふただ」[11]と言ったことで周恩来の認識が変わって、国交正常化と安保条約とは両立できる、だから富士銀行の岩佐凱実[12]さんが訪中したときに、「岩佐さん、日米安保条約は大事にしなさいよ」と周恩来が言ったとご本人は証言しておられますが、両立できるという判断が出たのはやはり大きかったと思います。

服部　当時、ＣＯＣＯＭ(対共産圏輸出統制委員会)の問題もありました。これはどのような形で発生していたのでしょうか。

武吉　ＣＯＣＯＭは、統制対象品のリスト全体が明らかにされておらず、通産省の役人が自分の引き出しにあるリストを見ながら輸出の是非の判断をしていました。それまでは、中国で展覧会を開くときにも展示品のリストを通産省に持ち込んで、その許可がないと出せず、一時期、出品はしていいが、売らないで持ち帰るという持ち帰り条項が付いて許可されたものもありました。ところが、一九六九年にまた北京で日本工業展覧会を開いたときに、通産省は幾つかの品目について、持っていくことも許可しなかった。展示自体を不許可というのはこれが初めてだったわけです。

服部　具体的な品目はまだ覚えておられますか。

武吉　一桁ですけれども、持っていくこと自体駄目だというものと、持ち帰り条件が付いたものと両方ありました。

服部　どんな品物か、覚えておられますか。

武吉　主に工作機械です。それで抗議の意味を込めて国貿促の名前で東京地裁に裁判を起こしました。通産省の判断は違法であり、行き過ぎだという訴えです。こういう裁判は、それによる損害の金額を具体的に出さないと提訴できないものですから、なにがしかの金額を付けて出しました。裁判長が大変さばけた人で、通産省のやり方は違法であるが賠償金を払うほどのことではない、という判決が出て実質勝訴という結果になりました。通産省の側からすると、賠償金の支払いは不要で形式的には勝訴になっているわけだから、通産省が不服申立てをするわけにもいかない。結局、国貿促の実質勝訴でこの裁判は終わり、大きな話題になりました。

服部　役所としてもあの当時は相当悩んでいたのでしょうね。後に日中経済協会の理事長までされた渡辺弥栄司[13]さんなどは、当時、通産省の中心におられたのではなかったでしょうか。

武吉　渡辺弥栄司さんは当時通産省の官房長でした。通産省の中で、有望な若手官僚を何人か選んで、渡辺学校ではないけれども中国語の勉強、中国事情の勉強をさせていました。

国交正常化に向けて①――「周四条件」

服部　一九七〇年四月、国交正常化に向けて「周四条件」[14]が提示されます。なぜこういったものが出てきたのか、武吉さんなりの見方をお話しいただきたいのですが。

武吉　その頃周恩来が北朝鮮を訪問し、金日成との間で共同声明を出しました。この声明の中に

「日本軍国主義は完全に復活した」という表現が入ったのです。これを持ち帰って、ほどなく、ほとんど同じ時期に中国に行った覚書貿易の代表団と国貿促の代表団の両方に周恩来が出したのがこの四条件で、この条件に該当する日本企業とは取引をしないというものです。さらに、それまでは貿易商社だけが「貿易三原則」を認めればよく、メーカーは関係がなかったのですが、今後はメーカーから船会社まで日中貿易に関わりのあるすべての企業が「周四条件」を受け入れるよう迫られました。非常に厳しい条件だったので、私も気が遠くなるような思いをしたのですが、意外なことに、各企業から早くにこれを受諾する動きが出てまいりました。

順番からいえば、韓国や台湾ともあまり関係がない中小貿易商社は問題なく受け入れました。次に、日本の化学肥料業界が相次いで受け入れました。やはり、中国は肥料業界の最大の貿易相手国でありましたので。それから鉄鋼業界では、台湾との関係もあった新日鐵だけは最後まで受け入れませんでしたが、住友金属が真っ先に、そして日本鋼管、川崎製鉄、神戸製鋼が受け入れました。残ったのは大手商社六社です。この中で住友商事と日商岩井は比較的早く受け入れました。それからトラック、建設機械メーカーの日野、いすゞ、小松製作所。最後まで残った伊藤忠、丸紅、三菱商事、三井物産のうち、伊藤忠がまず一九七一年末までに受け入れ、一九七二年に入ってから残り三社が受け入れました。

これには一つの大きな背景がありました。やはり当時の国際情勢の変化です。一九七〇年秋にカナダとイタリアが中国と国交を樹立しました。一九七一年七月にはニクソンの訪中が発表され、同じ年の一〇月には中国の国連復帰が決定する、という大きな流れがありました。ただ、これが決定打になったと評価する人もいるのですが、私はそうは思いません。やはり決定打は日本の企業が営々と中国との交流を続けてきたことで、私の表現で言えば、せせらぎが奔流になって政府に国交正常化を迫る力になっていった。国際情勢の変化は決め手ではなくて追い風の役割を果たしたと思っております。

一九七〇年の私の手帳を見ると、小さなメーカーを回って「周四条件」について説明をする、そしてその担当者が各社のトップに説明して、トップが決めたら国貿促が各社から文書をいただいて、中国側に回すということを続けておりました。一九七一年に入ると、私の訪問先が大手メーカーに変わってきます。この流れを、今、思い出しました。

服部　そうすると「周四条件」があって、日中経済関係ももっと継続すべきだということで、一九七〇年ならびに七一年に国貿促の職員として武吉さんも日本の企業、最初は中小、そこから大手等々に説明に行かれたのですね。当時、武吉さんが翻訳された中国の第四次五カ年計画の冊子がありますが、そうしたものも影響力をもったのではないでしょうか。

武吉　今でこそ第一次から第一三次までの五カ年計画について詳しい本が出ておりますが、当時は第四次五カ年計画が一九七一年一月から始まったことだけが発表され、内容は一切公開されなかった。皆さんが非常に情報に飢えていたものですから、一計を案じましてパンフレットを出したのです。当時国貿促でないと行けないような中国の工場などを見ておりましたので、工場見学から類推した中国の現状、あるいは発展の方向をまとめたものです。

その中で目玉になったのが、大慶油田を訪問した日本人の訪問記です。パンフレットを作り、記者クラブで配ったところ、翌日の日本の新聞各社が一斉に大きく取り上げてくれました。その途端、申し込みが殺到しまして、国貿促の電話がパンクし、慌てて増刷した記憶があります。そのようなちゃちなパンフレットでさえ皆さんから大変喜ばれた。ちょうど「周四条件」の受け入れと重なった時期ですから、各社の担当者にとってはトップを説得するための一つの材料として随分役に立ったと思います。

服部　あと一点、国民感情はどうですか。

武吉　今では想像もつかないほど、中国に対する良い感情を持っていたのです。当時、中国物産展という名前で、最初は華僑商社が中心になって公園の一角や自分の会社の一角を使って中国の最近の状況を紹介する写真をいっぱい貼る、それから中国の物産、たとえば当時の目玉だった万年筆や食品類を売る。最初は小さな規模だったのが、だんだん大きくなり、最後は銀座の高島屋までが中国物産展を開いて、これが決定打になりました。つまりここまで日本の国民が中国に関心を持つ、中国にい い感情を持つというのは、恐らく一九八〇年代にもう一度来るのですが、この二回が高まりだったと思っています。

服部　「周四条件」を容認した日本の大手商社は、当時いわゆるダミー会社をたくさん持っていました。そのダミー会社をやめて本体が前に出てくるという動きもありました。そういったことに関して、国貿促などがいろいろアドバイスすることがあったのでしょうか。それともそういった判断は個別に企業が自分でやっていたのでしょうか。

武吉　それまで大手商社はみんな、台湾や韓国とは自ら取引をする、中国とはダミー会社を使って取引する、中国側もそれを承知で取引していたわけですが、「周四条件」ではダミー会社は認められず、本体が出なければいけないことになったわけです。そのため本体が続々と「周四条件」の受け入れを決めたのですが、私は一度あるダミー会社の社長に「あなたはどうやってトップを説得したのですか」と聞いたことがあります。この方は三点を挙げ非常に明解に答えてくれました。第一に、中国貿易、特に輸出は価格面では非常にシビアだけれど、交際費がほとんどかからない。二番目はいったん契約したらこれほど安心できる貿易相手はいない。契約は必ず信用状をきちんと開いてくれるし、船もきちんと出してくれるから安心して履行できる。三番目に、中国の貿易担当者はみんなプライドが高い。従って露骨にリベートを要求するようなことは一切ない。こういうことをトータルで考えると中国貿易は決して厳し過ぎるとかもうけがないとかいうものではない。こういう説得の仕方をしたという話を聞いて、私も感心したことがあります。

服部 そうすると、ダミーはやめた方がいいと「周四条件」に書いてあるからというようなことではなく、国貿促なり当時のLT貿易の方が説得して、実体貿易の中で皆さん方がいろいろ考えていったということでしょうか。もう今はない企業なので懐かしいのですが、ダミー会社をもう少し教えてほしいです。歴史に残る名前として伺っておきます。

武吉 三菱商事は明和産業、三井物産が第一通商、伊藤忠は新日本通商、丸紅は和光交易でした。

服部 和光は、その後、独立して頑張っていますね。

国交正常化に向けて②——要人訪日

服部 次に伺いたいのは、国交正常化の前の要人の訪日に関することです。どういった経緯で来訪し、どんなことがあったか、いろいろ資料もオープンにされているわけですが、少しまとめていただければと思います。

武吉 一九七一年四月に名古屋で世界卓球選手権大会が開かれまして、文化大革命で一切国際交流がなかった中国が、この大会に六年ぶりに参加するわけです。当時の後藤鉀二さんという日本卓球協会の会長が非常に苦労し、最後は周恩来が決めたといういきさつもあるのですが、とにかく中国から卓球選手団が来ました。そのときの副団長が王暁雲、[15]この人は延安で日本語を学び、外務省日本課長をやっていた人です。卓球団のことは団長に任せて、自分は関西、東京、各地で日本の経済界のトップあるいは政治家と次々と会う。これに日本の新聞は王暁雲旋風という名前を付けたわけです。

同じ一九七一年の八月に日中関係で足跡を残した松村謙三先生が亡くなられて、築地本願寺で盛大な葬儀がありました。これに中国は周恩来が弔電を打ち、王国権[16]を派遣します。王国権は、ポーランドで米中間の大使級会談を続けたときの中国側の大使です。王国権が来たとき、私もプレスの腕章を付けて築地本願寺で目の前で見ていたのですが、葬儀が終わった後、佐藤総理が王国権の前まで行って、「遠路はるばるありがとうございました。お帰りになったら周恩来総理によろしくお伝えください」と挨拶したわけです。この後王国権さんも数日滞在して、同じように東京および関西の経済界、政治家の人たちと会っています。これは王国権旋風と呼ばれたのです。

三回目が一九七二年の七〜八月の上海舞劇団の来日で、日本各地で「白毛女」「紅色娘子軍」という二つの演目をやりました。このときの団長が孫平化[17]さん、後の中日友好協会の会長です。孫平化さんは一九六四年に覚書貿易が相互に事務所を設置したとき、東京にできた事務所の初代所長として赴任した人です。彼がこのバレエ団の団長として日本に着いたのは田中内閣が発足した二、三日後のことで、彼もバレエのことはほったらかして精力的に政治家や経済界のトップと会いました。これが三回目の旋風になるわけです。三回の旋風で日本側の中国に対する傾斜は決定的になったと思います。これを国

服部　あと一つ、この時期に重要なのが、例の三菱首脳や新日鐵の稲山さんの訪中です。これ

貿促はどのように支援したのでしょうか。やはり中国側と組んでやったのか。一方で日本政府、とりわけ通産省などと十分連絡を取りながら、首脳ミッションが行ったという形でしょうか。

武吉　一九七一年の二月に周恩来が国貿促の木村一三、東京国貿促の田中脩二郎、森田堯丸両常務理事などと会います。私もちょうど北京にいたものですから同席しました。私は、毎回ほぼ半年、連絡員という名前で行った六回を含めて、国交正常化までに計九回訪中し、その延べ日数は一〇五五日になります。あの頃は駐在という言葉は使ってはいけなかったので、北京連絡員という名目でした。

それで、このとき「日本の経済界トップが中国を訪問されるなら歓迎します」という表現が周恩来から初めて出ました。早速木村さん、田中さんと森田さんの三人が作業に入ります。関西の財界の方がいち早く、一九七一年の九月に関西経済界五団体の正式代表団の名前で訪中していますが、当時はまだ佐藤内閣時代ですから、東京の方はやはり政治との関係をおもんばかって代表団は出せない。しかし経済界の有志ということで、東京経済人訪中団という名前で訪中します。団長は東京の経済団体のトップではなく、YS-11を造った日本航空機製造の東海林武雄さんでした。なるべく経済界のみの集まりではないという印象を持たせるよう、随分苦労したみたいです。この二つの団が行った後に残ったのが三菱です。

服部　東京経済人訪中団には三菱系は入っていなかったのですか。

武吉　入っていないです。三菱は政府との関係が非常に深いですし、やはりアメリカとの関係がありました。東京の国貿促も、関西の木村さんも両方併せていろいろ作業して、三菱訪中団が出たのは一九七二年の八月です。三菱銀行、三菱商事、三菱重工業の三社のトップが揃って訪中しました。このとき、東京の国貿促もいろいろお手伝いしたので、私は現地に派遣されて北京で側面的な協力をしました。随員の経済部長や調査部長が日本の経済事情などを話すときの通訳を務める、あるいは個別に宴会に招かれたときに私が通訳で付いていく、そんな仕事です。三菱三首脳が訪中直前に首相官邸に田中首相を訪ねると、田中首相は「三菱さんまで行ってくれるなら私も行きやすくなります」と言ったそうです。そのくらい三菱の重みがあったわけです。

その数日後、稲山さんが団長になって、富士銀行の岩佐さんなど経済界の錚々たるメンバーが訪中しました。大慶油田の石油を何とか手に入れたい出光石油の出光社長も参加した大型訪中団でした。これも私は現地で側面協力しました。

改革開放への転換期——訪日視察団受け入れ

服部　ここからは改革開放政策に向けての転換期、一九七〇年代と一九八〇年代のお話をしていただこうと思います。武吉さんは一九六三年から一九九〇年三月まで国貿促に勤務、特に輸出や金融を扱う業務二部長として活躍され、一九八〇年代以降は常務理事として全体を見る立場におられました。

武吉　一九七六年一〇月に文化大革命が終息し、一九七七年春から新しい動きが始まりました。たとえば「長期貿易取決め[18]」については、一九七七年の春からすでに双方で打ち合わせが始まっております。私も一九七七年に入ってからは、北京へ行くたびに雰囲気が変わってきたのを実感しました。たとえば、『人民日報』に毎日載っていた「毛沢東語録」が消えたとか、建国前後の「中国版懐メロ」が復活して毎日ラジオで流れるようになったとか、文革で姿を消していた幹部が続々と復活するとか、こうした動きを延ばしていったらどうなるかなという、何かわくわくした気分がありました。

この間にたくさんの訪日視察団を受け入れましたが、印象に残っている団が幾つかあります。まず中国金属学会代表団で、一九七七年九月に来日しました。団長は冶金工業部副部長の葉志強[19]で、彼の任務は二つあり、一つは新しい製鉄所を造るのに協力をとりつけること。これは新日鐵にお願いしたいと言っていました。もう一つは、鞍山や北京など、既存の製鉄所の技術改造に協力してほしい。これは新日鐵以外の日本の製鉄所に持ってきたわけです。私は、南は大分から北は釜石まで、新日鐵の工場六カ所全部を一緒に回り、一カ月にわたって中国の人たちと起居を共にしました。

彼らが帰るときに、新日鐵の稲山さんが君津製鉄所の現場を撮った映画をプレゼントしました。団長がこれを中国に持ち帰って、李先念[20]や谷牧[21]ら政治局メンバーに見せました。後で聞いたところによれば、映画を見終わってから誰もひとことも言わない。しばらくして誰かが、「本物か」「本当です。私はこれを見てきました」、こういうことがあったそうです。

もう一つは、これは実際に私もその場で見ていたのですが、夜に宴会があって缶ビールが出た。日本側が人差し指でぽいと飲み口を開けてみんなに配る。「これは鉄ですよ」と。「アイヤー」と団長が驚きの声を挙げたのをよく覚えています。この話も政治局に報告したそうです。あんなに薄く、あんなにきれいな鉄板は、われわれにはとてもできないと。こんなショックが幾つも重なり、新日鐵との間で早速交渉が始まり、翌一九七八年五月には宝山製鉄所建設の合意ができました。

既存製鉄所の技術改造については、首都とか鞍山とか、今まで秘密にしていた生産設備や年間の生産データを初めて公開してくれました。これが金属学会代表団に関する話です。

服部　武吉さんは宝山製鉄所の交渉を側面からいろいろ支援されたのでしょうか。

武吉　私は全部で四回行きました。最初に行ったときには何もない原っぱでした。ボーリング調査で何十メートルの深さで岩盤に達するかという結論が出たので、GOサインが出たのです。現場は日本側の協力に対する感謝の念が非常に強かったですね。図面だけで重さ数十トン、日本側から延べ一万人以上が行って作業したという、他ではとても考えられないことをやりました。

服部 それだけの協力が実現した背景には、何があったのでしょうか。

武吉 一九七七、八年といえば、日本側からすると中国はまだまだ立ち遅れている。しかも当時のトップはみな戦争を体験し、心の中に贖罪意識があり、遅れているところを手伝おうという意識があったと思います。もう一つは、日中友好の雰囲気です。日中平和友好条約が締結されたのは一九七八年の八月ですが、日本人の対中国好感度は八割以上という、今では考えられないような友好ブームがありました。

服部 実際に向こうで滞在してやっていくと、いろいろ中国側から要求があって、現場で頑張ってきた新日鐵の方々の中には、あまりいい感情は持っていない人もいるようですが……。

武吉 そのとき日本側が自分を納得させた最大の理由は、稲山さんの顔に泥を塗るわけにはいかないということで、これは共通していました。新日鐵だけではなく、他のメーカーもみなそういう気持ちで、何とか自分をなだめ、我慢したということです。

服部 なるほど、分かりました。それでは、次に中国経済代表団でしょうか。

武吉 上海の革命委員会副主任、今で言うと上海市の党のナンバー2だった林乎加(元国家計画委員会副主任)が、ぜひ日本へ行ってみたいという気持ちにかられ、古巣である国家計画委員会のトップに話をし、対外貿易部の李強部長に話を持ち込み、中国経済代表団が結成されます。中国側はこれを非常に重視し、最終的には李先念が決裁しました。

日本側でも、これはただならぬ団だということで、経団連まで一枚加わる異例の受け入れ体制を整えました。この団は一九七八年三月に来日、約一カ月滞在し各工場を回ったのですが、やはり帰国後、政治局で報告することになって、事前に康世恩副総理[22]の前でリハーサルをしたそうです。康副総理は「何だ、君たちの報告は。日本のどこが素晴らしいという話ばかりで、それを参考にわが国がどうあるべきかの話がないではないか。書き直せ」と怒鳴った。代表団はねじり鉢巻きで、政府と企業の関係という問題を中心に書き直したというのです。中国では企業にまったく自主権がなく、トイレ一つ造るのまで政府の決裁が必要でした。これでは駄目で、政府がもっと企業に自主権を与えるべきだと。

一つのエピソードは、魔法瓶工場を見学したときのものです。中国は魔法瓶を量産しており、一時期は東南アジアを席巻して日本企業は全部撤退しました。ところが、何年かたったら日本企業が再び東南アジアの市場を全部押さえた。なぜ自分たちは負けたのかという問題意識を持って彼らは魔法瓶工場を見に行った。最初に驚いたのは、新製品開発専門のセクションがあり、そこで何十人という人が毎日働いている。そうか、中国の工場では新製品開発資金が出ないから、誰かがやりかけたら「余計なことをするな」と言われる。だから魔法瓶に限らず、車も全然新しいものに変わらない。やはり企業にもっと自主権を与えるべきだというテーマで彼らは書き直したようです。

次にお話しする機械工業代表団は一九七八年一〇月に来日、団長が周建南[23]、中国人民銀行総裁の周小川[24]のお父さんです。私が中国で敗戦の翌年から八路軍の軍需工場で働き始めたときの工場長でもあるので、大変懐かしく彼を迎えました。この人はその後、帰国してすぐ新しくできた輸出入管理委員会、外国投資管理委員会の副主任に横滑りしたわけで、やはりそういう発想の持ち主だったのです。

日立製作所に行ったときに、周団長が「あなた方と合弁企業をつくりたいけれども、どうですか」

番目の人が、何しに来るの」と。ところが七月に国務院に外国投資管理委員会ができ、谷牧が主任を

帰って早速各メーカーにこの話をしましたが、反応が悪い。「一三人もいる副総理の中で下から三

「エェッ?」とびっくりしたものです。

だったら中国側は「研究《イエンジュウ》、研究《イエンジュウ》」(「検討しましょう」)とか言うところを、いきなり名前まで出たので

ださい」と言うと、李先念が「私は行けないが、谷牧を出しましょう」と言ってくれたのです。普通

「今年国貿促は創立二五周年になるので盛大な祝賀行事をやろうと思う。李先念さん、あなた来てく

山愛一郎[25]さんが北京へ行ったのに私も同行しました。李先念がこのとき会ってくれて、藤山さんが

武吉　一九七九年、谷牧副総理の来日の年の六月、国貿促の毎年恒例の訪中代表団の団長として藤

おられたのかなと思います。それでは、次は重要な谷牧さんについて。

服部　稲山さんや吉山さんなど、単なる贖罪意識だけではなく、経営的判断が相当できる方が当時

武吉　吉山博吉さんです。

服部　日立のそのときの経営者はどなたでしたか?

くったオリエント・リース。四番目が地下足袋の力王の工場です。

武吉　そうです。一番早かったのが福日テレビと、大塚製薬が造った輸液の工場、オリックスがつ

テレビとは相当早い時期に合弁ができますよね。

服部　日立の合弁の話は、福建省の福日テレビ(福建日立電視機有限公司)と関連するのですか。福日

きた、そういう動きがあったときなのです。

たら今度は日立の人たちがびっくりした。合弁など、まったく誰も考えつかないことがいきなり出て

と持ちかけました。通訳が、聞き間違えかと問い直したら、やはり「合弁企業だ」というので、訳し

兼ねる、同じ七月に全人代で合弁企業法が採択される、この二つの報道があった途端、国貿促事務局に電話が殺到し、「ぜひうちに来てほしい、金はいくらでも出す」と。こう言うとメーカーに怒られるけれども、「メーカーなんて、いい加減なものだな」と思ったくらい、急に熱心になりました。

副総理ですから国貿促だけの受け入れでは無理がある。元外務大臣の藤山さんが外務省に話を持ちかけ、外務省賓客として共同で受け入れることになりました。費用は日本側が丸抱えし、防弾車も出て警視庁からＳＰが一人派遣される、そういう受け入れです。李先念が名前まで言ったのには、恐らく外国投資管理委員会と谷牧に関する件を全部頭に入れた上でのことだっただろうと思われます。案の定、七月には谷牧さんが直接日本の吉田大使に円借款を正式に申し入れています。九月一日に着いて、三日に大平首相を表敬訪問し、このときにもう一度円借款の話を持ち出しました。大平さんは「私は年内に中国を訪問したい、そのときにいいお返事を持っていけるようにやってみたい」、そこまで言われたようです。円借款とは相手国からの提起を受けて日本側が調査団を出し現地を見て、幾らくらいかかるかを積算し、金額が決まる。短くて一年、長ければもっとかかると言われているのを三カ月で六項目全部やってしまいました。当時の谷野作太郎[26]さんという中国課長、後に中国大使をやられた方ですが、八面六臂の活躍ぶりはすごかったです。

服部　日中平和友好条約締結から一年を経て、改革開放に向け、日本をモデルにする雰囲気があったのでしょうか。実際に谷牧さん一行と付き合った中でそのようなことは感じられたでしょうか。

武吉　はい。谷牧さんは日本に来る一年前の一九七八年五月、鄧小平に指示されて西欧五カ国を回り、帰国後に政治局の全メンバーに向けて、政府としてどのように外国から投資を受け入れるか、あるいは外国との協力を国際的に通用する形で進めるかといった報告をしています。それらを集め、鄧小平がその年の一〇月に中日平和友好条約の批准書交換ということで日本に来ました。鄧小平が帰った三日後の一一月一日には中国から経済専門家だけの団が来日し、一カ月間滞在しました。日本各地を回って、特に日本の官庁エコノミストたちと接触し、工場視察の詳しいレポートを出す。そのレポートを基にして日本の大来佐武郎[27]さんとか向坂正男[28]さんという有名な官庁エコノミストが中国国務院の経済顧問として招かれます。そういう中で、鄧小平も谷牧も、西欧と日本の両方とも大事だがすぐに役立ちそうなのは日本だと判断したようです。日本側が非常に熱心だったことが一つと、経済を管理するシステムが、アメリカのような完全な放任主義ではなく、政府が企業をうまくコントロールしながら経済を発展させていく日本のやり方が、ヨーロッパなどよりも中国の国情に合っている、ということもあったと思います。

服部　谷牧さんはどんな日本企業を訪問されましたか。

武吉　新日鐵、日立、トヨタ、小松製作所、松下、東芝、日本鋼管、三菱重工業、三井石油の九社、その他に神戸港も見ましたし、国鉄の施設も一回見ています。面白かったのは、小松製作所に行ったときでした。全国の工場からいろいろな機種の建設機械を大阪の枚方にあった工場に集め、谷牧さんと社長の河合良一[29]さんが並んでいる前を、一台また一台通過していくわけです。そのたびにお付きの人が、この機械はどう使う、性能はどうだ、と説明する。まるで閲兵式のような感じでおかしくて仕方がなかったです。うちにもぜひ来てほしいという話はこの他にもいっぱいあり、最終的には中国側で選んでもらいました。

服部　それでは次に、加工補償貿易代表団の話ですね。

武吉　普通の貿易と違う新しい貿易のスタイルがいろいろあっていいはずだということで、中国の国家計画委員会が加工補償貿易代表団を派遣してきました。

具体的には、「来料加工」とは原材料を全部日本側から、スーツで言えば生地だけではなく裏生地から隅に付いている材質等を説明する小さな切れ端まで持っていって、それを向こうで縫製する。「来様加工」の「様」とはサンプルのことで、日本側がサンプルを出して向こうでそのとおりのものを作ることですが、これは、実際にはそれほど多くはなかったと思います。「来件装配」というのはいわゆるノックダウン方式の生産です。部品を送って中国で組み立て、中国側は組み立て賃を受け取る。この方式で国貿促で応援したのはラジカセのメーカー一つでしたが、非常にうまくいきました。

補償貿易はアパレル関係に多く、日本からミシンを出すが、ミシンの代金を向こうはすぐには払わない代わりに、そのミシンを使って加工する加工賃も取らない。加工賃を積み立てておいて、それでミシンの代金を払うというのが補償貿易です。私が見た大連のアパレル工場の工場長は、「これだけの設備のお金を一年で完済しました」と胸を張っていました。

加工補償貿易代表団は、来日してすぐ通産省に行き、どの国とどういう方式を取っているかというレクチャーを半日かけて受け、それから日本国内を回ったのです。行く先々で、日本側も関心が強いからいろいろ質問する、中国側がそれに答える、私はそれを書き留めて整理しパンフレットを作りました。これが続々と売れて、もっと高い値段にしておけば良かったと思ったくらいです。

このときには国家計画委員会のメンバーの他に、北京、天津、上海の関係者を同行させ、その三都市で一体何ができるかを検討させています。翌一九八〇年に私は成都、西安、武漢、鄭州、石家荘を回って日本側の状況を説明しました。するとこの五カ所からまたそれぞれ、「わが省ではぜひこれをやりたい」と持ってきたほどです。似たようなテーマが多くて困ったのですが。

服部　日本からはそういう来料加工等のやり方を、特区あるいは経済開発区の方式は香港から学んだということでしょうか。

武吉　経済特区について言えば、特に進んでいるのは台湾と韓国でしたが、当時の中国は両方とも行けない。そこでシンガポール、香港などを回りましたが、そのときの団長が当時外国投資管理委員会の副主任兼秘書長だった江沢民[30]でした。

改革開放の本格化期——投資と合弁

武吉　改革開放本格化の時期で最初にお話ししたいのは、中国国際信託投資公司[31]（略称ＣＩＴＩＣ）の代表団のことです。一九七九年一月に鄧小平が四人の旧民族資本家を人民大会堂に招いて、「いよいよ君たちの出番ですよ」と言いました。「改革開放」の大きな方針の下、外国投資が始まり、合弁企業法なども揃ってくる。しかし自分たち共産党ではそういう経験がない。幸いなことに、旧民族資本家たちがまだ健在だから、ぜひ力を出してほしい。特に一番若くて一番熱心な栄毅仁を指名して、「君はぜひ外国からの投資を受け入れる窓口の会社をつくってくれ。人集めと経営方針は、一切君に任せる。他の人間が介入しようとしても、私に言ってくれれば全部止める」、それで栄毅仁が早速検討して、一九七九年七月、つまり合弁企業法ができたのとまったく同じ日に、ＣＩＴＩＣを設立し、自らが董事長になったわけです。これはわざと合わせたのだと思います。

一九七九年一二月に国貿促代表団が訪中したとき、藤山さんも元資本家ですから栄毅仁とうまが合いまして、協力するための合意書をすぐに作りました。その合意書に基づき実行したのが力王ですが、栄毅仁さんが来日したとき日本の有力証券会社、銀行、商社に広く接触して回りました。これが後々ＣＩＴＩＣの発展のためにも非常に良かったようです。

そして一年ちょっと経った一九八一年二月に、今度は雷任民が来日します。かつて対外貿易部の副部長で日本で第三次貿易協定を結んだ人で、中国側の資料によりますと、一九三四年から三七年の盧溝橋事件の直前まで早稲田に留学していました。彼は「母校に行ってみたい。誰にも言わなくていい。ただ、母校の姿を見ておきたい」と懐かしがり、私が付き添ってキャンパスの中を散策したことがありました。

雷任民が来たときに、サムライ債の発行が決まります。これがＣＩＴＩＣにとっては最初の外国での債券起債でした。いきなり公募はリスクがあるからというので私募債にしましたが、あっという間に日本の証券会社が一〇〇億円を引き受けてくれました。野村證券が幹事会社になり、社長だった田淵節也さんが非常に熱心に取り決めてくれて起債に成功したのです。このお金は大半が儀徴というところに建設中の化学繊維コンビナートに回されたそうです。

服部　ＣＩＴＩＣとの合意の一つに力王の地下足袋の話も出てくるわけですが、江蘇省南通での力王の合弁会社設立に武吉さんも関わっていたのですか。

武吉　力王の担当者が一九八〇年秋、国貿促に「ぜひ合弁会社をつくりたい」という話をもってきました。力王は建築現場で履く地下足袋が専門で、日本では断トツの会社なのです。渡り鳥企業などと呼ばれておりまして、最初は台湾で作って、コストが上がってからは韓国で、韓国のコストも上がるとフィリピンのセブ島で作った。ここも上がってきたから今度はもっと安いところで、というので中国。そこで思い付いたのがＣＩＴＩＣです。国貿促では私が担当しました。

私は力王の岡安社長に四回同行し、四回目に調印が行われました。このとき、間にＣＩＴＩＣに入ってもらったのが非常に良かった。江蘇省の関係者だけでは、向こうも初めてだから、非常に強硬な意見しか出してこない。しかしＣＩＴＩＣの担当者が交渉の間に入ってくれて、日本側の言い分のもっともなところを江蘇省と南通市の方に説明してくれた。これを岡安社長が非常に高く評価し、「せっかくだからぜひＣＩＴＩＣにも出資してもらいたい」ということになった。ＣＩＴＩＣの中では「そんなちっぽけな出資をするとＣＩＴＩＣの沽券に関わる」という反対意見もあったそうですが、栄毅仁が決裁して、「国貿促との第一号」というので、ＣＩＴＩＣが一〇〇万元の一〇％にあたる一〇万元の出資に合意してくれました。あとは力王が五一％で南通市の軽工業局が三九％でした。省都の南京まで行って調印の報告をしたら、省の軽工業局長が「あなたたちが江蘇省の合弁第一号です」と大変喜んでくれました。

服部　なぜ南通だったのですか。

武吉　ＣＩＴＩＣが最初に四カ所くらい候補地を出してくれたのです。岡安社長は、ゴムを使う工場を半導体の工場の隣に造るわけにはいかないと言う。都会だと働く人が来ないから田舎の方がいい。南通は見たところ田舎だけれども、将来性がありそうということで選んだのです。もともと南通は綿紡績の近代的な工場が最初にできた所で、ここに工場を造った張謇という民族資本家のお孫さんが南通市の副市長をやっていました。その後、江蘇省の副省長になり、栄毅仁がＣＩＴＩＣに引き抜きました。今は南通に東レと帝人の両方とも出ていますから、とても派手なまちになっています。

展覧会の開催

服部　それでは次に、中国各地で開いた展覧会についてうかがいます。

武吉　一九七八年から八九年まで、国貿促で私が担当した展覧会は一二都市で二四回、実に頻繁に開きました。主な内容は科学機器、医療器械、物流関係、それから印刷機械です。

印刷機械の展覧会は香港に近い佛山で開いています。昔は地方は外貨を持っていなかった。私は日本に帰ってくる前、河南省の対外貿易局で一年間働きましたが、そこで分かったのは、対外貿易局と名前は付いているけれども、実際の仕事は「何月何日までにどういう品物をどれだけどの港に運べ」という指令を実行するだけだということです。対外的な契約が直接できてお金が払えるのは北京の総公司と上海の分公司、それから香港が相手の広東の分公司、この三カ所だけで、あとは全部、輸出品を港まで運んだご褒美として契約金の約一%をもらえるだけだったので、当然、地方で展覧会を開いても売れないという問題があったのです。ですから地方で展覧会が開かれるようになったということは、地方に外貨を持つ権限が与えられたことを意味します。かなり潤沢な外貨を持つようになって、出展するものを事前に中国側に知らせておくと、中国側からこれとこれは買いますという買取保証が付いてくる。展示が終わったら買い取ってもらえる。それだけの外貨を中国の各地方が持つようになったことが、地方都市で展覧会を頻繁に開ける大きな要因になっておりました。

ここで国貿促が関わらなかった項目について簡単にご説明すると、一つは長期貿易取決め、これは国交正常化前のＬＴ貿易の拡大延長であり、稲山さんの悲願でもあったと思います。これを資金面、金融面から支援するものとして資源バンクローンとシンジケートローン、そして円借款ができたわけです。

次は渤海の石油天然ガス共同開発です。そのために石油公団が日中石油開発という子会社をつくり、三本試掘したら奇跡的に三本とも当たったのです。私がその子会社に行ってみると、社長室に大きな神棚があり、「毎日拝んでいるおかげで三本とも成功しました」と社長がにこにこ笑っていました。この人は通産省のOBで、石油公団が「リスクが大きいからやめておけ」というのを無理に押し切って、本格的な開発をやったら見事に失敗したと言われています。

それから日中経済知識交流会。大来さん、向坂さんが中国国務院の経済顧問になって日本経済の紹介が行われていました。中国側にとっては、自分たちの頭に描いている経済管理体制に一番近いのは日本で、ヨーロッパやましてやアメリカに比べるなら、日本の政府と企業の関係、経済関連の体制は参考になると言って、大変喜ばれました。大来さんがその後大平内閣の外務大臣になり、外国の顧問を続けるわけにはいかなくなったので相談した結果、双方の専門家で日中経済知識交流会をつくり、毎年一回日中両国で交互に開催して交流し、知識を中国側に伝授していくことになったのです。非常に大きな役割を果たしたと言われております。今でも続いているのですよね。

服部　だんだん通産省のお金もなくなってきたので大和総研で後を引き継ぎ、今も続けていますね。

武吉　最後に特恵関税の供与の件ですが、普通の最恵国待遇の税率よりももっと低い税率で、発展途上国から先進国への輸出を増進する趣旨で特恵関税という制度ができました。中国の対外貿易部は、この実現に非常に熱心でした。林連徳さんという担当者が後で私に話してくれたのですが、特恵関税をぜひ実現したいという趣旨の稟議書を対外貿易部で一三回書いたが全部ボツにされたそうです。中国側が日本側に書類を出してお願いし、日本側が同意するという手順になっているため、「頭を下げてまでやる必要はない」という文革当時の論理があって、文革が終わるまでは実現しませんでした。文革が終わったのですぐに実現して非常に大きな役割を果たしたわけです。

中国要人の思い出

服部　これからは中国の指導者と接触された思い出の話をしていただきたいと思います。

武吉　まず周恩来の話からいたします。私は周恩来とはお目にかかる機会が五回ありまして、一番思い出に残っているのは、『毛沢東語録』にサインをもらった初対面のときです。一九六七年七月、文革が一番激しかった時期です。このとき、「今日は文化大革命について、私の理解をお話ししましょう」と言って、三点について一時間以上にわたって話をしてくれました。

三点というのは、一つは奪権、つまり一部の権力を資本主義の道を歩む実権派に取られているから、これを奪い返す。二番目が古い思想、文化、習慣を改めて新しい思想、文化、習慣に変えていかなければいけない。それから第三番目が大事で、周恩来が挙げたのは「青年に独立思考能力を持たせ、発揮させる」ということです。後で私は、なぜ問わず語りにこういう話をしたのかを考えたのですが、三日後に周恩来が語った内容の全文が王府井の大字報に出たのを見て、「ははん」と思った。つまり周恩来は、「自分は文化大革命についてここまで認識を持つようになった」ことを毛沢東や文革派に見せたい。同時に、やはり文革はかくあってほしいという自分の主観的な願望がこの三番目に込められていたのではないかと思っております。大変印象深い会見でした。

次は一九七一年二月、日本側は全部で六人でしたが、周恩来がいろいろ話をしているとき、ひょっと私が前を向いたら劉希文という対外貿易部の副部長が大きな書類バッグにはち切れそうな書類を入れて、周恩来の話に合わせ、関連する資料を取り出しては見ている。なぜかというと、周恩来は話をする途中で同席している中国側幹部にいろいろ質問をします。そのとき周恩来が一番嫌いなのが、「恐らく」とか、「大体」「大概《ターガイ》」といった曖昧な返事なのです。そういう返事をしたら周恩来は私たちの面前で担当者を叱責する。それが恐いから、劉希文のような偉い人までが、何を聞かれてもすぐに答えられるようにと準備していました。

一度私たちの目の前で怒ったのは、「日本のことについてわれわれはあまりにも知らな過ぎる」と発言した時でした。一九八〇年春、彼は北朝鮮に行って、金日成から最近の日本についての話を聞かされる。金日成は日本軍国主義の復活を前提にいろいろ説明し、周恩来には初耳のことが多かった。だから、帰ってきてわれわれと会見した際、「君たち中日友好協会は何をやっているのだ」と怒ったのです。「日本から来る客を接待しているだけではないか。もっと日本の研究をしっかりやらないと駄目だ」。このとき怒られた中日友好協会トップの王国権は顔を真っ赤にしていました。

次は鄧小平です。会談などのとき、普通だったら中国側が左側に座って、右側が日本側の席なのですが、私が藤山愛一郎さんに同行したとき、「こちらにおかけください」と鄧小平の左側に座らされました。「逆ではないのか」と思いながら座りました。すると鄧小平が開口一番、「本来なら私の右側に座っていただくところですが、私は右の耳が遠いので通訳が便利なように逆になっております。ご了承ください」。意外に謙虚なところがあるという印象を持ちました。

それから鄧小平は四川省の人ですが、非常にゆっくり話をしてくれるのと、私が昔四川省の同僚としばらく一緒に仕事をしたこともあってか非常に分かりやすい。二回目に会ったのはＣＩＴＩＣの創立五周年の集会で、鄧小平は世界から集まった五〇～六〇人ほどの前で一時間ほど話してくれました。私はこれを全部書き取って、あとで鄧小平文選と比べてみたのですが、ほぼ間違いなかった。非常に分かりやすい話をする人です。

次が江沢民。一九六五年一〇月、つまり文化大革命が始まる前年、彼が三九歳のときに国際電気標準会議の年次総会が東京で開かれた折、総会に出席する名目で中国からミッションが来ました。江沢民はこのとき機械工業部の研究所の副所長で、副団長をつとめています。非常に開放的な話し方をする人という印象で、英語が堪能なことにも驚きました。国際会議ですからみんな英語で自由にやり取りしている。「あなたの英語はどこで勉強したのか」と聞くと、「日本の敗戦後、一九四六～九年の三年間、中国の主な大学にはアメリカ人の教授が大勢来た。上海交通大学も同様で、米国人教授の講義だけでなく、中国人教授の講義まで全部英語で、議論するのもレポートも英語だった。だから自然と覚えました」と言っておりました。

服部　彼はロシア語もうまいでしょう。

武吉　第一自動車工場からの派遣でロシアに一年間行ってロシア語も覚えた。それと彼は文革の試煉をほとんど受けていないのです。中国は文革中も対外援助を続けておりましたが、機械の組み立てなどの援助で彼はパキスタンに派遣され、ルーマニアにも行っています。だから英語、ルーマニア語もできる。ドイツ語も少しはできるそうです。「ドイツ語なんて簡単だよ、ダンケシェーン、ビッテシェーン、二つ覚えておけば大体できる」、彼はこういう言い方をする人です。

それから一九八一年、外国投資管理委員会の副主任のときに、国貿促の代表団に会ってくれたことがあります。管理委員会と中国国際貿易促進委員会の間の連絡がまずく、お互いに通訳は相手が用意するだろうと思って誰もいない。しかたなく私が通訳をやったのですが、そのときの発言が今でも印象に残っています。「対外経済開放の進展に伴い中国市場と国際市場の関連が深まってくる。そうすると当然、市場経済メカニズムが働くことになる。計画経済と市場経済の関わり、組み合わせについて、われわれはまだ模索と研究の段階にある」。当時こういう言い方をする人は他にいませんでした。非常に斬新な話をしたのでみんなびっくりしました。

もともと日本嫌いではなかったのです。一九八五年に彼が電子工業部の部長だったときに、ぜひ日本に呼ぼうと私が電子工業部の担当者と相談しました。それで五月に来たのですが、その際に日本の印象を聞くと、「日本人の『勤奮《チンフエン》』、日本語では『勤《いそ》しむ』が近い言葉だと思っていますが、それを評価する気持ちは一九六五年に初めて来た時も、二〇年たって来たいまもちっとも変わっていない」と言いました。一九八九年に共産党総書記になり、一九九二年にその肩書で来日したことがありますが、このときまではまだ非常に良かった。彼が日本嫌いになったのは、その後です。一九九八年に国家主席として来日した際、その前に来日した韓国の金大中大統領と日本との間で非常にいい共同声明ができたのに対し、小渕首相が中国との間でそれを結ぶのを渋ったとき以来のようです。

もう一つ、江沢民については「至福の時」という話を聞いたことがあります。「至福の時とは、バッハの音楽をバックにコーヒーを飲みながら、余秋雨の随筆を読む時だ」と。余秋雨はもとは演劇人で、『文化苦旅』という随筆集が非常に評判になり、随筆家としても名を成した人ですが、この人の随筆が大好きらしいです。

ただ中国国内での江沢民の評判は決して良くない。一番悪くなったのはアメリカに行く途中ハワイに寄って、宴会でギターを弾いたときです。この映像を見て中国人はいっぺんに江沢民嫌いになり、あだ名を付けました。「乞子《チーズ》」、日本語で「河原乞食」みたいな意味です。

次は李鵬[32]です。わりと気さくに会ってくれる人で、私も何度も会いました。びっくりしたのは、彼は手帳を持っていて必ずメモをするのです。会見のときでも、個別に会って話をするときもそうでした。一九八四年、国貿促創立三〇周年で副総理だった彼を招いたとき、私は北京空港で彼を見送るだけだったのですが、随行した人間にあとで聞いたら、もうメモばかり取っていたらしいです。閣僚クラス、次官クラスを三～四人連れてきたが、彼らは黙って聞いて見ているだけで、本当に理解しているのか分からない。李鵬だけは一生懸命メモしている。一九八九年の天安門事件の直後、鄧小平が「改革開放」は変わらないという意味の説明をしたときも、必死になって彼がメモを取っている姿をテレビで見て、思わず私は笑い出しました。鄧小平の重要な話ですから、当然、後日新聞に載ったり、少なくとも内容が関係者に配られたりするはずです。それをもメモするほどのメモ魔で、私に言わせるなら、李鵬は偉くなり過ぎて欠点が目立つようになった、そんな印象を持っています。

次は朱鎔基[33]です。一九八八年夏に日中間で投資保護協定が結ばれました。それに合わせて日中経済協会は中国の投資環境の調査を本格的にやろうと考え、日本興業銀行の池浦会長を団長に、通産省からも顧問が入る大型ミッションを派遣するというので、私も参加を希望したところ、日経協からいい返事がきたものですから、生まれて初めて事務局ではなく一団員として参加しました。

天津と大連では投資環境を紹介する日本語のパンフレットができていました。現地に駐在を置く日本の商社が総動員されて、翻訳からタイピングまで全部やらされたという話です。ところが上海に行くと中国語と英語のパンフレットしかなく、上海はヨーロッパやアメリカばかり向いているという声が団員の中から挙がりました。私はこれではいけないと思い、帰ってから上海市長の朱鎔基に手紙を書いたのです。「拝啓朱鎔基閣下」(一九八〇年に栄毅仁が来たとき、CITICのメンバー以外に国家経済委員会の局長だった朱鎔基さんも入っていたので、私はすでに面識がありました)という書き出しで、天津と大連には日本語のパンフレットがあったがあなたのところにはなかった、ぜひ日本語のパンフレットを作りなさいと書き、確実に彼に届くルートで渡してもらいました。

翌一九八九年の五月に朱鎔基が横浜市の招待で来日し、東京に来て国貿促の桜内会長を表敬訪問しました。応接室で待っていると入ってきて、私の顔を見るなり「あなたのために持ってきてあげたよ」と言って日本語のパンフレットをくれたのです。あれは大変うれしかったですね。

次に廖承志の話です。廖承志は日本人以上に日本語のうまい人。一九七六年一〇月に文革が終わった後、文革とは一体何だったのかという話を聞きに、当時は全国に一〇団体あった国貿促の事務局長が雁首揃えて訪中し、私は通訳で同行しました。最後に廖承志さんが会ってくれました。当然日本語で話すに決まっていると思い込んで中国側の通訳は出てこない。ところが、このときばかりは文革が終わってそれほど時間がたっておらず、廖承志さんは「今日はいろいろ考えながら話をしたいから通訳を入れたい。通訳している間に次に何を話すかを考える」。廖承志さんについては、周恩来や毛沢東の通訳をしていた王効賢さんから「こんなにやりにくい人はいない。しかしものは考えようで、こんなにやりやすい人はいないとも言えるのです。間違ったら直してくれる。抜かしたら補ってくれる」という話を聞いていたものですから、結局、私が通訳を引き受けました。

「最初四人組は北京でクーデターを画策した。もしそれがうまくいかなかったら、上海へ帰って『二の矢を継ぐ』」と彼が言ったところで、「二の矢を継ぐ? あ、これは日本語だ」と思った。私も子どもの頃に『少年講談』を読んでいましたから、この言葉は知っていますが、自分では使えないですよ。彼は肝心なところで巧みな日本語を入れるのです。別なところでは「相手がすぱっと切り込んできたから、『ひらりと身をかわした』」、この人は立川文庫をちょっと読み過ぎではないかと思うような話です。一度、ある宴会で馬肉が出たときに、おせっかいな日本人が「廖承志さん、これは日本で桜肉と言うのですよ」と言うと、廖さんはこともなげに「あ、『けとばし』ですか」と応じた。そのくらい日本語が達者な人です。

廖さんは、来日すると必ず藤山愛一郎を表敬訪問し、藤山さんが一席設けるのですが、あの人の大の好物はマグロのトロで、藤山さんが東京で一席設けたときもトロが出ました。廖承志さんは食べたくて仕方がないけれど、一九八〇年、アメリカのスタンフォード大学病院で心臓のバイパス手術を受けたあとで、奥さんの経普椿の監視の目が光っている。廖さんも廖さんで、「あそこに変な鳥が飛んでいるよ」、奥さんが思わずそちらを向いているときにぱーっと食べる。食べたと分かると、奥さんがぴしゃっと音がするくらい思い切り廖さんの手の甲をたたくのです。廖さんはべろを出して、いたずらっ子がばれたみたいな顔をしている。これが廖承志さんについての思い出話です。

最後になりますが、一つだけこぼれ話をしておきます。一九八〇年四月に国貿促が天津で展覧会を開いたとき、私は「お召し車両」(副首相クラス移動用の増結車両)に初めて乗りました。入ってすぐのところにソファセットがあって六人くらい話ができます。次に大きな執務用デスクと、個室が三つありました。谷牧さんと藤山さんと私は一部屋ずつもらってのんびり休んでいたのですが、北京駅のかなり手前で一旦停車しました。「どうぞ降りてください。増結車両をここで切り離しますから」。こんなところで降りるのかと思って見てみると、紅旗、中国の高級乗用車が何台も並んでいて、「これに乗って帰ってください」と言う。そういう偉い人のための特別の施設がいろいろなところにいろいろな形であるのだということを、このときに改めて知ったわけです。電話でも、偉い人専用の交換台がある。あればかりは自動ではなく、交換台を通し、番号ではなく「誰々を呼んでくれ」と言う。偉い人だけの特別な仕組みが中国にはいろいろな形であることが分かりました。

質疑応答

質問　二〇一二年九月の反日暴動で、トヨタやパナソニックはじめ多くの日本企業が破壊された後に行って非常に嫌な思いをしたのですが、そういうお気持ちはありますか。

武吉　私が国貿促という交流の第一線で働いたのは一九九〇年の春までですから、実際にその後、両国の関係が悪化したことは新聞で見たり人の話を聞いたりしていても、現場で自分が体験することはなかったものですから、今でもいい感情しか残っていないということがあります。

それから中国が民主化するのではないか、法治国家になっていくのではないかという点では、私は当時、特に「改革開放」後はこれでうまくいってほしいという願望が人一倍強かったと思います。

質問　一九七九年に谷牧さんが来日されたときに訪問された企業の名前が出ました。一九七二年の国交正常化までは、どちらかというと関西の企業が日中関係の改善に熱心でした。谷牧さんが回られた企業の顔ぶれを見ると、関東系の企業が多く、七年間での日本の側の変化というか、関西中心から風向きが変わったような感じを持ちましたが、いかがでしょうか。

武吉　いや、これは日程の関係だと思います。九月一日に来て一二日に帰国したわけですが、東京では政治会談などが多く、その合間を縫って各企業を訪問し、終わってから名古屋や関西を回ったわけですから、最後の方は時間切れで、たとえば小松製作所は大阪の枚方の工場に行ってもらいました。

国交正常化前に関西の企業が最初に動き出して、だんだんと関東に移ったように、財界代表団も関西が先で、東京は後から出たということもあります。たとえば三菱グループの三首脳が揃って訪中したとき、事前に首相官邸に挨拶に行ったら田中首相が「三菱さんまで行ってくれるなら、私も行きやすくなります」という趣旨の挨拶をしたという話が前に出ましたが、これもやはり、決め手は東京だということかもしれませんね。

質問　日本の財界が中国に対する経済協力にこれだけ積極的になった背景にあるのは、やはり贖罪意識だというお話をされました。それにも関わる質問ですが、ODAで日本が非常に頑張って中国に協力したのに、今、中国の側はそれを一般人に知らせないために大きなギャップが出てきて、それが日中関係である種のわだかまりを生み出している要因になっていると思うのですが、その辺はどうお考えでしょうか。

武吉　似たようなことは他にもいっぱいあります。たとえば二〇〇二年、関西で中国経済を教えている四人で宝山製鉄所に行ったとき、出されたパンフレットを見て、同行して下さった杉本総領事が「新日鐵の名前も日本の名前も一字も出ていませんね」と尋ねたところ、向こうが「いや、名前は出ていないけれども、われわれの心の中にはちゃんとありますから」と、苦しい弁明をしたことがあります。なぜ新日鐵の協力があったことを歴史の事実としてパンフレットに書けないのか。忖度があったのかなと思ったりしました。

もっとも、官庁エコノミストの一人と言われる宮崎勇さんは、ODAに関連して「中国から感謝がない」と言われたときに、その場でこう答えました。「はしたないじゃないですか。だって当たり前でしょう。日本だって新幹線を造ったときには世界銀行からお金を借りました。先日やっと完済したばかりです。世界銀行に感謝の気持ちを書いた札が新幹線のどこかの駅にありますか」。宮崎さんはこういう言い方をする人だったのです。それも一つの見方かなと思います。

質問 宮崎さんのような言い方は、人間として素晴らしいけれども、国と国との関係を考えるときには、やはりもう一つ踏み込む関わり方があるべきだったと思うので、非常に残念です。

武吉 私に言わせるなら、残念なことに戦争を知っている世代がもう両方ともいなくなってきた、これが大きいと思います。国会でも戦争を知っている世代が議員にいたときと今とでは全然違ってきています。戦争を知っている世代が日中双方のトップからいなくなっている。戦争どころか文革を知っている世代でさえこの世からいなくなる時代に、両方の若者同士が果たして今みたいな交流ができるのかな、と思っています。

第3章
日中プラント交渉のキーパーソン

横井陽一
（元日揮社長室副室長）

聞き手＝菱田雅晴

横井陽一(よこい よういち)　1935年生まれ．東京都立大学法経学部卒業(1958年)後，化学工業日報社，化学経済研究所を経て，1964年日本揮発油(現・日揮)に入社．1970年役員を補佐し，中国事業企画を再開．1972年初訪中以降，上海，天津，北京，南京などの石化計画を担当，吉林／大慶エチレン，南京・茂名ハイドロクラッカー，山東E&Gなどの受注・契約活動に従事．1979年から83年にかけて，契約中断に伴う再契約交渉を担当．1996年日揮退職．主要著作に「東アジアの石油化学産業の現段階」(『産業学会研究年報』，1996)，『中国の石油戦略』(化学工業日報社，2005)，『躍動する中国石油石化』(化学工業日報社，2007)等．

菱田　今日は日揮(1)で活躍された横井陽一さんに、一九七九年と一九八一年に起きた対中プラント関連の事件を中心にお話をお聞きしたいと思います。まず、イントロとしてお訊ねしたいのですが、そもそも横井さんと中国との付き合い、接点はどの辺にあったのでしょう。

横井　私が日揮に入ったのは一九六四年、東京オリンピックの年です。翌年初めから中国貿易の可能性を開拓する業務を担当するということでした。

大学で中国研究とか中国語をやったわけではなかったのですが、関心は持っていました。それで、大学卒業して七年後に入社したのです。他の二つの職場を渡ってきて、ちょうど三〇歳のときでした。もう少し人生の上での展開をしたいなと思って、日揮の課長さんに私を雇ってくれませんかと売り込んだら、いいよと言われ、口頭試問を受けて入りました。

日揮の対中ビジネスポジション

横井　配属は企画部門でした。日揮には、それまで企画部門がありませんでした。一九六三年頃から、経営者のリーダーとしての才覚だけではなくて、やはりスタッフ部門が必要だということになりました。というのも、エンジニアリング会社は非常に新しい事業体で、工場は持たずに技術者がほとんどという、アメリカで一九三〇年代の大恐慌の中で作り上げられたビジネスモデルです。技術者だけ、人間だけで事業をやってきたのですが、果たして日本経済がこれからどうなっていくのか、その中で自分たちはどう生きていくのか、経営者が手探りするなかで、企画部ができたのです。
一九六三年に廖承志さんから高碕達之助さんを通じて、日揮の当時の実吉雅郎[2]社長に訪中の招請がありました。実吉さんの日揮が、アメリカのUOP[3](ユニバーサル・オイル・プロダクツ)の石油精製技術を日本でセールスしたり、設計建設したりする商売をやっていることをよく知っていたからでしょう。実吉さんが呼ばれた理由を考えてみると、一九五九年に中国は大慶油田の開発に成功します。ところが、この油の性格からいってディーゼルオイルを精製したいけれども、中国の技術では非常に品質が悪い。中国ではガソリンよりも、トラクターとか軍用のディーゼルオイルに需要があり、どうしてもその技術が欲しいという背景があって、打診があったのです。

菱田　日揮は一九六〇年代前半から対中ビジネスを考えておられたということでしょうか。

横井　実吉社長は、一九六二年の第二回日米財界人会議に参加したのですが、そのとき当時の八幡製鐵の稲山嘉寛[4]社長に「実吉さん、そろそろ中国貿易やりましょう」と肩をたたかれたらしいのです。「中共貿易をやってはいけない」というアイゼンハワー政権のロバートソン国務次官補の発言があったため、その日米財界人会議では、アメリカの財界人のテーマの一つに対共産圏貿易があり、向こうの代表が「日本は対中国貿易をやめてくれるか」と言ったのに対して、稲山さんが「アメリカの方たちの中には、中国が一九五九〜六一年は農業危機、それからインドとの戦争になって非常に苦しい状況であるのを見て、今こそ中共政権を倒すチャンスだと思っている人もいるかもしれないけれども、日本人はそうは思わない。もっと歴史的に、あるいはビジネスの上でも利害関係があるから、あからさまに貿易をやめろなどと言ったら、日米関係は非常に悪くなる」と応じています。

菱田　稲山さんから言われたのを受けて、実吉社長が提携先のUOP社を訪ねられたという経緯でしょうか。

横井　ＵＯＰ社には毎年行っているのですが、特に稲山さんからそう言われて、廖承志さんからも要請が来ていることを受けてＵＯＰ社と相談し、将来は有望な市場だからやっていきましょうということになりました。ただ、石油精製技術は戦略物資として輸出が禁止されており、まだ情勢が熟していないから、まず日本側で調査して、その情報をアメリカに送ってください、アメリカよりも日本の方が情報があるのではないかという話で終わりました。

それを受けて、社内で具体的にどうするか、検討を始めました。日揮がやりますと言っても中国側は相手にしてくれませんので、一五〇〇万円の資本金で日揮のダミー会社をつくる仕事もやりました。三年で黒字にする事業計画書も作成しました。

ただ、情勢があまりにも悪いため、その企画の仕事は一九六五年で一旦ストップしました。一九六八年に二人の大物の役員が入社したことでようやく再び動き出したのです。

一人は東京工業大学教授の森川清先生[5]。この方は大連にあった旧満鉄の試験所の研究員で、戦後は高碕さんの下で旧満州の復興計画などをやっていた方です。自分たちが満鉄の研究所でやってきたことは他人の国の資源を使って日本のためにやったことで、大変申し訳ないことをしたと、戦後、気持ちを切り替えるのです。森川先生の仕事で有名なのは、撫順の石油精製工場の復旧の手助けです。

それから二番目の人物として、谷敷寛[6]さんが同じ年に入ってこられました。通産省でＬＴ貿易の旗をどう掲げるかという交渉を孫平化さんとの間で、宇都宮徳馬さんの大邸宅の庭園でやったという、通産省側の立役者だった人です。

菱田　通産省の中では貿易振興局長を歴任しておられましたね。

横井　次長だったのではないかな。谷敷さんは、日中経済協会の理事長になられた渡辺弥栄司さん(7)と入省が同期か、多少前後する方で、仲が良かったらしいです。二人の方が入ってきて、まずわれわれにいろいろなリサーチをさせたうえで役員会で議論して、一九七一年一〇月末に中国が国連の代表権を得たときに、それまで慎重派だった鈴木社長もついに対中プラントビジネスに踏み切りました。

一九七〇年代のプラントビジネス——六勝九敗

菱田　そうした一九六〇年代におけるいわば準備作業が、一九七〇年代、日本のエンジニアリング企業の対中プラントビジネスでの大成功に繋がっていくのだろうと思いますが、一九七〇年代のプラントビジネスは、概略としてどんな動きだったのか。その中にあって、日揮は相当たくさんのプラント契約の受注をしておられますね。日揮の大成功の勝因はどの辺にあったのでしょう。

横井　「大成功」の前に、先人はいたのですが、日揮が割合たくさんの仕事、特に一九七八年にたくさんの引き合いをもらっています。一九七八年の商談は六勝九敗でした。この勝敗だと大相撲では格下げですね(笑)。ここに今日、私が強調したいところがあるのです。プラント会社とか化学会社というとどんどん突っ込んでいくように見られていますが、決してそうではない。それで九敗でしょう。第一線でもそんなに力があるわけではない、七八年の前半は手堅く取ったというか、中国の方もそんなにラッシュしないで、いろいろな経緯があって、うまく取れた仕事でした。

一九七八年の後半、一一～一二月がラッシュでした。日本側からラッシュしたのではなく、中国側の方に導入しなくてはいけない状況がありました。これには華国鋒、あるいは毛沢東・華国鋒路線から鄧小平路線への転換も関わっています。文革の一〇年間に日本が国際的に非常に高い位置に行ったのを見て、特に遅れを感じていた周恩来総理から「稲山さん、助けてくれ」という要請があり、官僚の中にも援助の気運が満ちていたことから、これ幸いとばかりにどんどん出ていきました。そういう背景があった中での日揮の六勝九敗です。

九敗のうち、前の実績があるとそれよりも安い値段では出せないという理由で敗れたのが二つ。それから、大きいのは石油化学の基本になるエチレン大型装置で、大体一基二〇〇〜三〇〇億円です。最初は一基の交渉でやっていたのが、二基なら安くなるのではないかと二基の交渉となり、最後には四基にもなるわけですが、日揮は二基の段階でもう東京から北京への連絡は取らなくなりました。というのは、最初の大慶のプロジェクトが難しく、計算上も赤字で、その赤字を覚悟で決めるときも当時の社長が副社長の目の前で「〇〇さん、私が責任を持つから」と言って二十数億円の赤字と自分の名刺に書いて、ポケットに入れる。それで受注しているのです。次に新しい話が来ても、今度また赤字を取るわけにいかないから(笑)。

寝耳に水の「プラント契約未発効事件」

菱田　一九七八年にプラント契約ラッシュという事態が起き、翌一九七九年を迎えると一転して、中国技術進口総公司(8)から日本各社に対して、前年一二月以降の契約分に関して二六億ドル相当の発効を一時見合わせたいという連絡が入る。いわゆる「プラント契約未発効事件(9)」です。どのような経緯でこの事件をお知りになったのでしょう。事前に何らかの形で兆候を察知しておられたのでしょうか。

横井　いや、察知はしていなかったです。私自身は一九七八年一〇月から一九七九年一月まで北京で商談をやっていました。最後の商談が一月初めにばたっと打ち切られ、もう終わりだと告げられて、情況が分からないまま、やむを得ず帰ってきました。そうしたらいろいろと新聞紙上に出始めたわけです。三中全会が開かれていて、外国からプラントを大量に買って建設する方式でいいのかどうか再検討が必要との議論が出ていると。技術進口総公司から、来年はプラントの買い方が変わるかもしれないから、早く値下げしてまとめようと言われたのが一二月の中旬以降でした。

菱田　為替の面からいっても、円安傾向が落ち着いたこともあって、一二月段階では相当なプラント契約のラッシュになったということはなかったですか。

横井　それまで円安だったのが、一九七八年にはだんだん円高になってきて、カーター大統領がドル防衛政策を打ち出す時期でしたから、一一、一二月は円高で非常に厳しいわけです。それで、たいへんな競争になって、大ざっぱに言って一ドル一八五円でみんな契約したのですよ。これでは赤字です。でも決済はプラントの機材が船積みされるときに行われるから、二年後ぐらいになるわけです。一九七九年にイランで革命が起きて、パフラヴィー皇帝が追放され、新しい政権ができるとともに、原油価格が三倍になりました。一九七三年の一〇ドルから、七九年には三〇ドルを超えました。日本の為替は弱い方に振れるのですが、われわれが契約したときはその直前ですから、円が高い通貨として評価されていたのです。

日揮は非常に慎重でしたので、六勝九敗で済んだとも言えます。日揮が取らなかった分を取った会社もあります。一九七九年初めに帰国して、六勝九敗で申し訳ありませんと言うと、上司からは「おまえたちの力が足りない」と叱られましたが、鈴木社長は「商売というのはそんなものだ」と慰めてくれて、そこに救いがありました。

日揮が未発効問題で被害を受けたのは一〇〇億円の一つの仕事だけです。競争相手は三社か四社いて、それらは全部引っ掛かった。鈴木社長の慧眼には驚きました。後で聞くと、会社としては中国にこれ以上突っ込むよりも、シンガポールとかマレーシア、インドネシアの仕事をやった方がいいということでした。この判断はなかなかできることではありません。

中国側の代表も「日本人は商売上手ですね」と言いましたが、上手ではなく、偶然というか、歴史の巡り合わせです。回り道で損したかもしれないけれども、日本側はそれで救われた。突っ込んでいった会社も、それはそれなりに成功した。だから経営というのは、それぞれの判断でいろいろな展開をして、成功していくものですね。

菱田　一九七九年二月段階の契約未発効事件に戻って考えてみますと、少なくとも今のお話では突然そういう話が来た、寝耳に水であった。競合他社が一〇〇〇億円ぐらいの被害であるのに対して、日揮の場合は一〇〇億円程度で済んだ。これはかなりラッキーだったのかもしれませんが、当時の日本のプラント業界全体としてはこの事態をどのように受け止めていたのでしょう。

横井　第一線の大部分の人たちは、中国が非常に遅れていたから、われわれのビジネスが相当貢献できるだろうという一心でやっていました。それが突然こう来たでしょう。ああ、中国もかという恐れも持ったけれども、何とか中国の困っている状況を助けられないかということでまとまっていました。もちろん、内心では「もうこれ、やめてもいいんだ。赤字だから」という会社も出ました。私はやはり対中国との関係で貢献したいという気持ちがあるから、業界の一致した対応に賛成していましたが、やはりそれをリードしていったのは旧通産省の人たちですね。その人たちが、中国には外貨がないから契約が発効できないと言っているのなら、その外貨を手当てすればいいのではないかということで、中長期で二〇億ドル、短期で六〇億ドルの合意を結んだのです。ただ、本当は私に言わせると、原油価格が上がったから円安になったと言いましたが、中国は日本との契約が一九七二年にできたあと、それによって石油を売った金額が毎年積み上がっていく、これが巨額の外貨の獲得となってきたのです。

原因は外貨不足？

菱田　プラント契約未発効は、通説では中国側の外貨不足が原因とされていますが、それに関してお訊ねしたいのは、この段階での崔群(10)・対外貿易部副部長の当時の発言です。崔群発言とは、プラント買付契約は現金払いで、その後必要なお金をファイナンスする借款契約が抱き合わせになっていると中国側は理解しており、その借款契約、バンクローンといったファイナンスができていないので契約を保留にするという内容です。ですから、外貨不足という側面を強調する言い方にもそれなりの根拠があろうかとも思われます。

それに加えて、日本側との契約においては、契約は各政府の認可を受けて発効する、調印の六〇日以内に認可を得るよう双方は努力をする、そのような契約条項が政府の認可条件として含められている。しかし、欧米諸国との間にはこの種の契約条項はなかった。一九七九年段階のプラント契約の未発効のほとんどが日本各社向けであったことは、日本におけるこのファイナンス部分が遅れたが故という理解もあります。その辺はどうお考えでしょうか。

横井　一九七八年には外国からの借款もあり得るという発言がぼつぼつと出てきています。けれども、われわれはそれほど深刻に受け止めていなかった。中国側もそうでした。プラントの決済条件は一九七五年、一九七六年の契約は円ベースです。われわれもそのつもりでいたのですが、一九七八年になってドルベースになり、それでは為替変動があり不安定だからということで一九七八年の前半に出てきたのが円ドル折半です。それが後半になるとまた戻って、全部ドル決済。また、一九七八年は基本的に全部現金決済でしたが、それでは具合が悪いので、一九七九年二月以降に決済条件を変えたいという申し出がありました。結論的には、新日鐵の宝山だけが円ドル折半の五年の延べ払い、あとは延べ払いでもいいとなりました。日中経済協会からは、中国の言っていることを呑んですべて延べ払いにと言われました。それに対して各社が言ったのは、業界団体を通さないで中国側の言い分を直接聞きたいし、交渉して延べ払いを受けてもいいけれども、受けるに際しては金融上の手数料が発生するから、二〜四％ぐらい払ってくれるなら受けてもいいということでした。そして中国側の回答として出てきたのが、宝山以外は全部元通りのドルの現金払いでした。ドルだから、その裏には先ほど言ったように、石油による外貨収入が毎日、毎月積み上がってきているということです。

プラント業界としての政府への働き掛け？

菱田　最終的にこの事件は、日本輸出入銀行なども含めた対中資金協力という形で決着を見るわけですが、この背景にはかなり政治的な、あるいは役所の判断が効いたのではないでしょうか。たとえば日揮の中で、先ほどの谷敷さんなどを通じた通産省などへの働き掛けはあったのでしょうか。あるいはプラント業界全体としての政府への働き掛けなどはいかがでしょうか。

横井　一九七九年は民間金融機関によるローン・アグリーメントということで一応外貨危機を乗り越え、一九八一年までの間は沈静化していたのですが、中国では経済調整政策が強まっていく中で、石油に依存した政治運営の石油派が辞めさせられていくわけです。そして、一九八〇年一二月から八一年一月にかけて、契約者に契約未発効を通知するのですが、その前にいろいろ情報が漏れてきました。

全人代では、プラントの機材は第三国に売ってもいいのではないかとも議論されており、薄一波の「売ればいいのではないのか」という発言もありました。でも、われわれ石油化学の立場からすれば、設計がほとんど終わって、工場で製造している段階で止められてもそういうものを買ってくれる人なんかいません。しかし、その全人代の議論は宝山に関するもので、本当は石油化学には関係ないはずでした。それを大来さんが中国に行って、鄧小平、谷牧と話し合った結果を業者に話をするときに「今回のプラント案件は」と一緒くたなのです。宝山の方は手掛けているものもあるけれど、やっていないものもあり、まだ余裕があったわけですが、石油化学としては非常に困ってしまう。

中国での経済建設のあり方が焦点でした。それまでの食糧第一、鉄鋼第一というものの考え方ではなく、もっと広い分野へと近代化していかなくてはいけないのではないかという考え方の一方で、やはり鉄鋼で宝山をやれば中国の経済建設の相当部分は進むという考えの人もいたことから、宝山は絶対やってはいけないのだという強い風当たりが起きたのではないか。それに巻き込まれて石油化学も一緒くたにされてしまい、当事者の方からするといったい何だという反発が起きたのです。

だから、崔群さんの発言は、並行的にローン・アグリーメントの交渉が行われたかのように言われているけれど、そうではなくて、問題が起きてからのものではないでしょうか。お金がないとき、自分でできないときに外国から借りてやっていくような段取りができていなかった、だからそうなったということを言っているのではないかなと思います。

プラントキャンセル事件

菱田　すでに二度目の事件として一九八一年初に発生したといわれるプラント計画のキャンセル事件[11]にお話は進んでいるようですが、当時の日本側としては、一九七九年から二年後にもう一度同じようなとんでもない事件が発生したという捉え方だったのでしょうか。

一九八一年二月段階で、中国技術進口総公司から契約プラントの建設を中止するというテレックスが入る。これはやはり二度目の「寝耳に水」だったのでしょうか。それとも、ある程度こういうこともまた起きるのではないかという気配は事前に感じ取っておられたのでしょうか。

さらにお伺いすれば、二度目にこのような事態が起きたということで、日本の対中ビジネス業界全体としてはこの事態をどのように捉えていたのでしょう。とんでもない事態だから輸出保険を適用して中国をデフォルト扱いしてもいいのではないか、という極端な議論もあったでしょう。あるいは中国がこれだけ苦しい状況にあるのだから、大局からの判断をすべきではないか、というまさしく同情論もあったかもしれません。さらには、財政状況その他からして、中国にさらなる資金供与なんて無理だろうという強硬論の立場もあり得たかもしれません。

二度目の衝撃としてのこの事件を日本全体ではどう受け止めたのか、そうした中で日揮としてはどのような対応を取られたのか、少しお話しいただければと思いますが。

横井　一九七九年は乗り越えました。ですから、契約どおり進んでいきますが、一九八一年一月にかけていろいろなニュースが出てきて、最後にはテレックスではなく、文書の形で各契約者に事務的にどんどん発送されてきました。このプラントの建設ができなくなった、ついては契約について話し合いたい、契約期間を延長したいという文面です。問題があったら契約者同士で話し合うことと契約書にも書いていますので、これは一方的な通告ではありません。けれども、終わったはずのものがまた出てきたという印象です。やはり宝山と石油化学は分けなくてはいけないのですが、全人代では宝山プロジェクトへの風当たりが激しく、たとえば新日鐵の杭打機は中古だとか、日本のものはみんないんちきなのだとまでいわれ、何か中国はおかしなことになっているという印象でした。

旧通産省がまとめて日本の業界は一致して動いてきて、どう対応するかについてはしょっちゅう打ち合わせがありました。新聞記者に分からないように朝早く、機械振興会館で朝の八時から打ち合わせ会をしたこともあります。

菱田　この段階では、政府レベルでは首相を座長にした対外経済協力審議会、あるいは自民党の中に対外経済協力特別委員会、それから通産省の中に日中経済関係対策推進委員会などの官民一体化された協調体制がありましたが、今日の時点からはこれをどのように評価しておられますか。

横井　先ほども、旧通産省からの天下りで来た谷敷副社長がいて、うまく工作したのではないかとお訊ねがありました。たとえば、谷敷さんのお嬢さんのご主人が林直道北アジア課長だから、何かうまくやっているのかなと思ったら、それはなかったですね。

業界も政府や自民党の上の方までは行っていなかったですね。先ほどの輸出保険の対象にするかという話も業界から出たものではなく、通産省の方でも、そういうこともあり得るが、それは認められないと言っていました。それを受けて、大来さんが鄧小平その他に会ったときに一つの脅しとして、「うまくやらないと、輸出保険の対象になったら中国との貿易ができなくなる」と言ったのでしょう。業界からそういう動きはなく、業界には自分たちのやってきた契約が必ずや中国にとって役に立つという熱意が表れていました。

日本の対中ビジネスに与えた影響

菱田 二つの事件は、日本の対中ビジネスに大きなショックとして影響を与えたのでしょうか。それとも、それを乗り越えて中国ビジネスへの期待がさらに強まったのでしょうか。

横井 やはりショックは大きかった。私は、一九八〇年末まで商談をやっていて、会社に帰ってきたら、北京で情報が取れていると思われて、中国側の代理人のように批判された。当時は営業部長だったので、中国側の契約者が契約を延長してくれと言って来たときの対応が間違ったとも叩かれました。一〇〇億でしょう。担当部門にとっては大変な問題になってしまうから私は袋叩きに遭いました。向こうの技術公司の副総経理が来たときの対応が、今だから言えるのですが、他の会社は上手にやったけれども、うまくやらなかったのは三菱商事、三菱重工と日揮だといわれている(笑)。われわれが言ったのは契約どおりやってもらいたい、それだけです。「おたくの事情が分かりますから、協力します」とは言わなかった。だけど、もっと大きい案件を抱えている会社はちゃんと「協力します」と言っている。「協力します」と言わなかったら悪者ですよね。だから、僕はこれが終わったら、今度は違う展開をしようと思っていたのだけれど、これは失敗だなと思った。
副総経理を迎えるのも、われわれは普通の会議室でやった。ところが他の会社は社長室とか会長室ですよ。やはりああいう困ったときの相手に対しては最大限の敬意を払って一番いい部屋で迎えなくてはいけなかった(笑)。

菱田　最後にお訊ねしたいと思いますが、この二つの事件を経て、日本の対中ビジネスが得たもの、あえて教訓とすればどんなものがあるのでしょう。対中ビジネスのリスク、あるいはリスクヘッジをどう考えたらいいのか。何らかの教訓が得られたとすればどのあたりでしょう。

横井　二つの事件は、確かにショックはショックだったけれど、それぞれの会社側の対応が違うわけです。ある意味では、鍛えられたとも言えます。日揮は事件が起きる前からもうこれ以上はやらないというポリシーを持っていました。あくまでも相手の責任で、相手の方がやむを得ないというふうにしていくのがネゴなのです。日揮は中国に投入しなければいけないマンパワーを最小限に抑えて、アジアに、そのもっと先に行くと中東に振り向けていって、それなりに成功したのですが、たくさん抱えた会社は一生懸命中国を開拓して進んでいきました。その結果、成功は成功と言えるので、それはそれぞれの会社の最高のトップの考え方次第ではないでしょうか。
だから、中国といえどもそういうことがあるのだという教訓となるけれども、中国は大きな国で、発展途上ですから、いろいろな事件が起きる、そのときどきの変動の影響を経営にぶつけないように、たとえば全体の三〇%ぐらいのマンパワーにとどめておくのだと社長から言われていました。中国とは深くではなくて、長く付き合うようにやりなさい、それによってお客さんに貢献できるのだと言われました。突っ込んでいった会社はそれでいいわけなのですが、日揮はそういう会社ですから、もう今度仕事がなくなると失脚です。
そのときには、稲山さんや土光さんが中国の経済情勢を見てプラントのストップが正しいことなのだと言うのが最初は理解できなかった。新日鐵の中で稲山さんは、下の実務から大損だ、いくら会長からでもそれは引き受けられないと突き上げられていました。けれども、中国という大きな国の揺れてきた歴史を見ると、やはりああいうときに中国側の最高指導者と対話して、それにどう対応すべきかを分かっていた人なのですね。われわれは一生懸命やっているだけで分かりませんでした。先人の発言は、今思い返してかみしめるべきではないかとも思います。

質疑応答

質問　一九七〇年代の日本の対中ビジネスですが、プラント関連の契約、とりわけ技術導入の契約方式はどのような状況だったのでしょうか。

横井　一九七〇年代前半、日中国交正常化の前からプラント関係が出てくるのですが、最初は石油化学です。一九七二年三月にクラレと当時の三菱油化の招きで向こうから化合繊調査団が来日して、二二社ほど回って工場見学と技術交流を行い、これが技術交流の大きなステップとなり、さらに間接的には政治を動かしていく大きな動機になりました。大手企業がほとんど入って、六月から北京でネゴが始まっていくのと、日中国交正常化交渉がダブる形で展開していくわけです。一九七〇年代初頭のこの動きはしっかり見ておく必要があるのではないかなと思います。
鉄鋼分野では一九七二年九月二九日、日中国交正常化が行われた日付をもって宝山の引き合い書が出ます。石油化学はそれより半年ぐらい先行して、宝山の引き合いが出てすぐに向こうからミッションが来て展開していきます。必ず外交関係、政治的な関係を重視して出していくのです。一九七三年に遼陽石油化繊や上海石化、天津での紡織工業部のプロジェクトが、四三億ドルを予算にして外国のプラントを入れるということで毛沢東と周恩来の承認を得たという有名な「四三方案」からスタートするのですが、まず繊維関係が主導しています。

繊維関係を見ると、上海金山プロジェクトは最初の段階ではほとんど日本の会社だけにやらせるつもりで引き合いが出たのですが、一部、ドイツの会社が日本の会社にはやらせないと言い張ったためそこだけ抜けました。四川省のビニロンはクラレは別格として、他はドイツ、フランス、英国となっています。

鉄鋼については、日本とドイツという傾向が読み取れるので、上海金山を日本の会社だけにやらせるというのは、どういう筋で、どう意図されたのかよく分からない。けれども、エンジニアリング会社とかプラント会社というのは、本来は化学会社なり石油精製会社なりが全部社内の自分の部門でやっていたのを、アメリカから始まったビジネスとして外部発注、アウトソーシングして、プラントの設計・建設をやる専門会社として出てきています。

ここで強調しておきたいのは、中国の技術の買い方の変化です。一九七〇年以前、たとえば一九六〇年代前半のビニロンのプラント契約では、クラレから技術をそっくり買って自分のものにして、あとは自由にさせてくださいという買取り契約でした。一九七〇年代の前半から、プラントや工場内では自由だけれど、あとは秘密を守って漏らさないようにするという条件付きのライセンス、国際慣行を中国側が受け入れました。

一九七二年の上海金山プロジェクトで交渉したときには、中国側は、一つはこのプロジェクトだけ、もう一つは全部買取りであとは自由にさせるという二つの見積もりを出してほしいと言ってきました。アメリカの会社に聞いたら、それでもいいよと言って、金額が大体二〇倍ぐらいの見積もりを出す。二〇基売ったと思ってアメリカは喜んでしまっているのですが、中国はそうとは知らず、プラントや技術を買うときには全部買取りしてこなしていくと理解していました。だから、北京に導入したビニロンのプラントも、一つ入れたらあとは各地につくったでしょう。それが普通だと思っていた。

そうではなくて、世界では限られたライセンスでやった方が技術料が少なくて済むし、得なのだということを七月に説明したら、一二月にはそれで行こうと言いました。それは大きな変化で、その後大きなプロジェクトはみんな買取りではなくなりました。

質問 どうしてそのように変わったのですか。国際慣行だということを理解したのですか。

横井 金額を見れば全然違うし、絶えず最先端の技術を自由に買える、技術そのものが商品となって動いていることが世界の趨勢だと分かったわけですよ。

そうなると秘密保持が問題になってきます。本当に秘密を保持しているかどうか一〇〇%とは言えない。ところが、仕事がリピートされているということはある程度保持されているのだろうなと判断することになります。守っていない例もありましたけれど。

それから、日本はハードの形にしてたくさんものを供給するという姿勢だけれども、アメリカの会社は日本と違って、自分の持っている技術を適当な対価で売れれば非常に効率がいいとして、ソフトの商売に傾注しているわけです。これは非常に記憶されるべきことなので、ぜひ強調しておきます。

質問 この時期からドイツが大きなプラントビジネスに進出してきていますね。日本はＬＴ貿易等の関係で進出しやすかったとしても、なぜドイツがこの時期に、こんなにたくさんの受注をしているのでしょう？

横井　やはり中国とドイツの両方とも大陸国家だからという理解です。仕事の仕方がドイツは融通は利かないけれどもかっちりしているとして、中国にはそれが受けるらしい。日本の場合には、国際的な経験がその当時未発達だから、少しルーズというのか、クラレのビニロンから始まっているように、自分の工場とそっくりのものをつくってあげるという主義でした。

エピソードとして言われたのが、大慶の建設現場で暇を持て余した中国の労働者が箱を開けて数えていくと、ドイツの場合にはボルトもナットも一〇〇なら一〇〇できっちり入っていたのが、日本の場合には九五の場合もあれば一一〇のものもあった。外国人に対して契約どおりきちんとやるという日本の姿勢がまだ浸透していなかったのではないでしょうか。

中国には責任ある技術者がいて、その下とは画然とした階級的なヒエラルキーがあるでしょう。日本の場合には、みんなでうまくやっていこうという日本主義があり、それが大陸国家にとっては、要するに曖昧だ、隣り合った国から来た商人にごまかされてしまうのではないかと疑念をもたれたこともあったということです。

質問　素朴な疑問ですが、ドイツは分かるとしても、中国も同じようにきちんとやる国でしょうか。

横井　支払いは、計画経済というか、中央集権時代はきちんと契約どおり払ってくれました。自由主義世界でのお客さんと提供者、売り手と買い手の場合よりも非常に信用がおける実績でした。そういう意味ではいいお客さんでした。

質問　そこにアメリカが介入してきたとき、日本はその優位性をどう守ろうとしたのでしょうか。

横井　一九七二年から一九七八年前半ぐらいまで中国はアメリカとは取引したくない、アメリカとの関係でトラブったときは、全部窓口になっている日本側の責任だという態度でした。それが米中国交樹立の話が出てきて、少し様子が変わります。

上海と南京にポリエステル繊維の原料を作る工場建設のための大型ミッションがヨーロッパとアメリカに行き、日本にも来ています。このとき日本は付け足しみたいでしたが、やはり日本では対応がいいからみんなほっとしたらしい。

南京と上海の大型プロジェクトは結果としてドイツに行きました。それは先ほども言ったように商談における外交というか、政治性ということです。日本が宝山と石油化学をずっと取っていたので、ネゴの最終段階の前に日揮の副社長が今、新しいファイナンスを持ってやってくると言っても、もう耳を貸すことなく、商談は途中でストップされてドイツの会社に発注が決まりました。苦い思い出のミッションです。

質問　中国は一九五〇年代に東ドイツから技術を入れており、一九三〇年代、一九四〇年代にもドイツに留学した技術者が国民党政権時代の資源委員会では大きな顔をしていたので、もともと機械ではドイツだという信仰めいたものもあったのではないでしょうか。

質問　横井さんがプラントキャンセル問題が起きた背景に路線闘争があったと言われたのですが、むしろ私はやはりお金が足りなくなったことこそがプラントキャンセルの主な原因だったと思います。

そのころ中国の外貨準備は純粋な国の外貨準備と、中国銀行[12]（バンク・オブ・チャイナ）が持っている外貨も含めて外貨準備として公表していましたが、国の持っている純粋な外貨準備は一九八〇年頃はマイナスだったのです。ですから、やはり外貨準備不足は深刻だったのだと思います。

それから、もう一つ、当時は高炉六社の共同商談という形で日本から鋼材を中国に一覧払いで輸出していたのですが、外貨が足りなくなったので船積みも一五〇日払いとなりました。一覧払いとは、鋼材を中国に輸出して、中国で売る前にこちらに払うことなのですが、船積みの一五〇日払いになると、中国に出した鋼材が売られて、中国側にお金が入ってから日本に支払うことになります。その形に変更してくれと言ってきました。ですから、その頃は外貨不足が中国にとって非常に深刻だったと言えるのではないでしょうか。

質問　ただ、解釈としては、華国鋒がまさに洋躍進(13)という形で金がないのにどんどんプラントを契約していったことに対して鄧小平なり陳雲のグループが批判する形で、資金不足という事実を路線闘争として使ったということではないでしょうか。路線闘争が理由となったという意味では、やはり横井さんがおっしゃられたように政治が絡んでいると思うのですね。

むしろその後、陳雲と鄧小平の間に改革開放をめぐって、新しい対立が起きます。陳雲はとにかく財政を健全化して、経済をもっと安定的に進めようという調整政策を言うわけですが、鄧小平はとにかく改革を早くしないと中国は経済発展できないということで進めるわけです。ですから、やはり経済の事情が政治に反映しているというふうに見ればいいのではないですか。

質問　それと関連して一つお伺いしたい。ちょうどその時期、一九七八年ぐらいから谷牧(14)が三つほど調査団を派遣して、外資導入の状況を調査します。日本の通産関係あるいは財界人が日本からお金を借りられると何回も声を掛けて、結局それで借りるとしたのが一九七九年の夏ぐらいだと思います。そのとき華国鋒と鄧小平がいろいろ動き、経済が拡大、過大だとしてその華国鋒が失脚したことが私は本当に信じられないのです。話がつながりません。つまり、あのときにお金をうんと借りようという動きは表面上一致しているわけです。だから、証拠はありませんが、失脚はまた別の原理で動いていたのではないかなと思っています。そこで、援助の問題とこのプラントのキャンセルの問題がどう絡むかというところでお考えをお聞かせいただきたい。

横井　単純に政治というよりも、経済運営の政治ですね。一九七七年には国家計画委員会の余秋里(15)が「大慶に学ぶ」という演説をして、中国経済は確かに弱いから、それを強化しなくてはいけない、その強化策は自分たちが成功した石油を使ってやろうという考え方でした。これが一〇カ年計画につながっていくのですが、結局、三中全会前後から経済運営のやり方として導入したプラントあるいは石油を使った方法では駄目だという議論がずっと底流として行われていくわけです。一九七九年からの経済調整政策が一九八一年にはさらに強まって、建設ができなくなってくる過程で、華国鋒の運営政策をたたく政治が進展して、石油派が華国鋒と共にどんどん辞めさせられていきます。

石油の恩恵はすごくあるわけです。私の体験だと、一九七九年に向こうから設計打ち合わせの人が来たちょうどそのとき、中国の石油の生産量が一億トンに達したので「一億トン、おめでとうございます」とお世辞を言ったら、「へー」と応えたのでした。そのときすでに中国は大慶の石油が枯渇し始めていることを知っているわけで、よく見ると、一生懸命アメリカに行って、技術開発、特に海洋の石油開発の技術をやらなくてはいけないということで動いていくわけです。そういう経済、政治、産業を丹念にフォローして、そのダイナミズムを分析するのは大きくて面白いテーマだと思います。

どういうふうに動いているのか分からなかったわれわれ業者は、契約どおりやって、突然、契約が履行できなくなったから延長について話し合いたいという話が来た。先ほどの資金不足というのも確かでしょう。崔群さんも、事業をやるときは全部自己資金でやるわけではなくて、金融を付けてもらわなくてはならないと言ったのです。日中長期貿易取決め[16]が原油と石炭を輸入した金額と中国のプラント導入金額、これを年ごとに見ると、でこぼこがあってマイナスになったりもしていますが、一九七八～一九九六年のトータルで、原油と石炭の輸入は二九〇億ドル、プラント類は二〇〇億ドルです。稲山さんの構想どおりに動いたものの、その過程にはでこぼこがある。だからやはり金融でお金を借りなくてはいけないということを崔群さんは言ったのでしょうね。

質問 「六勝九敗」を強調しておられましたが、実際は他の会社もやはりそうやってできなかった仕事で、表へ出なかったものがたくさんあるということでしょうか。うまくいかなかった話はなかなかつかみにくいということがありますが、他の会社もそういう失敗が多かったのでしょうか。

横井 そんなでもないでしょう。六勝九敗というのは私が契約であるべき数を計算したものです。上海のプロジェクトでは、直接取ったのではなく、住友化学と東レの下請け契約で二つの小さいプロジェクトを取りました。その次は、一九七五年に、公表されていないけれど、プラスチックの触媒プラントをアメリカの会社とやっていましたが、アメリカの方が開かなかったから消えました。同じ一九七五年には合成洗剤の原料のプロジェクトで今度はイタリアと競争しましたが、日本政府の延べ払い条件があまりにも厳しくて、イタリアの方がルーズだというのでイタリアに持っていかれた。そういうのはみな表に出ていません。競争相手があまりいないということで、一九七五年に合成ゴム、それから天津の合成繊維の原料の契約が取れました。その後、一九七六年は非常に厳しくなりました。開放されてきたから、どんどん業者が入って来たのでしょう。

日揮の受注が多いのは、日本の石油化学の発展の最初から、一緒になって仕事をするという実績があるためです。それが一九七二年の上海のプロジェクトの時点ではわれわれは直接ではなくて下請けでしょう。エンジニアリング会社というものの存在が認知されて、一九七三年から単独ミッションで技術交流をして、先ほどのようなプロジェクトになっていくわけです。いろいろ苦難の道を歩みながら進んでいったのです。

菱田　この時期に起きた事柄が日本の対中ビジネスにとって大きなショックであったのは間違いないところだろうと思いますが、逆に申しますと、その間の対中プラントビジネスが今日の中国における化学産業、石油化学その他の産業技術の発展に大きな役割を果たしたと同時に、この間に培われた対中資金協力の枠組み、これも大きな教訓としてあるのではないかと思います。今日はその辺の詳しいお話をまさしく現場感覚でお伝えいただきまして、誠にありがとうございました。

第4章
日中金融交流の開拓者

大久保 勲

(元東京三菱銀行駐華総代表)

聞き手＝菱田雅晴

大久保勲(おおくぼ いさお)　1936年東京生まれ. 1961年東京外国語大学中国語科(国際関係専修)卒業. 同年東京銀行入行, 1966年東京銀行海外派遣業務研修生としてロンドン研修. 日中覚書貿易事務所北京駐在員事務所出向(1971～74年), 本店営業部長代理, アジア部長代理, 審議役を経て, 東京銀行北京駐在員事務所長, 理事・中国委員会副委員長兼中国部長, 北京駐在員事務所長, 中国駐在参与, 東京三菱銀行駐華総代表, 東京リサーチインターナショナル研究理事等を歴任. 2001年から学界に転じ, 福山大学経済学部教授, 国際経済学科長, 経済学部長, 大学院研究科長等歴任. 北京では, 北京日本商工クラブ副会長, 北京日本人会長, 北京日本人学校運営理事会理事長, 中国日本人商工会議所副会頭, 茶道裏千家北京同好会会長等を歴任.

菱田　本日は、元東京銀行の大久保勲さんに、国交正常化前の日中覚書貿易事務所などでどのような活動をしておられたのか、正常化以降の日中経済関係をどのように位置付け、その中で大久保さんがどのような役割を果たしてこられたのか、そして、今後の日中経済関係をどのように見たらよいのかといった点を中心にお聞きしたいと思っております。

中国との出会い

菱田　まずお訊ねしたいのは、どのような形で中国とのきっかけが始まったのか。そもそも東京外国語大学中国語科を受けることになったのはどのような機縁だったのでしょう。また、当時の中国に関する雰囲気の中で、中国語を学ぶということがどのようなイメージだったのか、そのあたりからまずお聞かせ下さい。

大久保　同世代の方はご存じのとおり、当時国立大学には一期校、二期校があって、外語に行った人はほとんどみんな一期校を受けているわけですが、私も、二期校で外語を選びました。当時はスペイン語などが非常に人気がありましたが、スペイン、中南米はちょっと遠いし、やはり長い目で見て中国との関係は深まるだろうから中国語を選ぼうということで外語の中国語に入りました。

入試のときに面接試験がありまして、鐘ヶ江信光先生が「本当にやる気か？」と、それで「やります！」と答えて入れてもらいました。

菱田　一九六一年、東京外国語大学をご卒業され、東京銀行(1)を就職先として選択されたわけですが、当時の日中関係の中で東銀はどのような位置付けとして存在していたのでしょうか。

大久保　銀行と商社を受けることにしました。銀行といっても普通の銀行にはあまり興味がなく、外国に行きたかったので東京銀行にしました。国際金融の先生が東銀から大学に来ていたので「銀行のお話を伺いたい」と言ったら、人事部に連れて行ってくれて、東銀は中国語をやった人が欲しかったので、中国関係要員ということで青田刈りで入れてもらいました。

菱田　一九七一年段階で、覚書事務所北京事務所に出向されます。それまでの一〇年間、どんな勉強をしてこられたのですか。

大久保　最初の五年間、丸の内支店に入りました。途中で半年だけ首都高速道路公団に出向しました。当時、日本は世銀借款を受ける立場で、横羽線という羽田から横浜方面への首都高速を建設するのに二五〇〇万ドルの借款を受ける仕事をやりました。銀行に入って五年後に海外業務研修生としてロンドンに行き、二年半イギリスにおりました。帰国して神戸に二年いて、北京に行く準備で東京に戻りました。一〇年間、銀行業務の基礎をみっちり学んだことは大変有益でした。

菱田　入行段階から中国要員として、いわば「培養《ペイヤン》」されたと理解してよろしいでしょうか。

大久保　はい、最初から銀行はそういうつもりでいたわけであります。

周恩来総理からの円元決済提案

菱田　それでは、本題としての覚書事務所段階に関してお訊ねしたいと思います。覚書事務所でのお仕事として、とりわけ中国側との接触はどのように行われていたのでしょうか。

大久保　中国側も私が東京銀行の職員だということを知っておりまして、純粋に覚書事務所の職員としての仕事のほか、金融関係にも関わりました。当時、中国銀行[2]（バンク・オブ・チャイナ）が相手だったわけですが、通信事情が非常に悪い時代でしたので、東京でドルと円の相場が立ったときに本店から電報で連絡してもらい、それを毎日中国銀行に連絡しておりました。実は、それが中国銀行とコミュニケーションを取るための一つの手段であったわけです。

当時は一人で中国の人に会うことはできなかったので、中国銀行からいろいろ聞きたいと思うときに、覚書事務所の所長さんと相談して宴会をやって、目指す人を隣に座らせていろいろ聞くのですね。宴会で話をするのは差し支えありませんから。宴会が終わって家に帰ると、タイプライターで電報の原稿を用意し、天安門を通って電報大楼へ行って電報を打つ。こういうことをやっておりました。とにかく中国銀行との連絡は、自分のために、仕事のために非常によくやっていたと言えると思います。

菱田　その結果、円元決済が日中間で成立しますが、仄聞するところでは、周恩来総理が自ら円元決済の案を提案されたとも伺っていますが、周総理はどのような場面で、どのような言い方をされたのでしょうか。

大久保　一九七一年一二月二〇日のことです。細かいところまでは覚えていないのですが、田川誠一[3]先生が『日中交渉秘録』にその辺のところも書いておられます。午後五時五〇分ごろから八時過ぎまで二時間余りの会見でした。出席者は、中国側が周総理、李先念副総理、郭沫若[4]、王国権[5]、劉希文[6]、日本側は、岡崎嘉平太[7]先生を団長とする覚書代表団の他、ちょうど北京に来ておられた西園寺公一[8]さんも出られて、あと田川誠一先生とか河合良一[9]さんとか、覚書の関係者でした。

宴会が始まってしばらくしたら、「この中に銀行の人いますね」と周総理が言われたのです。私はまだ三〇ちょい過ぎで、一番後ろに座っていたのですが、おそるおそる手を挙げましたら、「そんなに後ろにいないで前にいらっしゃい」ということで、中国側が私の座る机とイスをすぐ用意してくれて、マイクロホンまで置かれたのです。

この七一年一二月二〇日というのは、ワシントンのスミソニアン博物館で行われた一〇カ国蔵相会議の直後です。その会議でスミソニアン多角調整[10]が行われて、日本円については一ドルが三六〇円から三〇八円になったのです。その前にニクソンショックがあり、日本にも輸入課徴金が課せられていましたが、三〇八円になったときに輸入課徴金はやめになりました。「大変ですね」と周総理は言われて、それから「中国は対外貿易に依存する度合いは低いが、国際通貨情勢の変化で影響を受ける。ついては、日本の円と中国の元で直接決済してはどうですか」と言われたのです。まだ国交正常化前ですから、そう言われたのは大きなことであったわけです。

それから、「日本はいつデノミをやりますか」「国債発行残高はどのぐらいありますか」「人民元と日本円を一対一にしたら大変便利だと思う」というようなことまで言われました。周総理は日本との経済関係を大変重視しておられたのではないかと思います。貴重な時間に余計な質問をするはずはないので、国債発行残高についての問いは、周総理としては、やはり借金してでも経済建設を早くやった方がいいと思っていたのではないかと思います。

私の北京でのアサインメントの一つは、決済問題を解決するということでした。当時の日中貿易は英ポンドで決済されていました。英ポンドがうまくいかないので一時フランスのフランを使ったのですが、これも学生運動でうまくいかなくて、貿易をやる方たちは日中貿易の決済通貨の問題に非常に頭を悩ませていた。そういうときでしたので、周総理が円元決済の提案をされたのは願ってもないことでした。「周総理は単に思いつきで言われたのではないか」との声もありましたので、私はきちんと確認する必要があると思い、会見が終わってから、中国銀行の副総経理に聞いたところ、「まず日本から提案してください」と言われました。それで、岡崎先生に「中国は本気のようです」とお伝えし、一緒に日本に帰り、岡崎先生のご指示で大蔵省と日本銀行に報告に行ったのです。

大蔵省の稲村国際金融局長、日本銀行の岡外国局次長に報告してから、覚書事務所の銀行部会（中国銀行とコルレス口座のある一四行がメンバー）を集めてお話しすることになりました。岡崎先生には、「先生、ご挨拶だけお願いします。あと私が全部やりますから」ということで、銀行とも相談して基本的な円元決済の案を作りました。当時、一ドルは三〇八円であり二・二六七三元だったので、一元は一三五円八四銭ということになります。当時人民元は非常に強かったのですね。覚書事務所で銀行を集めてお話ししたら、特に反対するような内容でもなかったので、異存なしということになり、中国に帰って中国人民銀行と対外貿易部に報告したら、しばらくして銀行の頭取を呼びたいということになりました。というのも、円元決済は、事務的なものというより、非常に政治的な決断を要するもので、やはり銀行の最高責任者が日本側でよく相談してくるということがふさわしかったわけです。

最初に住友銀行、次に三和銀行の頭取が北京に来ました。私は覚書事務所の職員として両方とも空港まで迎えに行きました。

北京では、中国銀行が歓迎宴会を催してくれましたが、中国銀行の総経理の右側に銀行の頭取が座り、その左側に私の席を設けてくれました。総経理が「東銀も来たいと言うが、きちんと準備してきなさい」と中国語で他の人には聞こえない小さな声で囁くので、「中国側は何を考えておられるのですか」とその総経理に聞くと、中国側の考えをいろいろ詳しく言ってくれましたので、それをまた電報にまとめて東京に、「ちゃんと準備して来てください」とお願いしました。それで三番目に東京銀行の頭取が来たのです。

そうはいっても、住友、三和も大変努力されたと思います。その基礎の上に東京銀行が一九七二年八月に中国銀行と交渉したのですが、円元決済は単なる決済の問題ではなくて、中国側にとっては対日関係、国交正常化のための前段階みたいなものだったのですね。事務的には中国銀行と話したのですが、中日友好協会の廖承志会長と日中覚書貿易の責任者の対外貿易部の劉希文さん、中国銀行の総経理の喬培新さん[12]が関わっていました。ほとんど合意に達したときに、正式調印前の八月一七日にその三人が出てきて宴会をやってお祝いをしました。国交正常化の一カ月前に両国の通貨を認め合うことになったわけです。[11]

非常に大きなことなので、原純夫東銀頭取も「いったん持ち帰って大蔵省ときちんと相談して……」というようなことを言ったら、中国側から「頭取が来られたのだから、ここで決断してほしい」と。それで大蔵省と打ち合わせし、了解も得て、八月一八日に調印いたしました。

そして九月から、日中貿易は全面的に日本円と人民元で決済されるようになりました。これには岡崎先生が関わっておられたので、岡崎先生が周総理に会われたときに、周総理も「円元決済、順調にまとまって良かったですね」と岡崎先生をねぎらわれたということでございます。

菱田　この周総理の提案は、総理が何らかの形で判断を下したということでしょうか。それとも、日本側の、たとえば覚書事務所の岡崎先生あたりが何らかの形で事前にワークした結果なのでしょうか。

大久保　事前に岡崎先生が周総理にお話しすることは一切ありませんでした。もちろん、事務的には覚書事務所から円元決済をやりたいと伝えていたのですが、中国側からは、「日中関係の現状から見て、今は話し合う時期ではない」とずっと断られていたのです。七一年一二月二〇日に周総理から言われたことは、当時は、居並ぶ中国側の人たちに対する指示でもあると言われていました。中国側の内部で、事前の相談があったかどうかはまったくわかりません。スミソニアンの多角的通貨調整の後、一つのタイミングと見て周総理が提案されたのだと思います。

菱田　中国銀行側から日本側の提案をまとめて持ってきてほしいというお話でしたが、それは、覚書事務所内の銀行部会レベルで案を取りまとめるということでしょうか。それともオールジャパンの提案をということだったのでしょうか。

大久保　覚書代表団として周総理にお会いして、総理からそういう提案がありましたので、岡崎先生の指示で、覚書事務所の中にあった銀行部会を開いて覚書事務所としての取りまとめを行いました。もちろん私自身は東京銀行の職員ですから、私が勝手にいろいろやるというよりも、基本的には銀行とすべて相談しました。一九七二年三月ごろに、銀行の頭取を呼びたいと中国側から言われたので、三菱、富士をはじめ、多くの銀行が手を挙げたのです。

国交正常化プロセスの中での覚書事務所

菱田　円元決済は、中国側からみると、将来的な日中の国交正常化に向けての前段階という意味もあったのではないかというお話がございました。現時点で、大久保さんは、覚書貿易、あるいは覚書事務所自体が国交正常化プロセスの中でどのような役割を果たしたと総括しておられるでしょうか。

大久保　一九七三年の終わりに覚書事務所を閉鎖するために、岡崎先生が中国側を集めてパーティを開きました。岡崎先生は、自分で挨拶原稿を作られて、中国側に感謝の意を表されたのですが、そのときの岡崎先生のスピーチは非常に格調高いものでした。覚書がどうやってできたかというところから説き起こされて、長期、総合、バーター、延払方式の採用を特色とする「高碕達之助・廖承志覚書」によって実際業務が開かれたことを述べられました。それまでの友好貿易と違って、やはりこの長期、総合、バーター、延払方式が覚書貿易の特徴だったと思います。もっとも延べ払いは六五年二月の〝吉田書簡[13]〟で駄目になってしまいましたが。

もう一つ、覚書貿易は、日中間の貿易を促進し、発展させることだけを目的とするのではなく、漸進的かつ積み重ね方式をとって、政治関係と経済関係を含む両国の関係の正常化を図ろうという高い目的を持ったものでした。貿易だけではなくて、政治関係も正常化を図ろうという目的だったわけです。岡崎先生はご挨拶の中で、「わが国が蔣政権との間に平和条約を結んで、中国に背を向けていた状況の下で、この高い目的に向かって前進することは決して容易なことではありませんでした。しかし、双方がこの目的に向かってたゆまない努力を積み重ねていったことは、ご臨席の皆さまがよくご承知のことであります」と言われました。覚書事務所があって、実際に北京に覚書の所員がいて、毎日中国側と接し、覚書ベースで毎年交渉が行われたことは、やはり日中関係を促進するという点で非常に大きな意味があったことだと思います。ただ、実際に関わった先生方は大変なご苦労をされました。特に、古井喜実[14]先生や田川誠一先生は、自民党所属でありながらそういう立場にあったので、非常に厳しい状況であったかと思います。

それから、岡崎先生がご挨拶の中で、「貿易以外のことでも大きな功績を上げました。そのうち特に重要なことは、新聞記者の交換であります」と言われたのですが、六四年九月、日中双方の常駐記者がそれぞれ相手国に着任しました。中国側が七名で日本側は九名、これだけの新聞記者がそれぞれ相手国に常駐して活動するということは、やはり日本からいえば、中国に対する理解を深め、国交正常化促進の世論を高めるという点で非常に大きな意味があったことだと思います。

岡崎先生はご挨拶で、「北京事務所には、日中友好に熱意のある若い人が各方面から派遣されて来ましたが、この数は三〇人に達しました」と言われました。外務省から来られた方はその後全員大使になられたし、大蔵省、日銀の方はそれぞれ民間の銀行の頭取になられたし、他の官庁の方もそれぞれに高い地位を得て活躍されました。人材育成という意味でも非常に大きな役割を果たしたと思います。特に、大使館ができたときに覚書事務所にいた方は、私を除いて全部大使館に移られて一等書記官になられました。私は「どうするか」と聞かれて、「民間に徹します」と言って、大使館には行かなかったということでございます。

世界初の北京支店開設

菱田　正常化以降の日中経済関係に話を移したいと思います。日中の経済交流の中では、たとえば駐在員事務所とか北京での銀行支店開設も日本が率先して行ったという状況があったと思います。そもそもどのような経緯でこのような形が得られたのでしょうか。

大久保　私が勤めた東京銀行の前身は横浜正金銀行で、戦争が終わるまで中国大陸にたくさんの拠点を持っていました。国交正常化を北京で迎えた私は、そのときこれでまた中国にたくさん拠点をつくることができると思って喜んだわけですが、すぐにはそういうタイミングは来ませんでした。ただ、東京銀行は非常に自由というか、頭取にも直接意見を言うことができましたので、一九七七年に、元財務官だった柏木雄介[15]頭取に「北京に事務所をつくりたい」と申し上げたところ、最初は「事務所をつくってどうするのかね」とも言われたのですが、すぐに分かっていただいて、よし、頑張ろうということになり、その年に中国側に北京事務所開設を申し入れました。

翌七八年一二月の三中全会の後、中国側から「場所さえ見つけてくればOKする」と返答があり、北京飯店にこの用向きで会いたいと言ったら、総経理から、北京飯店西側に２０８８という会議室があって、「いつからでもいいから貸してあげる」と連絡がありました。それで中国側に「場所は見つかりました」と言ったら、事務所開設OKとなりました。そのとき、日本輸出入銀行にも東銀の人が出向していまして、輸銀も北京に事務所をつくりたいと申し出て、輸銀と東銀は一緒に認められたと思います。民間銀行としては、東京銀行は世界で初めてでした。

一九八〇年二月二〇日に北京事務所を開設しました。そのころから人民大会堂で外国の民間企業がパーティを開くことが認められるようになって、輸銀が「自分たちに先にやらせてほしい」と最初に人民大会堂でパーティをやりました。それから、私たちも北京駐在員事務所お披露目のパーティをしました。そうしたら世界中の銀行がどんどん北京に事務所をつくり始めたのです。

ただ、駐在員事務所では商売はできませんので、われわれは早く北京支店をつくりたかったのですが、中国側はやはり、首都に外国銀行の支店を認めることについては非常に慎重でした。そこで最初は経済特区、それから上海や大連などの開放都市に外銀の支店を認めることになりました。

私自身は覚書事務所に七一年一月から七四年一月まで勤め、それから銀行の駐在員事務所長を八三～六年までやり、年齢の関係もあって、もう北京に行くことはないだろうと思っていたのですが、頭取からもう一度北京に行かないかという話があり、九四年二月に三回目の北京赴任をしました。

赴任となったときに、直接空港から中国人民銀行の北京市分行に挨拶に行くと連絡しておいたら、研修のときにお世話した人たちを含めてたくさんの人が北京市分行で待っていてくれて、今回大久保が北京に何のために来たか、ここにいる中国側の人たちはみんな知っている、できる限り協力いたしますと言ってくれました。これは日本流に言うとアンフェアですね。というのも、人民銀行北京市分行というのは支店の申請を受ける窓口なのですから。日本ではそういうことはあり得ない。

さらにしばらく経ったら、当時北京飯店の貴賓楼の最上階にあった北京でも最高クラスのレストランに中国側の銀行の北京支店長たちを集めて、「今度大久保というのが来たからみんなで面倒を見るように」と言ってくれたのです。大久保が行ったからといって、そう簡単に北京支店ができるものではないと多くの人が思っていましたから、大きな味方を得たという感じでした。自分に支店を開ける力があるなどとは思っていませんでした。私としては、総理に会えるタイミングで頭取の訪中をセッティングするよう努めました。当時の高垣佑頭取[16]が九四年二月から九五年の五月までの間に六回北京を訪問しており、支店開設もそうしたトップの努力の賜物だと思っています。

私は中国人民銀行とのコンタクトもかなり頻繁にやりました。北京市分行だけではなくて、申請は北京市分行から本店に行きますので、本店は大事です。たとえば、総行（＝本店）の副行長（＝副総裁）がアメリカへ行くときは空港に見送りに行ったりもしました。それで会えるのですね。

あるとき「二～三日したらいいことがあるよ」と言われました。それは、支店開設の申請書の用紙を受け取りに銀行に来いということで、東京銀行と香港上海銀行とアメリカのシティバンクの三行がもらえたのでした。

その後、人民銀行から「支店だからカウンターが必要だし、動かなくてもいいからコンピューターを置いていないといけません」と言われました。当時、銀行員は銀行業務の知識について人民銀行の試験をパスする必要があり、それに一〇名パスしなければいけないという条件も付いていました。それで私はみんなが受かるように想定問題まで作って一生懸命教育し、一〇人がパスしてようやく完了、開店ということになりました。八が付く日がおめでたいということで、われわれは七月一八日、香港上海銀行は八月八日、シティは一〇月に開設しました。

結果として、東京銀行は世界で最初に北京支店を開くことができたわけですが、これは、むしろ日本に対する配慮だったかなと思いました。とにかく世界で一番目に北京支店を開いたということで、東銀本店の方では世界中の主な新聞に"FIRST IN BEIJING"という広告を出しました。

台湾の取扱いをめぐる攻防

菱田　少し立ち戻る形ですが、東京銀行の前身としての横浜正金銀行は、台湾に支店はあったのでしょうか。台湾との関係は東銀の中国に対する積極的な姿勢の中で、何らかの問題にはならなかったのでしょうか。あるいは、それをどのようにクリアしていかれたのでしょうか。

大久保　横浜正金銀行は台湾に支店を持っていませんでした。一九五七年の初め頃、当時の台湾から日本に通商航海条約締結の申し入れがあり、その後名前は変わりましたが、当時は中国銀行という名の台湾の銀行が東京に支店を開く代わりに、日本の銀行が一行、台湾に支店を開いていいということになりました。東京銀行は外為専門銀行になったばかりでしたので、大蔵省は東銀に進出の意向があれば承認しようとしていました。しかし、東京銀行は熟慮の末、将来中国本土への進出を優先的に考えており、台湾進出は障害となる心配があると言ってお断りしたのです。

当時、日本勧業銀行が台湾に行っていました。後に第一勧銀になりましたが、第一勧銀は北京事務所が長い間認められず、外国銀行で四四番目ぐらいになって、もうよかろうということでようやく認められた。そのとき、大蔵省から北京大使館におられた五十嵐貞一参事官が人民銀行から呼ばれて、第一勧銀に北京事務所を認めたということは、日本の銀行が台湾に行っていいということではないと釘を刺されています。五〇年代に東銀が台湾に出なかったのは、後から振り返ってみると非常に適切な判断であったことになります。

しかし、東京銀行は中国の言うことを何でもはい、はいと聞いていたわけではありません。一九九〇年二月に当時の井上頭取が、台北に支店をつくりたい、その前段階として駐在員事務所をつくろうと決意して、自ら北京に乗り込みました。私も一緒に付いて、中国銀行と人民銀行に、東銀が台湾に駐在員事務所を出す決意をした経緯と理由、背景について説明しました。それに対して、中国銀行も人民銀行も同意はできない旨はっきり言いました。さらに同じ年の五月二六日付『経済日報』に人民銀行スポークスマン談話を発表し、東銀の台湾駐在員事務所設立を非難したということがあります。それで東京銀行は、七月上旬に予定していた台湾事務所開設をいったん延期しました。その頃、後に駐日大使になった王毅さん(当時は参事官)などとも接触しました。八月一日に、人民銀行の外事局長に対して東銀の頭取から、八月三日に台北駐在員事務所を開設することを伝えて、中国側の同意を得られないまま台湾に事務所を開きました。

一方で、東銀にとって非常に困った問題が起きました。それは中国が上海に外銀の支店を認めるという方針を打ち出したのです。台湾に駐在員事務所をつくったために、東銀が上海に出られないということになったら大変です。当時、中国銀行は関係が割合良かったのですが、他の中国の銀行は東銀とは一切接触をしなくなり、東銀は人民銀行に対して、上海支店を開かせてくれという話は北京ではもうできない状況になっていたのです。それで、九〇年九月に、当時財務官を退任されプリンストン大学に行っておられた行天豊雄さんをホストとして、ワシントンで王丙乾[17]財政部長を招いて協力を求めるとか、いろいろなことをやりました。

この問題は翌年まで続き、当時の橋本龍太郎大蔵大臣も非常に尽力してくださり、九一年四月のバンクーバーでのアジア開発銀行(ADB)総会のときに頭取と人民銀行総裁が会うことになりました。東銀と緊密に連絡を取って協力し合っていた日本政府も、支店の昇格を含めて、台湾に拠点をつくることは日中共同声明の精神にも両国政府の合意にも反しないという姿勢で中国側に対応したわけです。ADB総会のときに、台湾に駐在員事務所はもう開いてしまっているというと、支店にしなければ上海を認めてもいいという話も少しありました。しかし、台湾で支店を開けなければ何のために事務所をつくったのかということになるし、そういうことはあり得ないと、日本政府としても、東銀としても台湾は支店にするということで中国側と交渉しました。

結局、中国側は人民銀行から李鵬総理の決裁を仰いだと言われていますが、こういうデリケートな問題は、後から振り返ると、下のレベルほどうるさくて、上に行くほど大局的な見方で理解がありまis。人民銀行の課長から聞いたところでは、李鵬総理に伺ったときには、丸を付けてくれてそれで終わり、上の段階では非常に簡単だったそうです。結局、東銀の上海事務所が九一年一二月に、台北の事務所は九三年三月に、それぞれ支店に昇格しました。この一年余りは大変厳しい時間でしたが、中国側には屈しなかったというか、東銀の意図をよくご理解いただいて、台北も上海も支店になったということでございます。

日本への特別なまなざし?

菱田　他国に先駆けて、駐在員事務所しかり、支店しかり、そして外債発行もまたしかりだろうと思いますが、東銀をはじめとする邦銀がかなり突出した印象があります。先ほどのお話では、日本に対する配慮があったのではないかということでしたが、今からすれば非常にうらやましい状況です。なぜその当時、こういうラッキーな状況が得られたのでしょうか。

大久保　いろいろな要素があると思います。日中間では民間貿易交渉が一次から四次まであり、具体的には、第四次日中民間貿易協定交渉(18)が一九五七年秋に行われています。このとき、後に東銀頭取になった横山宗一さんが外国部次長で、金融専門家として北京に一カ月余り滞在して、中国銀行とのコルレス取極めを決めました。翌五八年の長崎国旗事件で駄目になってしまいましたが。やはり石橋湛山や高碕達之助、松村謙三、岡崎嘉平太という民間の人の存在、それから鉄鋼協定をやった稲山嘉寛さんも五〇年代から関わっておられ、宝山製鉄所の建設にも尽力されました。池田勇人、田中角栄、大平正芳、橋本龍太郎ほかの歴代総理が日中のためにいろいろ努力し、中国側にも周恩来、廖承志、郭沫若ほかの人たちがいて、やはり日本に対する理解があった。多くの民間の融資に加えて、輸銀の融資や基金の円借款も行われました。

また、コミュニケーションも非常に良かったし、そのパイプも太かった。私たちの銀行でも中国にさまざまな動きがあったとしても、銀行トップが終始一貫した姿勢で中国との関係を大切にしてきたので、仕事はとてもやりやすかったですね。たとえば、東銀でも一九七二年から毎年一回、頭取をトップとする訪中を続けました。中国がIMF、世銀に入ったというか合法的権利を回復した八〇年から、IMF総会のときは人民銀行総裁と中国の財政部長には必ず会うこともできました。やはり多くの民間人が長期的な観点からそろばんを弾いていたと言えるのではないかと思います。

台湾に支店まで開いた上で、北京支店は世界初ということで、人民銀行との関係は厳しい時期を経て、以前よりも良くなりました。これにはいろいろな要素が絡んでいると思いますが、やはり基本的には、長期的観点から中国の発展を願いつつ積極的に協力したこと、それが中国政府から認められたのではないかと思います。

一つだけファイナンスの話をしますと、一九七八年一二月に宝山の起工式があり、稲山さんたちが行かれて、寒いところで式典をやったのですが、そのとき、真夜中に二〇億ドルのシンジケートローンの組成を中国側と決めたのです。二〇億ドルというのは、当時世界でも類を見ない規模でした。当時の中国は外貨が不足しており、国家の外貨準備はマイナス一二億ドルだったのです。中国銀行の外貨も外貨準備の中に入れていたので、トータルとしてはプラスだったのですが、純粋な意味での外貨準備はマイナスだった。そういう中で、中国銀行分も含めての外貨準備のトータルに相当するぐらいのシンジケートローンをやった。結局、使われることはなかったのですが、そこには日本の銀行三一行が参加していました。八五年に期限が来たので、また二〇億ドルのシンジケートローンを組成したのですが、それには六七行が参加しました。八九年に天安門事件が起きて、中国が外国から借りられなくなったときに、中国から使ってもいいかと言ってきました。どうぞと答えたら、結局全部使ったのです。ですから、少なくとも日本の金融界の中国に対する対応は、友好という言葉だけではなくて、実際に非常に協力的でした。

質疑応答

質問　国交正常化後、中国が改革開放に移っていくときに、日本の財界関係者は、中国の近代化に積極的に貢献しようと、気持ちの上だけではなくて、行動でも積極的な改革開放支援をやってきたと思います。

ところが、あれだけＯＤＡで中国の近代化を支援したのに、結果的には中国はもう自分自身の手柄のように今の経済発展を語っていて、日本の貢献をほとんどドロップアウトするというようなこだわりがあるのではないか、特に中国に関わってきた経済関係の方々の中にはそうした思いが結構強いのではないかなという気がしているのですが、大久保先生ご自身を含めて、対中ＯＤＡに関する中国側の対応をめぐって、どうあるべきだったのか、あるいは中国の姿勢にはなんら問題なかったとお考えなのか、その辺を伺えればありがたいと思います。

大久保　ＯＤＡというのは、結局賠償の問題とも関わってきます。私自身は、これだけ日本がやってやったのに中国が感謝していないとか、あまり言わなくてもいいのではないかという気はするのです。感謝を表明しないから中国に対する気持ちが薄れたということではない、というか、それが主な原因ではないように私には思えます。むしろ、中国が経済発展してきて、経済力で日本よりも大きくなったことが、日本人として中国に対して非常に複雑な気持ちを持つようになったという面があるのではないか。むしろうまくいかないことを望むとか、そういうことがあるのではないかということで、私はODAが主な原因ではないような気がいたします。

質問　私もODAがすべてだとは当然思いませんし、それをあまり誇大化するべきではないのかもしれません。やはり中国経済が予想を超えて大きくなって、経済力としては日本を超えてしまったことに対しての日本人の複雑な感情は、確かに否定できないと思います。

ただ、日本の財界の方々が誠意を持って本当にあれだけ中国の発展のために、もちろん経済的打算はないわけではないけれども、献身的に中国の経済発展を支えてきた。そうした人たちの存在を、ほとんど表に出せないような状況が中国で進んでいることに、私はやはりちょっと違うのではないかという思いがあります。感謝してほしいとか、ほしくないということではないのですが。その辺、経済にまさに前面で関わっていた方はどう思っておられるのでしょうか。

大久保　それと関連して一つだけ申し上げると、近年では英国がアジアインフラ投資銀行（AIIB）に突然参加したことからなだれを打ってたくさんの国が参加したと言われているように思いますが、中国とイギリスは、どちらもしたたかで、表に出ない交渉がいろいろあります。中国銀行もロンドンのシティには一九二九年から支店を持っています。われわれ東京銀行も一九五四年から、中国銀行のロンドン支店と東銀のロンドン支店とで取り引きして日中決済を始めたのですが、中国というのは、表だけではなくて本当に大事なことは裏でいろいろ決まっていくのではないか。私も仕事のなかで、本当に大事な仕事は裏で相当詰めた上でトップに上げるということを経験しました。

今、日中関係はパイプが細ってきて、表だけでなく裏でいろいろ会話を行うこともなくなってきたのではないか。中国とアメリカの間でも、トランプでどうなるか分かりませんが、経済対話があって、中国側は半年ぐらいかけて準備しています。われわれも個別の企業として頭取が毎年訪中するときに、今度は何をやろうかと、やはり担当は何カ月も前からいろいろ準備するわけです。イギリスと中国はそういう関係が非常に深い。香港上海銀行は、もともとアヘンの密輸をやったジャーディン・マセソンが稼いだ金をイギリス側へ送るためにつくられた銀行だとも言われていますが、非常に古い関係で、やはり歴史の重みを感じます。そうしたものが日本と中国の間にはつながっていないという気がするのですけれどね。

質問　八〇年前、横浜正金銀行の児玉謙次(19)頭取を代表に、三菱、三井など主立った銀行は、頭取を引き連れて中国を訪問し、日中間で絶対戦争はやらないで経済協力をやりましょうと蔣介石たちと話をしました。残念ながら、その四カ月後に全面戦争になってしまうわけですが。横浜正金銀行はそういう銀行を束ねて日本の経済界の意思を伝えていくという点で、非常に中国側から重きを置かれていた銀行だったというのが背景にあったのかなと思いました。

横浜正金には、児玉謙次頭取系の中国体験を持った人たちの人脈が戦後もあったのかどうか、そういう大陸経験などについて語り継ぐ、あるいは考える人たちがいたのかどうか。その人たちの考え方が、たとえば中国人材を養成する、台湾よりも大陸との関係を長期的に考えるという判断に働いていたのかどうか、そのあたりのことについて、伺えればと思います。

大久保　私は一九六一年に銀行に入ったので、それ以前の詳しいことは分からないのですが、覚書事務所への東銀からの出向は私で四代目でした。なぜ東銀が覚書事務所に入ることになったかという点では、岡崎先生は戦争が終わる前に上海におられたのですが、同時期に上海にいて後に東銀の頭取になった堀江さんと話して、東銀から人を出してもらうことを決めたという経緯があり、そういう人のつながりだったと思います。もちろん、東銀が外為専門銀行だったことは背景にあるとは思います。

それから横浜正金関係では、民間貿易協定のころにもまだ活躍していた加納久朗さんという人がおられて、後で千葉県知事などになったようです。それから、五七年の秋に北京に一カ月滞在した当時外国部次長だった横山宗一さんは、一九三八年の東京商大卒業で、一九三六年東京商大卒業の大平正芳総理とは非常に親しかった。あるパーティで横山頭取と一緒に大平総理夫人の志げ子さんにお会いしたときに、「うちの主人と横山さんとは私よりずっと長い付き合いがあります」と言われました。だから中国を大事にするという意味では、大平さんと同じような考えを持っていたのではないかと思います。そういうことで、東銀では、私が入った頃でも、台湾を大事にして大陸を顧みないということはなくて、むしろ大陸の方を大事にしていました。

質問　華国鋒段階での洋躍進[20]の失敗がODAにつながるわけですが、洋躍進失敗と日本への働きかけがどういう具合に日本に伝わり、それに日本側がどう対応したか、ご記憶にあればご紹介下さい。

大久保　一つこういう話があります。今は中信集団というのですが、中国国際信託投資公司(CITIC)が一九八二年一月、最初に日本で私募債債券を発行しました。CITICのトップの栄毅仁[21]は一九一六年五月生まれで、二〇一六年四月に栄毅仁生誕一〇〇周年記念座談会が開かれ、中共中央政治局常務委員で全国人大常務委員会委員長の張徳江が講話を行い、その背景事情を語っています。一九七八年に国が決めた江蘇省儀征化繊一期工程というプロジェクトにお金がないので、張徳江が言うには、栄毅仁が大胆にもCITICの名義で海外で起債することを提起しています。みな大反対だったわけですが、栄毅仁は問題が出たら自分が一切の責任を取ると説得したとのことです。

それから、一九七九年一一月に国家経済委員会代表団が訪米しました。団長が後に国家経済委員会の主任となった袁宝華[22]、顧問が鄧力群[23]で、われわれはその人たちをサンフランシスコでアテンドして、アメリカのベクテルとカリフォルニア・ファースト・バンクという東銀の子会社で、日本の銀行がどうやってアメリカの銀行を買収したかという話をして、国家経済委員会のトップと面識を得たのですが、そのとき副団長だった徐良図（当時、国家経済委員会副主任）から、「国家外貨準備がマイナスになっていることを知って、その頃は夜も眠れなかった」と聞きました。七九年、八〇年頃は、対外開放はされたけれどお金がないということで、中国は実際には大変だった。それで宝山も契約保留ということが起きて、日本は宝山大慶に三〇〇〇億円のファイナンスをしました。お金が非常に厳しかったということだけは知っていますが、それ以上詳しいことは存じていません。

菱田　今、お話のありました国家経済委員会に関連して、東京銀行とはかなり密接なつながりがあったともお聞きしています。朱鎔基さんが日本の金融界に関して深い理解を持っていたということが、先ほどお話しいただいたような日中間のかなり突出した金融関係の構築に大きく貢献したのではないか。そのような仮説が立てられるのですが、いかがでしょうか。

大久保　一九八〇年九月に中国国際信託投資公司（CITIC）訪日代表団を東京銀行が招聘しました。団長が栄毅仁董事長兼総経理で、そのときは人民政治協商会議全国委員会副主席でした。副団長が雷任民で、合計六人で来たのですが、名簿の下から二番目に朱鎔基[24]さんが国家経済委員会生産総合局副局長という肩書で参加していました。後に総理になる方とはまったく予想もしませんでした。そのときに日本橋の当時の東京銀行に来て、また、八九年五月に上海市長として横浜博覧会参加のために来日したときにも来てくれたので、東銀を計二回来訪したことになります。東京三菱銀行になってから、三木頭取が二〇〇〇年一一月に中南海で朱鎔基総理に会ったときに、「八〇年に東銀に行ったことがあります」と覚えていてくれたそうです。上海市長のときも、日本からの代表団を迎えた際、「私は欧米派だと言われるけれども、日本にも友人がいる」と言って、日本興業銀行調査部長の小林実さんと私の名前を挙げてくれたのです。そういう意味で非常に日本に対して理解があったし、北京支店開設のために朱鎔基副総理にお願いに伺ったこともありますので、非常に関係が深かったし、日本にとってプラスになったと思います。

菱田　今は日中間のパイプが細くなっている、あるいは裏の会話ができないといったお話もありました。そういう意味で、最後にお訊ねしたいのは、日中の現状に関して歯がゆく思っておられるところもたくさんあろうかと思いますので、大先輩からお叱りの言葉なり、あるいは何らかのアドバイスをいただければと思いますが、いかがでしょうか。

大久保　私が現役だったころと今とでは状況が違うので、複雑な現状で頑張っている方々にお叱りなんて言えないのですが、とにかくコミュニケーションをよくすることが第一です。コミュニケーションを取るいろいろな方法があると思います。やはりコミュニケーションを通じて、中国が今何を考えて、何をしたいのかを知ることが大切ですね。

北京にいたときに、自分自身としては、他の銀行には絶対に負けないつもりだったのですが、そのためには中国が次に何をしようとしているかを分からないといけないのです。ちょっとした新聞報道でも行間を読んで、これはこういうことかなと推測することと、もう一つは、やはり実力のある人に接することです。北京にいると人民大会堂でパーティがよくありました。通訳を付けてでは駄目ですが、たとえば副総理クラスでもパーティならば近づいて話をすることは不可能ではありません。そのようにして、何を考えているか、何をしようとしているかをそれとなくつかむ。

最初に中国が日本で債券を発行することになったときに、非常に厳しい闘いになったのですが、中国の人が「おまえは北京にいなかったではないか」と私に言ったのですね。仕事のときになるべく北京を離れないで、いかに情報に敏感になるか、コンタクトを絶やさないとかいうことが競争相手に負けないためには必要です。そういう意味で、今後中国との経済対話もかなり本気でやっていった方がいいのではないかと思います。官だけではなく民間もそうすることで、中国が次に何をやるかというのが見えてきます。そういう点で、今状況が違うから昔と同じとは言えないのですが、とにかくいろいろな方法でコミュニケーションをよく取ることがこれからの日本にとって必要ではないかと思います。

菱田　常日頃からのコミュニケーションの重要性ですね。お教えいただきたいところがまだ多々あろうかとは思いますが、以上とさせていただきます。どうもありがとうございました。

第二部

政治・文化・メディア交流の最前線で

第5章
日中平和友好条約と尖閣問題

田島高志
（元外務省中国課長）

聞き手＝諏訪一幸

田島高志（たじま たかし）　1935年生まれ．群馬県出身．1959年東京大学教養学部教養学科（国際関係論分科）卒業，外務省入省．外務本省，台湾，英国，香港，ニューヨーク，中国などに駐在後，1975年外務省アジア局南西アジア課長，76年アジア局中国課長，79年駐英大使館参事官兼国際戦略問題研究所（IISS）研究員，80年駐オーストラリア大使館公使，83年国際協力事業団（JICA）総務部長，86年外務省大臣官房文化交流部長，89年駐ブルガリア大使，93年駐ミャンマー大使，95年駐カナダ大使兼国際民間航空機関日本政府代表部大使を歴任後退官．国際機関アジア生産性機構（APO）事務総長（98–2004）．東洋英和女学院大学大学院客員教授（2005–2010），国際教養大学客員教授（2007–2010）．著書に『China and South-east Asia』（IISS, 1981），『ブルガリア駐在記』（恒文社，1994），『ミャンマーが見えてくる』（サイマル出版会，1997），『改訂版ミャンマーが見えてくる』（有朋書院，2002），『国際情勢の分析②（カナダ部分のみ）』（鹿島平和研究所，2004），『日中平和友好条約交渉と鄧小平来日』（岩波書店，2018）等．

諏訪　本日は、外交をテーマに、田島高志・元駐カナダ大使に外務省中国課長時代の話をお聞きします。田島元課長は、一九五九年に外務省入省後、台湾と香港で中国語を研修、一九七八年の日中平和友好条約締結時には中国課長として、条約交渉に直接たずさわり、鄧小平が陛下のご引見を受けたときの通訳も務められています。一九七八年当時のお話を中心にいろいろお聞きしていきます。基本的には尖閣問題関連が中心になりますが、一九七二年の国交正常化についてもお伺いできればと思います。

田中総理訪中

諏訪　皆さんご存じのとおり、一九七二年、北京で開かれた周恩来総理との国交正常化交渉の会談で、田中角栄総理が尖閣諸島に言及しています。田中総理は「いろいろ言う人がいる」という言い方をされたとのことですが、この「いろいろ言う人」とは一体誰を指すのか。その辺のお考えから伺わせていただければと思います。

田島　田中総理が会談で突然、尖閣問題を持ち出したということですが、私は国交正常化交渉のときには日本におりませんでした。香港からニューヨークに転勤したときであったと思います。ニクソンショックを受けたのが香港在勤中のときで、それからニューヨークに転勤になりまして、中華人民共和国が中国の代表として国連に入ってきた直後にニューヨークに行きました。ニューヨークの総領事館では商務班の領事でしたが、当時、日米の経済関係が非常に緊張しており、ニューヨーク近辺で日本の経済、あるいは日米経済関係の講演をしたり、アメリカの動きを調べたりするのが本来の任務でした。一方、やはり中国に対するアメリカの動きも見逃せないと感じていたので、ハーバード大学に行って中国関係の学者に話を聞いたり、国連代表部に行って周南副代表と会って話をしたり、新華社や人民日報の記者たちと昼食を一緒にしたりしていました。田中総理が北京にどんな方針を持っていかれたか、まったく関与しておりませんのでお答えする資格がありません。

尖閣問題は、ご案内のように、一九六八年の国連アジア極東経済委員会(ECAFE)の東シナ海海底探査の結果、一九六九年に石油埋蔵の可能性があるという発表があり、その後一九七〇年および七一年と、最初は中華民国の外交部が声明を発表し、翌年追いかけて中華人民共和国が尖閣は中国の領土であるとの声明を出しました。それに対して、日本は一九七二年に、尖閣諸島は明治二八年以来日本の領土であるとの外務省基本見解を発表しました。恐らく田中総理の訪中前にどなたか、やはり日本の領土であることを確認すべきではないかと言う人がおられたのだと思います。

一九七八年、中国漁船の尖閣領海侵犯事件

諏訪　次に一九七八年、この年の八月に日中平和友好条約が調印され、一〇月に批准書交換のため鄧小平が来日しました。

田島　一九七八年一〇月二三日に日中平和友好条約批准書交換式の後、鄧小平副総理夫妻は天皇皇后両陛下のご引見を受け、午餐の前に約一五分間の会話を交わされました。会談は、陛下の歓迎のお

言葉と鄧小平副総理のご挨拶で始まり、条約締結の喜びと意義等を互いに述べ、続いて陛下は「貴国とは伝統的な歴史関係があり、その上にこの条約が結ばれました。一時不幸な出来事がありましたが、それを過去のこととして、この条約によりこれからは新しい親善が進み、平和が保たれることを心から願っています」と述べられました。このお言葉に対し、鄧小平は即座に、やや興奮した面持ちで「唯今の陛下のお言葉に大変感動致しました。中日両国人民は二千年有余の友好関係の歴史を持っています。一時問題はありましたが、それはすでに過ぎ去りました。今後われわれは前向きの態度で両国の平和友好関係を築き上げて行きたいと思います」と応えました。鄧小平は、陛下の誠実なお人柄と誠意あるお言葉に強く胸を打たれたのでした。会談は続き、最後に陛下は「快適なご滞在を希望します」と述べ、鄧小平より「お心遣いに感謝します。長年の訪日希望が実現し、大変うれしく思います」などの発言があり、温かい雰囲気の中に歴史的な深い意義のある会談は終了しました。すなわち、日本の象徴天皇陛下と中国の事実上最高首脳である鄧小平副総理という両国最高位のお二方の信頼関係がこの瞬間に深く築かれた意義ある会談でした。

諏訪　さて、条約交渉との関連で、同じ年の四月に、中国の漁船が大量に尖閣諸島に押し寄せた件がありました。その件を外務省はどう受け止めていたのか、非常に関心があるところです。どのような状況にあったのでしょうか。

田島　一九七八年四月一二日のお昼頃であったと思います。外務省では知らせを受けて直ちに次官室に関係幹部が集まり、対処について相談しました。在京中国大使館および在中国日本大使館を通じて中国側に申し入れをすることを決めました。

まず、中国課長であった私が中国大使館の宋文一等書記官を外務省に呼んで、漁船が領海侵犯を行っていることに注意を喚起し、このようなことが起こっているのは非常に遺憾であり、不法行為は直ちにやめさせ二度と起こらないようにしてほしいとの申し入れをしました。日本の領海に中国の漁船が約一〇〇隻というのが最初の数字でしたが、そのうち一二〇隻ぐらいに増え、この問題は国会でも取り上げられました。園田直外務大臣が答弁されるとともに、私も若干の答弁を行い、中国大使館とのやり取りの説明をしました。宋一等書記官の反応は、尖閣諸島は中国の領土である、従ってそのような申し入れ、抗議を受けることは遺憾であるというようなものでした。

在中国の日本大使館を通じても、中国側に同じ申し入れ——実質的には抗議ですが——を行いました。日本の領土である尖閣にこれだけ多数の中国の漁船が入ってきて、なかには魚を捕っているものもいれば、ただ漂流しているもの、尖閣は中国の領土という横断幕を立てているもの、さらには武装している漁船もいる、非常に遺憾であると、一等書記官に申し入れたのです。中国側からは、北京でも同じ答弁があり、尖閣は中国の領土である、しかし自分たちもこの件の背景は知らないというので、日本側からはどうしてこういうことが起こったのか調べてほしいと言い、向こうも調べてみるという返事がきて、調べを待つことになったのです。

一九七八年四月というのは、福田赳夫内閣が一九七六年一二月に成立して一年余りが過ぎた頃で、北京では佐藤正二大使と中国側関係要人との意見交換も行われており、福田総理も事務方も着々と条約交渉再開の準備を進めているところでした。私は在京中国大使館の旧知の参事官に電話をかけて、直ちに漁船の行動をやめさせるよう求めると共に、彼を極秘裏に料亭に呼んで、福田総理は交渉再開の決意をされているのだから、中国側もそれを踏まえて行動しないと、中国側が希望している条約締結はできなくなり大変な結果になるよと縷々説明して、「そういう情況を至急、本国に報告すべきである」と伝えたのです。私は、国交正常化後北京に日本大使館ができた一九七三年に北京に赴任して、一九七五年まで二年間在勤していましたので、外交部の人たちとは深く知り合いになっていました。その旧知の参事官も、当時日本課長を務めており、その後日本大使館に参事官として赴任して来ていた人で非常に親しかったので、率直に話ができたわけです。

そうしましたら、中国を訪問した田英夫議員に対して、耿飈副総理が「あれは偶発事件である」と発言したというニュースが流れたのです。また、中国の日本大使館にも中国外交部から、「漁船が魚を捕りに行って起こしたもので、中央政府が意図的に起こしたものではない偶発事件である」という調査結果の説明があったのです。漁船も次第に隻数が減り、数日後にはいなくなったことから、状況も落ち着いてきていました。

それにしても、そのレベルでの向こう側の説明だけで落着させるのは不十分であり、大使レベルできちんとした説明をもらうべきだという考えがありました。しかし、そうなるとまた論争になるかもしれないし、向こうは条約の締結を急ぎたい、日本側もいつまでも交渉再開の時期を延ばすわけにはいかないから、なるべく早急に落着させるべきだと考えたのです。福田総理もすでに党内の根回しを進め、何とか適切に一件落着できるよう工夫していたところでした。ちょうど中国側から、日韓で結んだ大陸棚協定は中国側にとっては受け入れられないという抗議をするために、外交部の韓念龍次官から大使が呼ばれたので、日韓大陸棚協定の問題を説明するとの理由で先方を訪ね、漁船侵入事件については、先方から「すでに説明したとおり、あれは偶発事件であった」という発言をとり、それで落着させることになったというのが経緯です。

鄧小平訪日と尖閣「棚上げ」問題

諏訪　当時の状況がだいぶ明らかになってきたと思います。一件落着ということで鄧小平が条約の批准書交換のために来日し、日本記者クラブでの記者会見の際に、尖閣については「棚上げ」で合意したと発言しているわけですが、合意したという認識は日本側と共有できるものなのでしょうか。以前、大使がなされた証言によると、園田外相は聞き及んだだけで反論しなかったようですが、そうした対応を中国側が合意したと解釈したということでしょうか。

田島　鄧小平は訪日した際に、日本での記者会見の中で「棚上げ」でも構わないと述べました。「棚上げ」という言葉は、通訳が日本語でこのとき初めて使った訳語です。しかし、「棚上げ」に合意したとは言っていません。そもそも「棚上げ」という表現は正確ではなく無理があるというのが日本側の受け止め方です。また、鄧小平副総理は園田外務大臣との会談で、両国間の歴史的問題は水に流したが、尖閣諸島(中国では釣魚島)問題、あるいは大陸棚問題といった現実の問題は残っていると言い、「この問題は数十年たっても合意ができないかもしれない。それでは仲良くしなくてもよいかと言えば、そうではない。問題を『放っておいて』将来ゆっくり解決すればよい。問題はあるが、それよりも多くの共通点があり、ともに仕事をすることがたくさんある。それは八年や一〇年のことではなくて、世々代々のことだ――」という発言をしたのです。

そして、鄧小平副総理はさらに、中国には「小異を残して大同を求めるべし」、中国語で「求大同存小異」という言葉があるように、日中間ではより多くの共通点を求めることに意を用いるべきで、お互いに協力し助け合う道を見出すべきではないか、と発言したわけです。

その際、園田外務大臣は「ただ今閣下より尖閣諸島の問題についてお話があったが、これについては日本の外務大臣として一言言わせていただきたい」とことわって、「尖閣諸島についての日本の立場は閣下がご存じの通りである。日本政府としては、先般のような事件がないようにしていただきたい」と発言したのです。先般のような事件というのは、四月一二日に起きた事件のことです。鄧小平副総理は、「その事件は偶発的なものであり、中国政府としては、この件でこれ以上問題を起こすことはない。この問題は切り離しておこう。数年、数十年、一〇〇年、脇に置いておけばよい。条約の精神に基づいて、将来じっくりと双方が受け入れることができる方法を見付ければよい。それは必ずできると思う。われわれの世代には、その解決を見ることはできないであろうが、次の世代、あるいはその次の世代になれば、それを見ることはできると思う」と応えたのです。それに対して園田外務大臣は何も言いませんでした。それだけの言質、つまり「中国政府は問題を起こさない」という発言があったのですから、日本にとって別に不都合はないので、何も答えなかったのです。「触れない」「放っておく」ということは、「棚上げ」という訳語で適切に表現できる言葉ではありませんが、鄧小平の発言を聞いて、園田大臣は、心配ない、という感触を得たのです。

私は、「棚上げ」の合意があったかなかったかという議論自体に意味があるとは思わないのです。それよりも、その後、中国や日本が尖閣についてどういう行動をとったかに大きな意味があると思います。従って、雑誌『外交』(Vol. 18) への寄稿文でも、「日本側はただ聞き置くだけだった、『棚上げ』に合意したとは言えないと思う」と書いたのです。中国が、「合意した」のは「放っておくこと」だというならば、それは「現状維持」を意味します。それでは、両国は現状維持を実際に守ったのかと言いますと、一九九二年に中国は領海法(1)というそれまでなかった法律を作り、尖閣は中国の領土であると新しく制定したわけです。それは、中国側が「放っておく」ことを守らなかったことを意味すると思うのです。

一方、日本側はどうしたかというと、国会で園田外務大臣が議員の質問に答えたように、これは日本の領土だからといって、中国が気になること、受け入れられないと考えるようなことをやれば両国間の争いを起こすだろうが、それは日本にとっても有益なことではないとの観点から、日本人の尖閣への訪問、灯台や人工物を造ることを禁じて、人が近づくのも止めて、尖閣は「慎重で平静な管理」を行うという方針を取り続けたわけです。この方針は今でも続いています。

「借り」発言と「雲の上」発言

諏訪　その後、鄧小平は幾つか歴史に関する発言をしています。一九八七年、鄧小平が矢野公明党委員長に会ったときの発言は以下のようなものでした。「率直に言うと、日本は世界のどの国よりも中国に対する借りが一番多い国である。国交回復のときに、われわれは戦争の賠償請求を出さなかった。両国の長い利益を考えてこの政策決定を行った。東洋人の観点からいくと情理を重んじているのであって、日本は中国の発展を助けるためにもっと多くの貢献をすべきである――」

歴史認識に関して、一九七八年当時と一九八七年の発言をくらべると、鄧小平の認識にギャップがあるような気がするのですが、大使はこの辺はどのようにお考えでしょうか。

田島　鄧小平は、改革開放政策を続け、日中関係を大事にするという考え方の下に政策を進めてきたと見られます。しかし日中関係は、国交正常化後、いろいろな事件が起こったり、それを解決したりと、浮沈の波を越えてきているわけです。考えてみますと、鄧小平としても一九八〇年代には厳しい波を幾つも越えたものと思います。日本の企業の進出も次第に増え、例の宝山の鉄鋼所の問題など、いろいろな事件が起こりました。

一九八五年には八月に中曽根総理が靖国神社公式参拝を行ったり、日本の防衛費が若干増えたことも関連して、九月頃から中国における学生の日本軍国主義復活反対の動きとなりました。それから日本の企業がどんどん中国に進出し、貿易も増えたが、日本が使い切ったものや品質の悪いものを輸出して中国が買わされたといった声も挙がり、抗議行動も起こりました。一九八六年には第二次歴史教科書問題(2)が勃発、一九八七年には中曽根総理と非常に親しい関係にあった胡耀邦総書記が辞任に追い込まれましたし、京都で光華寮問題(3)が起こったりしています。

そういうことが背景にあって、両国の長い利益も考えて賠償を請求しなかったのに、日本は中国の発展のために十分な貢献をしてくれないという感じを鄧小平は恐らく持ち、日本に対する不満が重なってそのような発言になったのだろうと思います。一九八八年には竹下登総理が訪中して、八一〇〇億円の第三次円借款を約束したわけですが、それに対して鄧小平は心から感謝すると言っています。ですから鄧小平は日本に対して一時的に不満を持ったということかもしれません。

質問　口をはさむようですみません。そのときに、日本の外務次官の方の「鄧小平は雲の上の人になったのではないか」という発言がありました。外務省の中では、先のような鄧小平の発言に皆さんびっくりして、何か鄧小平はおかしいことを言っているという認識を共有されていたのですか。それとも外務次官の発言が突出していたのですか。

田島　突出していたということはないし、発言者にまったく悪意はなかったのです。鄧小平は全盛期を過ぎつつある時期でしたから、日本の援助を含めて実際に日中関係で進んでいる最近の事情を知らないままになっていて、多分鄧小平には下からの報告も十分ではないなどのために、意外というかやや不思議な発言が出たのかな、という疑問を持ったのではないか。「日本は一生懸命やっているのに、何故こんな発言が出るのだろう」という感じが、日本側には広くありました。それで「雲の上の人になったのかな」という発言が出たのではないかと思うのです。

日本側から見ますと、日本がいろいろ経済援助を行ったのは、中国が健全かつ良い形で発展してほしい、その結果中産階級が増えれば、中国も次第に共産主義国家から多様な声が出る国家に成長するだろうと期待していました。他のアジアの国が経済発展とともにだんだん民主化していったように、中国もそういう国になるだろうと思い、日本側は一生懸命中国の経済発展を助けようと考えた面があるのです。しかし、中国政府に対して、日本の援助について広報誌で知らせたり、援助で建てた施設の前に記念碑を建てるなどのことをしてほしいと日本大使館が申し入れても、絶対に受け付けなかった。ですから、中国の一般国民は日本の経済援助についてはまったく知らなかった。そういう背景もあって、中国側が全国民に知らせもせず感謝も少ないのはやや傲慢だと日本側が思ったこともあると思います。

質問　日本がODAでやっていることをもう少し一般に知らせてほしいと、一九八〇年代にも中国側に申し入れていたのですか。谷野作太郎大使のときに中国側も一応受け入れて、一九九〇年代には少しずつ対応が変わっていったと言われますが、それまでも日本政府はやっていたわけなのですね。

田島　もちろんやっていましたが、中国は非常に硬かったのです。今も日本に痛めつけられた時代のことを忘れられないように、碑が建てられると倒すぐらいの反日感情というか、戦争中のわだかまりが広く国民の間に残っていましたから、それに対する心配も中国政府にはあって、消極的だった面が当初あったのではないかと思います。民衆があまり日本好き、日本べったりになっても困るという政治的な配慮もあったかもしれません。

平和友好条約締結と尖閣問題・反覇権条項

諏訪　これまで尖閣を中心にお伺いしてきたわけですが、尖閣諸島という問題が持つ、平和友好条約締結に当たっての重要性はどのようなものだったのでしょうか。その関連で、文化大革命が終わった後ということが平和友好条約締結にどういう影響をもたらしたのか。文革が一九七六年に終了して、中国国内の状況がやっと安定したことによって、中国側としても平和友好条約締結に向けた動きが本格化したという見解もあるようなのですが、当時の実感として交渉が急激に進展したということはあるでしょうか。それから、覇権条項反対ということでソ連が反発するわけですが、ソ連の反発はどの程度交渉に影響を与えたのか、その辺のこともお話しいただければありがたいです。

田島　尖閣問題の重要性の取り上げ方ですが、先ほども申し上げましたように私は国交正常化のときには関与しておりませんでしたので何とも言えませんが、日本側は公明党の竹入党首のメモ[4]（竹入メモ）が事前にあったため、中国側が尖閣問題を持ち出すことはないと思っていて、日本側からも持ち出す考えはなかったのです。しかし、突然、田中総理がおっしゃったようで、味方も驚いたらしいです。しかし、周恩来が今は話したくないと答えたので、多分何の話し合いもなかったというのが真相であったと理解しております。つまり、正常化の際は尖閣問題について、解決すべき重要性はなかったという意味です。

平和友好条約交渉の際は、交渉の前に一〇〇隻以上の中国漁船が押し寄せた事件が起こって、偶発事件であるということで落着させたわけですが、そういう事件があったが故に、先ほども触れたように、自民党の中には条約交渉の際に尖閣諸島は日本の領土であるという確認をとるべしという強い意見もあったわけです。事務レベルでは、その問題は別問題として扱うべきだという考えで条約自体の交渉に専念しましたが、園田外相が鄧小平との政治レベル会談の中で取り上げる結果になり、鄧小平副総理から中国は尖閣で問題を起こすことはないという回答を得たということです。条約交渉において日本側がまっ先に事務レベルでも取り上げたのは、中ソ同盟条約の問題です。これは交渉の冒頭ではっきりと、その問題を中国はどうするつもりか聞きたいという発言を日本側が行って、やはり園田・鄧小平会談のときに、鄧小平副総理から回答がありました。鄧小平は「この条約はとっくに効力を失っている。期限満了の一年前に廃棄の宣言をするつもりである」と明言したのです。

文革終結と平和友好条約交渉の関係ですが、一九七六年の中国国内の動きを見てみると、一月に周恩来総理が亡くなり、二月に華国鋒が総理代行に就任、四月に第一次天安門事件[5]の発生とその責任で鄧小平副総理が再度失脚、九月には毛沢東主席死去、一〇月に四人組の逮捕と華国鋒の総理就任、というように中国国内は不安定で、非常に変化が激しかった。条約交渉がまったく進まなかった大きな要因の一つにもなっていたわけです。日本側も、国内が必ずしも安定した状況ではなかった面もあります。

しかし、一九七七年三月の中国共産党中央工作会議で鄧小平の再復活が実質的に決定され、七月に正式に復職し、八月には文化大革命の終結が宣言されました。鄧小平副総理がすべての実権を握る新指導部の体制ができたという大きな変革があり、同時に八月には中国から符浩大使が日本に赴任し、日本側から佐藤正二大使が日を置かず中国に着任したことで新しい交渉窓口が決まり、九月になると鄧小平副総理が北京で、条約締結は一秒で済むという「一秒発言」が出るわけです。それが日本で大きく報道されると雰囲気が変わりまして、文革終結と鄧小平の再復活によって条約交渉再開の糸口をつかむ条件が整ったと思います。

ソ連との関係についてのご質問にお答えさせていただきますと、一九七五年一月に日中平和友好条約交渉が正式に開始されたわけですが、その一月の『東京新聞』に、皆さん方ご記憶の通り、反覇権条項(6)が交渉の問題になっているという趣旨の記事が出てしまいました。早速、トロヤノフスキー駐日ソ連大使が椎名自民党副総裁を訪問して、ソ連は日中条約交渉に強く反対すると発言し、日本への圧力をかけ続けたわけです。

これに対して日本は、中国側の条約交渉に対する熱意の背後には、日米中の対ソ統一戦線をつくってソ連に対抗できるような状況をつくろうという戦略があることを考慮して、条約が反ソを目的にするものでないことを示すために、覇権反対の条項を入れると同時に、いわゆる第三国条項を入れる主張を行うことにしたのです。従って、その条項の表現をいかにするかが、最後まで交渉の核心をなすものになりました。他方、ソ連に対しては、一九七八年一月に園田外務大臣が訪ソした機会に、日中条約は必ず締結する方針であることをしっかりと伝えて、それは反ソ目的ではないことを毅然として説明した経緯があります。

今後の日中関係への提言

諏訪　先ほど、一九九二年の領海法のお話も出ましたが、平和友好条約締結後の両国のパフォーマンスといったときに、中国側のパフォーマンスはどうなのかなと感じるわけです。特に、いわゆる尖閣国有化、二〇一〇年の漁船衝突事件(7)もそうですが、それ以降、最悪とされている日中関係からなかなか回復できない状況かと思います。現状に対する大使の認識、状況改善のために双方が一体何をしたらいいかについて、アドバイスをいただければと思います。

田島　日中関係も、良くなったり、悪くなったり、紆余曲折があります。言葉の上では両方とも「日中は隣国同士である、もし争えば両方が傷つき、争わなければ両方が利益を得る」と強調するのですが、その通りであっても実際にはなかなか行動が常に伴うとは限らない状況が続いているわけです。これは普通に言われていることかもしれませんが、日中間には三つの主要な課題があるのではないか。一つは歴史認識の問題、もう一つは尖閣諸島の問題、三番目には国民感情の問題です。

歴史認識の問題は、靖国神社参拝問題と日本の政治家の発言問題だと思います。日本は過去の大戦を国民を挙げて反省し、それによってサンフランシスコ条約ができたわけですから、そうである以上、隣国を刺激しないように、忍耐と反省の精神を見せることが賢明であり、それが国益上も得策ではないかと私は思います。

尖閣諸島の問題は、日本側としては中国側の主張に無理があるという立場ですが、平和友好条約交渉の際に鄧小平副総理が述べたように、「小異を残して大同につく」という精神で、双方に知恵が出るまでこの問題には触れずに、数十年でも一〇〇年でも放っておけばいいというふうにしたらよいと思います。尖閣諸島は小さな島です。この問題のために事件を起こすことは建設的でもなく、双方にとり無益なことだと思います。従って、鄧小平副総理が「放っておく」と発言した時代と同じ状態に戻すこと、すなわち中国側が尖閣諸島近海から日本側を威圧するような船舶の行動をとめて、日本側も尖閣諸島の現状に変更を加えないことにする。つまり園田外務大臣の方針を続けていく。しばらくは「放っておき、触れない」という方策を日中双方が採ることが賢明ではないかという感じがします。その上で、両国にとって実際に有益な諸問題、つまり貿易、投資、金融、格差、環境、エネルギー、防災、少子高齢化、感染症等々、たくさんある共通の問題の解決のためにお互いに協力することが、両国およびこの地域の繁栄になると言えると思います。

最後の国民感情の問題ですが、日本人は本来、中国が好きなのだと思います。長年の付き合いがあるわけですから、中国は偉大な民族であるという見方も持っていると思います。しかし最近、中国は経済が強くなっただけでなく、二〇一五年までは毎年一〇%以上、その後も毎年数%以上の軍事費増加を続けて、いわば軍事大国を目指していると見えるのです。従って、むしろ中国が軍国主義、あるいは大国主義を目指す「怖い国」になりつつあるという脅威の念を日本側は自然に持たざるを得なくなっている。このことを中国側も理解してほしいと思います。

他方、日本自身は戦後、平和国家を目指して発展して、それに成功し、世界からも信頼され、尊敬されていると、日本人は自国のことを感じています。現にそういう面があると私も信じています。逆に中国は、将来を見るだけでなく、いつまでも過去のことにこだわりを見せている難しい国であると見ている日本人が多いと思います。歴史を振り返って、歴史を忘れないことは大切ですが、それを日本批判の理由に使うことは今や公平でも公正でもないと思います。ですから、もっと仲良く、自由に青少年が交流できるようにして、お互いに好感を持ち合える環境をつくる必要があります。

すなわち、日中間には相互信頼がまだ欠けていて、疑心暗鬼が容易に発生しやすいように思われます。たとえば二〇一二年に日本政府が尖閣諸島を民間人から購入した際に、中国は突然怒りを発生させました。しかし、その際の日本政府の購入の考え方は、園田外務大臣がとられた政策に従って、尖閣諸島を慎重に平和的に管理するために、あえて政府購入の方法をとったということです。政府が買わないで他の民間人が買うと、船だまりを造るとか、灯台を作るなどと主張している人の手に渡ることになり、それは両国にとり好ましい結果を生まないので、避けるべきであると考えたのです。しかしながら中国側はすっかり誤解して、日本政府が尖閣諸島を所有して領有権を強化する意図を持ったものと想像したのだろうと思います。そういう誤解を避けることが今後も大切ではないかと思います。それで、日中間には平素から太いパイプを作っておく必要があります。

最近は首脳会談や外相会談がかなりしばしば行われるようになり、中国側も首脳会談を重視する姿勢を見せていますので、大変喜ばしい状況だと思っています。ぜひ、この状態がますます濃厚に続くことを期待しています。

質疑応答

質問　一九七八年当時、お仕えになったのは園田外相でしたが、福田赳夫首相と園田外相との関係はどうだったのか。当時、傍で見ていて、あの二人がスムーズな関係であったとはあまり思えなかったので、間に立った外務省がかなり苦労されたのかなと感じました。

もう一点は、一九七八年に若干、交渉が中だるみしたときに、またしても中国側の招きで公明党の矢野絢也氏が訪中して、かなりシビアな向こうとのやり取りがあったように聞いていますが、そういうときに事前に矢野さんの方から外務省に相談があったのか。当時、外交の正式チャンネルがあるのに、野党の政治家が言ってみれば介入してきたわけで、一九七二年の竹入さんのときとは随分事情が違うということです。それで事前に相談があったのかといったことを伺いたい。

もう一点、先ほど来、話題になっている尖閣の問題は、当時はまったく大きな問題とは考えられていなかったことはおっしゃる通りだと思います。やはり反覇権の問題、歴史認識問題が一番大きな問題だったわけですが、ただその後、石原慎太郎の罠に日本政府がはまったのかもしれないですが、日本が尖閣諸島を買うということをやってしまったので、五〇年先、一〇〇年先にと先ほど来強調されてきたことは中国側に通じない状況になってしまったのではないかと思います。

田島　福田総理と園田外相との関係ですが、私は非常に良い関係であったと思います。田中総理の時代に平和友好条約交渉の打診が始まったのですが、相手にされず、三木内閣も宮澤四項目(8)を提案したりして何とか進めようとしたのですが、向こうが乗ってこなかった。中国側にも国内事情があったと思います。従って、福田政権としては、最大の懸案であったこの平和友好条約締結問題をどうしても解決すべきであると考えていました。最初の外務大臣には鳩山威一郎先生がなられたのですが、鳩山大臣は、私たちが見るところ、それほど日中問題に強い関心を持っているようではなかった。一年たって福田総理は、官房長官であった園田さんを外務大臣にもってこられ、条約交渉を進めることになったのです。園田外相は以前から日中関係およびこの条約締結に強い関心をお持ちでしたから、適切な人事をされました。

福田総理としては、自分の派の中にもいろいろな反中的な先生方がいて、苦労されていたと思うのです。園田外務大臣はその点を考えながらできるだけの努力をしようと考えていたようですし、交渉は事務方に任せ、最後に仕上げの形で政治会談をしに自分は行くのだとよくおっしゃっていました。ですから新聞記者の多くは、福田と園田は仲が悪いと報道していたようですが、実際にはとても良かったのです。

私は先ほど、太いパイプと申し上げましたが、国交正常化の前に公明党の竹入義勝委員長が行かれて、大変な情報を持ち帰って大きなプラスになったようです。パイプは何も与党に限ったことではないと思います。与党であれ、野党であれ、あるいは民間の方であれ、役人であれ、パイプは幾つもあった方がいい。矢野さんが行かれて向こうと会談を催されたことも大切なことであったのではないかと、一般的な見地からは見ることができるのではないかと思います。

質問　事前に外務省に相談に来られたりとかはなかったのですか？

田島　そのときあったかどうかは存じません。しかし、野党から呼ばれていろいろ聞かれることはよくあります。特に公明党は自民党に強く反する政策を持っていた党ではなく、むしろ自民党を助けていた党ですから、時に聞きにこられることはあると思います。

尖閣諸島は、一八九五年に日本の領土として閣議決定により沖縄県に編入したときから日本政府所有であり、それを借りたいという民間人に貸していました。その後、何年かたって民間から買いたいという希望があったため売却し、民間人の所有になりました。その間には、日本人が二〇〇人ぐらい住んでいた時代もあり、漁労や海鳥の関係などで、水産業や商業的な活動が日本人によって行われてきたわけです。民間の所有者が経済的事情により売りに出したとき、石原慎太郎さんたちが「俺たちが買って、船だまりを造ったり、灯台を作ったりしようか」と言っていたものですから、政府としてもそうなったら大変だから買い戻そうと考え、外務省からも事前に、購入するという政府の意向を先方に伝えていたのです。購入決定日が間近になったときに、たまたま胡錦濤主席と野田佳彦総理が会う機会があって、胡主席から止めて欲しいと言われたのですが、そのときにはすでに政府の購入を内閣府が決めており、そのまま実行したわけです。メンツがどうのこうのという新聞報道もありましたが、実態は、中国側は日本が領有の実態を強化するために行ったと推測したらしい。そして、朝日新聞が「国有化」という言葉を使ったことで余計疑いが大きくなっていったと思います。ですから、外務省は「国有化」ではなく「取得」という言葉を使っていますが、私は、それも適当ではないと思うのです。正確には「購入」または「買戻し」というべきです。いずれにせよ、そういう意図、静かな平穏な管理の仕方でいくつもりであるということも中国側には事前に伝えたと聞いています。しかし、その意味がよく伝わらなかったようです。

質問　十数年前に、先生の大きなお助けをいただきまして、日中平和友好条約交渉のプロセスという政治関連の本をまとめました。十数年たって、いまだに疑問があるところがまだありまして、当時、北京会談の現場に先生もいらっしゃったのですが、会談議事録を担当していた杉本信行さんが、会談終了後、その日の夜に東京に電報を送っていたのです。今もその電報の本物は公開されていません。その議事録は、日本代表団が全部目を通して確定して送ったのか。あるいは、杉本さんだけで送ったのか。

田島　それは、私は知りません。私は北京にいましたが、その電報が発せられたときには私はサインをしていないのです。局長がサインをしたのでしょう。私はそのときに、条約が出来上がった最後の任務である日本側起草委員会の委員長として、最終の日本語条約文、その中国語文、それから英語訳文にする案の交渉や打ち合わせを中国側起草委員会と行っていたのです。

電報は、私のサインなしでもすぐに打つ必要がありました。最後の交渉の内容をすぐ東京の総理や本省に報告する必要がありますから。

質問　一九七八年四月の漁船の大量出現について、そのときに外交の現場に居合わせた先生のお話を非常に興味深く伺ったのですが、二点だけ教えていただければと思います。

まず一つは、四月一二日の昼頃に漁船が大量に出現したという情報が伝わってきたというお話でしたが、アメリカ軍は何をやっているのかなという感じを持つわけです。つまり、あの辺りでは、当時も海上の監視をアメリカ軍がしていたのではないかと常識的には考えるわけです。そういうアメリカ軍の情報はまったく外務省には知らされてこなかったのか。とすると情報をどういうルートで得たのか、それが伺いたいことの一つです。

もう一つは、偶発的な事件だという説明でお互いに矛をおさめたというか、偶発的な事件だという説明を中国側がして日本側も納得するというのは、公式の場ではそういう形になっているわけで、外交上はよく分かるのですが、もちろん外務省の中では実際には偶発的ではないだろうという予測がされていただろうと思います。偶発的ではなかったと予測する場合に、どういう勢力がどんな意図をもって動かしていたのかという判断を、当時、外務省の中では持っていたのかどうか。その辺りについて、差し支えない範囲で伺えればと思うのですが。

田島　尖閣は日本が管理していたわけですから、米軍は関係していません。日本の海上保安庁がいつも監視しています。ですから、中国の漁船がたくさん押し寄せてきたことを、海上保安庁からの知らせで外務省は知りました。何隻ぐらいでどういう様子かというのも、海上保安庁が毎日状況を知らせてくれましたから、海上保安庁がニュースソースです。

二番目の偶発事件ですが、これはおっしゃるとおりです。恐らく中央政府がやったことではないと思うのです。しかしながら、たとえば日中国交正常化でも、それに反対する勢力は中国内にいっぱいいたわけで、中国側に言わせますと、国交正常化直後、中国国内を教育するために中央政府から人が派遣されたとも聞きますし、七八年のときも平和友好条約交渉をやるのはけしからんというような勢力もあったと思います。それがどういうものか、軍の中なのか、あるいは漁民の中にいたのか、あるいは中央政府の中心ではなくてもいわゆる地方の親玉なのかについては、十分な情報がなくてさっぱり分かりません。ただ、船はいろいろなところから来ていたようです。

久保　浙江省だけではないのですか。

田島　浙江省だけではなくて、広東とか、いろいろなところの船があったと、海上保安庁からは聞いていました。われわれも相当疑って調べようとしたのですが、今までのところそのまま謎になっています。

質問　もう一点、尖閣に関する件を教えていただければと思います。

「棚上げ」の合意があったか、なかったかを詮索するのは、あまり意味がなく、むしろその後の日本と中国の行動が重要だというお話は誠にその通りだと思いました。その意味で、一九九二年の中国側の領海法の設定こそ、中国サイドによる現状の一方的な変更だろうと思われます。その段階で日本はどのような対応をしたのか。少なくとも私が理解するところでは、現地の日本大使館の公使レベル、あるいは参事官かもしれませんが、そのレベルで外交部に抗議したにとどまっていたというのは事実でしょうか。ご存じの範囲内で結構ですが、一九九二年の領海法に関して、日本国、たとえば外務省サイドとして、どのような認識で、どのような対応をとられたか、少しお教えいただければと思います。

田島　私は、どのレベルにあったかは調べていません。しかし抗議はやりました。それは記録にも残っています。霞山会から発行されている『日中関係基本資料集』という厚い本の中に記録されています。一九九二年の領海法は整理するために書いただけだと、何も大きな意味はないのだと、中国側からは言われたと聞いていますが、実際には、どういうふうに言われたのかは、まだ私も調べていません。

それと、一九九二年というのは、天皇皇后両陛下が訪中された年なのです。それを控えていた時期なので、日本側も、けしからんと思ったけれども、中国側も別に大きな意味はないと言っているし、大きく騒ぎ立てるのは陛下の訪中前に好ましい雰囲気にもならないから遠慮しておこうという気持ちがあったのではないかと思います。私は日本にいなかったためまったく知りませんでしたので、これは私の個人的な推測です。

第6章
多様な文化交流の創出に奔走

佐藤純子

（元日中文化交流協会事務局長）

聞き手＝加藤千洋

佐藤純子（さとう じゅんこ）　1934年山形県鶴岡市生まれ．1953年山形県立鶴岡南高等学校卒業，1957年3月昭和女子大学英米文学科卒業．卒論の指導教授の薦めで中島健蔵が初代理事長となっていた日中文化交流協会に同年2月から参加．2010年同協会を退職するまで53年間同協会事務局員として勤務．日中文化交流協会事務局長，常務理事，専務理事，代表理事を歴任．この間，文学代表団，演劇家代表団，美術家代表団，音楽家代表団，社会科学などの分野別交流を担当したほか，1960年には日本新劇5劇団（文学座，民藝，俳優座，ぶどうの会，東京芸術座）による訪中公演を実現させた．長崎国旗事件以降，日中文化関係懇談会（代表世話人＝亀井勝一郎）事務局も兼職．中国訪問は100回近くに及ぶ．現在，日中文化交流協会理事，井上靖記念文化財団理事．

中島健蔵初代理事長との出会い

加藤　「戦後日中関係の源流を探る」ということなので、まず最初に国交正常化以前の一九五〇、六〇年代を中心にお話を聞いていきたいと思います。日中文化交流協会（「文交」）[1]が創立されたのは一九五六年三月で、佐藤さんがお入りになったのは一一カ月後の一九五七年二月とお聞きしているのですが、文交の活動に参加されたきっかけ、経緯、動機のあたりから伺います。

佐藤　私は一九三四年（昭和九年）、丸谷才一や藤沢周平が出た山形県鶴岡市に生まれました。高校まで鶴岡にいて、一九五三年に東京へ出てきて、四年後の一九五七年、大学を卒業する直前の二月から日中文化交流協会に勤め始めました。

私は英文科だった関係でいろいろ就職先を探したのですが、希望したところはみんな落ちてしまいました。それで卒論の指導教授で比較文学会に所属している英文学の太田三郎先生に相談に行くと、「ケンチが中国をやっているのだけど、この間『人が欲しい』と言っていたから行ってみる？　学校の勉強とは関係ないけれども、面白そうな仕事だよ」と言われたのです。ケンチとは当時、比較文学会の議長を務めていた中島健蔵[2]のことです。私は中国について何も知らなかったのですが、オフィスが丸の内にあると聞いて心が動きました。丸の内に勤めるのが夢だったからです。次に心が動いたのは、中島健蔵が理事長だということです。当時は中島健蔵が一番活躍していた時代で、フランス文学者でポール・ヴァレリーの専門家が日中をやっているのならいいのではないかと思ったのです。

野方の中島先生の御宅に面接に行きました。「誰でもいいから、中国人の名前を一人言ってみて」

て「何てスマート」と言われ、口に出たのが「周恩来」。大学時代は勉強そっちのけで映画ばかり見ていたのですが、一九五四年に周恩来がジュネーブ会議に参加した姿を本編の前のニュース映画で見て、「何てスマートな、知的な人だろう」と思った。特に、当時の国連事務総長ハマーショルドの「私は昨日、周恩来と会った。周恩来と会った人は何ぴとも、いかに自分が野蛮人であるかを知ることになるだろう」という言葉が強烈なインパクトで胸に響いたのです。だから中島先生には「周恩来」としか言えなかった。「魯迅[3]は知っているか」「名前は知っているけど、読んだことはありません」。「趙樹理[4]は」「知りません」。何でも「知りません」でした。「月給はいくら欲しいか」ともおっしゃいましたが、厚かましいから「いくらでもいいです」。とにかく中島健蔵が理事長で、丸の内に事務所がある、それだけで入ってしまったのです。それが運の尽きで、一九五七年二月から二〇一〇年までの五三年間、事務局員として勤務しました。だから他の社会は知らない、ある意味ではまったくの世間知らずです。

佐藤　当時、中島健蔵は日本社会でどんな人物と評価されていた方ですか。知名度もかなり高い？「無党無派」というか、評論家としては中道左派というか、

加藤　ものすごく高いと思います。一九五〇年代、評論家としては中島先生のためにあるような言葉でした。まず非常に精力的で、お金にならない団体の役員を山ほど引き受けていました。日本文芸家協会、日本ペンクラブ、著作権協議会、著作家組合、オーディオ協会、新日文(新日本文学会)の議長もしていました。職業は東大の仏文の講師ですから、週一回は必ず東大に行く。その他にNHKの番組審議会、評論も『中央公論』『世界』をはじめ、ものすごい執筆量で、講演も多かった。無党無派の評論家としては第一級だったと思います。

さて、喜び勇んで丸の内の一二号館一一〇号室に行くと、日中文化交流協会という看板はなく「東邦商会文化部」と書いてありました。恐る恐るドアを開けて、「ここは日中文化交流協会ですか」と

言ったら、「そうです」と。

加藤 その頃、丸の内の事務局の所帯はどれぐらい?

佐藤 私が入って、東北大を出た木村菊男さん(ドイツ語の辞書を作った木村謹治の息子)、村岡久平さん[5]、経理担当の女性と私の四人になりました。中島先生は毎日はいらっしゃいません。事務局長の越寿雄さんは、西園寺公一の秘書をやっていた人です。白土吾夫《しらとのりお》[6]さんはその頃、あとで出てくると思いますが「日曜クラブ」の専属で、協会には週に一回しかいらっしゃらなかったです。

加藤 白土さんはその後、本格的に文交に来て、かなりの時代、事務局を支えた。

佐藤 一九五八年の夏ごろからです。「日曜クラブ」を辞めて、専属になりました。村岡さんの方は逆に、一九八四年に日中友好協会[7]に転じました。

事務局は当初四人、一方、会員は八〇人ぐらいだったらしいです。会員の会費以外の収入はありません。もちろん国からの補助もない。特定の団体からお金をもらうと紐付きになると言って、中島さんは絶対に嫌っていました。だから、中島さんも理事長なのに最初から最後まで無給、事務局長の越さんも無給、役員は今も全員無給です。事務局員にも給料を払えないことが続き、私たちが給料をちゃんともらえるようになったのは一九六〇年からです。

私は何度も辞めようと思いました。母には、「学校を卒業して勤めてまでも仕送りはできないよ」と言われました。けれども心が引かれるのは、いい仕事をしているということです。その頃の地方出身の女の子にとってはたいへん魅力的な仕事です。事務所に日常的に「千田です」と電話がかかってくる。「木下です」と言えば、「恵介か、順二か、どっち?」と思う。「井上です」と言うのは井上靖[8]です。「月給がなくてもいいや」と思ってしまうのです。

加藤　一九五六年、正式に文交が成立して、初代会長は前年の憲法擁護国民連合の訪中団長だった片山哲でした。他に初期の幹部の顔ぶれはどんな方が中心でしたか。

佐藤　初代会長は片山哲、理事長が中島健蔵。主な役員の中で非常に積極的だったのは井上靖、杉村春子、千田是也、木村伊兵衛、渡辺義雄、映画で言えば木下恵介など、あとは中国古典文学研究者で東大教授の塩谷温、洋画の中川一政、日本画では前田青邨といった人たちです。

日中文化交流協会設立の独自性

加藤　一九七二年の日中国交正常化以前に日本で誕生していた主な日中交流団体は三つありました。一番早いのが日中友好協会で、中華人民共和国建国翌年の一九五〇年です。それから国貿促（日本国際貿易促進協会）が一九五四年、三つ目が日中文化交流協会ですね。佐藤さんが入られたのは正確には創立の翌年ですが、創立当時のこともいろいろ見聞されているのではないかと思います。

佐藤　私は創立一一カ月後に入ったのですが、創立の経緯はよく聞かされていました。一九五六年というと鳩山内閣[9]で、日中関係が非常にいい時期です。ご存じのように、前年は連合の年で、自由党と民主党、社会党の左派と右派が連合して「五五年体制」が出来ました。共産党にしても国際派と所感派[10]が連合した六全協が一九五五年です。

中国の方では、一九五四年のジュネーブ会議で周恩来が実質的な外交デビューを飾り、「世界に周恩来あり、中国あり」を印象づけて翌年のバンドン会議につながる。中国には周恩来と毛沢東、インドにはまだネルーが生きていて、インドネシアにはスカルノ、エジプトにはナセルがいた。その時代に中国の取った政策は国際連帯、第三世界重視で、非常にチャーミングなものだったと思うのです。

アジア・アフリカ会議[11]に至る関連の会議がカイロやタシケントで開かれたとき、周恩来は、丁玲[12]、茅盾[13]、戦後東大で教えていたことのある謝冰心といった文化人を、必ず代表団のメンバーに入れています。外交の中に文化人を登用する姿勢が強くみられたのです。一九五二年、解放された中国に日本人として初めて足を踏み入れたのは帆足計と高良とみ、宮腰喜助の三人ですが、その直後から国際会議に中国の作家が参加するようになり、日本からも武田泰淳[14]、堀田善衛、阿部知二、木下順二といった方々が国際会議に行き、中国の作家とそこで出会うことになります。名前はそれぞれ知っていたけれども、会うのは初めてです。そこで「帰りに北京に寄りませんか」と誘われて、一九五二〜四年頃は国際会議の後、北京に寄るのが一つの流れになりました。

日本の政治状況がとてもいいですから、一九五四年、中国からの最初の訪日団が来ましたが、それは李徳全の紅十字会でした。日本からも安倍能成ら学術視察団が訪中しました。五五年には六月に南原繁ら学術会議が訪中し、一二月には郭沫若を団長とする中国科学院代表団が来日するなど、学術交流は活発化していきました。日中文化交流協会はまだ生まれていないので、日中友好協会が送り出していたようです。私が言うのははばかられるのですが、日中友好協会の事務局は当時、社会党左派もいましたが、ほとんどが日本共産党のメンバーで、路線がせまいという雰囲気があったようです。中国側は、これだけ散発的に交流が盛んになっているのだから、周恩来と廖承志が対日問題をやるときに、日本の中に統一戦線というか、日本文化界の本流の人たちとの幅の広い交流をする窓口団体がほしいと考えたようです。

一九五五年、憲法擁護国民連合(護憲連合)の片山哲会長を団長とする二七人のミッションが国慶節後に招かれました。労働組合や政治家が多い中で文化界から三人が選ばれて参加しました。千田是也と石垣綾子、法政大学の哲学の中村哲です。千田さんは俳優座で一番忙しい時期でしたし、中国は門外漢ですが、もともと左派で、獄中にいたこともあり、新生中国誕生への大きな期待を胸に中国に行った。そのとき北京で迎えたのが、周恩来の下で対日問題を仕切っている廖承志だったのです。

「くにちゃん、しばらく」と廖承志は声をかけた。千田是也の本名は伊藤圀夫、舞台装置の伊藤熹朔、舞踊家の伊藤道郎という芸術一家の三兄弟の一番末っ子です。なぜ「くにちゃん」かというと、一九三〇年代の初期、千田さんがドイツに留学していた時期に廖承志もドイツにいて、ドイツ共産党アジア部に二人とも属していたそうです。ワルシャワで中米会談をやって最後に中国人民対外友好協会（対外友協）[15]の会長になった王炳南[16]や、一九七一年にキッシンジャーがパキスタンから中国入りしたときに先導役を務め、のちにやはり対外友協の会長になった章文晋といった人たちも、一九三〇年代にドイツに滞在していたのです。

日本の事情をよく調べていた廖承志は、「くにちゃん」が来たら、日中の文化交流団体の設立を持ちかけようと待ち構えていたわけです。千田さんは「それはいいね。いいけど僕はとてもできない」。一番忙しい時期ですから、これはケンチを引っ張り出す以外にない。

中島健蔵と千田さんは以前から非常に懇意でした。中国側から「北京滞在中に、日中文化交流団体立ち上げに関する申し合わせに署名してほしい」と言われて、東京の中島健蔵に電報を打って概略を説明し、一九五五年一一月二七日に北京で署名、帰国して中島さんに理事長を受けてくれと頼むわけです。中島さんは、いろいろな本に書いていますが、「日中関係はまったくの素人だから」と最初は断り続けました。気持ちが動いたのは、中島さんもそのことを公表していますが、戦争中に徴用されて井伏鱒二や海音寺潮五郎などと一緒に行ったシンガポールでの経験がきっかけでした。陸軍の情報関係の部局に配属され、主として翻訳の仕事をしていたようです。そこで、日本陸軍による華僑の虐殺[17]を知るわけです。我が子の写真を持った華僑の母親に、「息子を探してくれ」と尋ねられることが何度もあったと『昭和時代』(岩波新書、一九五七年)にも書いています。陸軍の嘱託ですから制服があったけれども、町には普通の格好で出かけたと言っていました。その華僑の母の顔が心の中にずっとあったのです。中島さんは廖承志も知らないし、中国人を誰も知らない。中国に行ったこともない。だけど、そういう団体なら、千田さんがやろうと言うなら、やってみようという気になったのです。事務所も何もまだないが、とにかく一九五六年三月二三日に日本工業倶楽部で創立総会にこぎつけたのです。

加藤　中島健蔵の『昭和時代』と『後衛の思想』(朝日選書、一九七四年)にシンガポールの出来事が詳述されていますが、当時は軍属で、報道班員ではなく、軍司令部内の宣伝班に配属されていました。今のお話はすごく豊富な内容で、秘話に近いお話も伺えたように思うのです。周恩来はいわば文化外交を展開した。文交が日本で生まれた背景にも、ひょっとしたら周恩来の施策があって、上手に日本側にそういう組織を作らせたというニュアンスを感じたのですが。

佐藤　そうです。ですから日中友好協会とは成立の動機が違います。日中文化交流協会は日本人がそろって「こういう会をやりましょう」と言ってできた協会ではないのです。ある意味で周恩来、廖承志のような、対日政策を非常に重視する勢力が日本に急接近したのです。一九五五年にもしかしたら国交正常化が実現するのではないかという雰囲気がありました。その中で、外交に文化を採り入れるというか、文化を非常に重要視して、日本の文化人を幅広く、作家で言えば江口渙といった人たちだけでなく、井上靖や久保田万太郎[18]も含めて全体を包含できるような組織が日本にあればとても交流しやすいと考えたのだと思います。

初期の活動

加藤　一九五二年の高良とみたちは、ヨーロッパの会議とモスクワの経済会議に出て、その後、北京に飛びました。その他にもカイロやナイロビの国際会議から北京へ、これを「横滑り方式」というのですね。

佐藤　そうです。木下順二も、堀田善衛も、みんな「横滑り方式」です。一九五六年、谷川徹三を団長とし、杉村春子や、木下恵介なども入ったアジア連帯委員会[19]の大型代表団が、ヨーロッパやソ連のあちこちを回った国際会議で中国人から誘われ、モスクワでビザのようなものを支給してもらって、モスクワから北京に入った。東京に帰って、旅券法違反で始末書を出すぐらいで、別に捕まることはないという時代です。

加藤　一九五六年の日中文化交流協会の成立後は、横滑りでなく招待をもらって、香港経由で行く形が生まれ、いよいよ幅広い文化人が行くルートが開かれたわけですが、中国側は日本の文化人に何を期待していたのでしょうか。

佐藤　非常に高度なものだと思いますね。実を取るというよりは、中国の作家と日本の作家が仲良くなることが大事――仲良くさせると言ったら変だけれども。日本の作家は帰れば書くし、政治家の見聞録よりは作家の見聞録のほうが人の心を打つ、そういう意味もあったと思います。一九五七年に行った野上弥生子は『私の中国旅行』(岩波新書、一九五九年)を書きました。とてもおしゃれで、息の長い政策だと思います。

加藤　中島健蔵は一九五七年秋に訪中し、『点描・新しい中国』を書きました。こういうものが日本で公刊されるとじわっと効いてくる。文化の力を周恩来が頭に思い描いていた可能性はありますね。もう一つ、面白いと思ったのは、一九三〇年代のドイツで、後で活躍するような日中の方々が出会っていることです。出会っただけではなく、同じドイツ共産党の傘の下で活動していた。廖承志は当時、ハンブルク辺りを中心に中国船の船員をオルグする組合活動をやっていたなどと聞いています。王炳南や章文晋など、後に日中関係で重要な意味を持つ人たちとの出会いもあった。

さて、文交が発足したのが一九五六年三月ですが、四月にはもう卓球の中国代表団をお迎えして、五月には京劇の代表団。当初はこういう形で相互に交流が始まったということですか。

佐藤　一九五六年にピンポン代表団と梅蘭芳[20]が来たのですが、協会が果たした役割は何もありません。卓球代表団が来たのは東京で開かれる世界選手権に参加するためで、協会は代表団のお世話をしただけです。だけど、その卓球代表団を鳩山一郎は首相官邸に招いている。いい時代でしょう。梅蘭芳を呼んだのは朝日新聞社で、前年の市川猿之助一行の訪中の返礼でした。梅蘭芳一行の来日に際して、日本の演劇界との人的交流に協会が協力したという形です。

加藤　鳩山、続いて石橋湛山が総理の時代には、中国との国交正常化も視野に入れていた。ところがその後、暗転するわけです。病気で退任した石橋の後継に岸信介[21]が出てくると、台湾、中華民国重視の姿勢で、対中国交正常化ははるかに遠のく。日中関係にとって厳しい時代が始まるのですが、協会の活動への政治の影響はどうだったのでしょう。

佐藤　厳しかったですが、文革のときと比べれば、交流は随分できました。手塩にかけて手がけた初めての仕事が日本作家代表団の訪中で、団長が久保田万太郎、宇野浩二、青野季吉の三人です。うちの協会はどちらかといえば新劇で、千田、杉村、劇団では文学座、俳優座、民藝、山本安英のぶどうの会、東京芸術座が中心でしたけれども、日本演劇界の大ボスである久保田が行けば、新劇界だけでなく伝統演劇の分野の人も、中国に目を向けるわけです。三人は北京で周恩来に会って三人とも周恩来に心酔、そのときに久保田万太郎が詠んだ俳句がこれです。

「周総理　小春の眉の　濃かりけり」

青野季吉は日本の文壇の中では左派ですが、堺誠一郎は、日本文芸家協会の書記局長だった人です。そういう交流を機に、中国が日本の文学界、演劇界に浸透していった。中国熱が起こり、「私たちも行ってみたい」と言う人がものすごく増えたのです。

加藤　今、日本の作家代表団が行っても、習近平主席が会うことはないですね。

佐藤　周恩来はほとんどの訪中団と会見しました。日本作家代表団も、演劇家代表団も、周総理と会見しました。日中文化交流協会は文学代表団、演劇家代表団、美術家代表団、音楽家代表団、社会科学などの分野別交流が主だったのですが、一九六〇年には大型の日本新劇五劇団による訪中公演が実現しました。文学座、民藝、俳優座の他に、ぶどうの会、東京芸術座の五劇団がそろって訪中公演をやったのは画期的なことでした。北京での舞台稽古に周恩来が前触れもなくふらっと訪ねて来て、芝居を見ていろいろ感想を言ったこともありました。とにかく日本から行く文化関係の代表団は、ほとんど周恩来総理に会っていました。

当時の中国の演劇界には田漢、夏衍《シァイエン》、陽翰笙、欧陽予倩などそうそうたる人が健在でした。杉村さんは人的交流だけでなく芝居を持っていきたいというので、夏衍に話をしたところ、この年に実現したのです。夏衍は文革期に「四大悪漢《スーテオハンズ》」のレッテルを貼られた一人です。周揚、田漢、夏衍、陽翰笙[22]が四人組に打倒される前の時代です。

加藤 その訪中公演での演目は何だったのですか。

佐藤 「女の一生」。山本安英の「夕鶴」や村山知義作の「死んだ海」、安部公房の安保闘争を描いた「石の語る日」もやりました。その後、一九六五年には、新劇一五劇団の合同による訪中公演を実現させました。

五〇～六〇年代の模索

加藤 岸政権の時代に、岸信介氏がやったわけではないでしょうが、英国政府に手を回したのか、中島健蔵理事長が香港経由で訪中しようとして、香港立ち寄りを拒否される嫌がらせを受けたとか。

佐藤 その時代は旅券を取ることも大変でした。それに香港を通るためのイギリスのビザが出ないのです。中島先生は一九六四年と六五年の二回、そういう目に遭っています。一回目はプノンペン経由、もう一回は神戸から中国の船で直接行きました。

加藤 一九五〇年代にまた戻るのですが、一九五八年には有名な長崎国旗事件[23]が起きて日中関係が悪化しました。協会の活動にどういう影響が及んだのでしょうか。

佐藤 協会は、そのとき毎日新聞社と協力して、中国歌舞団を招請していたのです。公演期間中に長崎国旗事件が起きました。ご存じの通り、起きてしまったことよりは、日本政府がそれをどう処理したかが一番問題だったわけです。国旗を下ろした人を捕まえるでもなく、何もしないことに中国は怒り、歌舞団は残りの公演をキャンセルしてロシアの船で帰国しました。毎日新聞社と善後策を講じましたが、どうしようもなかったのです。ただ、協会で被った被害はそれだけでした。その年、花柳徳兵衛舞踊団は予定通り訪中公演に招待されました。書道の関係者もその直後ぐらいに随分招かれて行きました。文化交流については中国側に理解があったのではないでしょうか。一番大変だったのは貿易でしょう。ほとんどストップされてしまったのですから。

加藤　長崎国旗事件の後、日中関係を後退させてはいけないと憂慮した文化人などが「日中文化関係懇談会」の準備会議を一九五八年一〇月に開き、中島健蔵が中心的役割を務められたと聞いているのですが。

佐藤　そうです。ご存じのように、日中文化交流協会には非常に幅の広い人たちが参加しています。前田青邨や、谷崎潤一郎も役員でした。一九五八年以後に日中関係が危機的になって、日中友好協会などはしょっちゅう声明を出していましたが、協会は政治的な声明をなかなか出しにくい。

そこで、日中文化関係懇談会というものを作りました。協会よりははっきりした政治姿勢を示せるようにという意図ですが、中島さんは両方を兼ねているし事務局も私たちがやっている、ほとんど同じ団体なのです。亀井勝一郎(24)が代表世話人に就任し、懇談会への参加を幅広く各界に呼びかけたところ、すごい人たちが応じてくれた。左派だけではなく、たとえば映画人では小津安二郎も参加してくれました。感動的でしょう。小津までもが中国に目が向いていた時期でした。映画人では、吉村公三郎、もちろん木下惠介、成瀬巳喜男も入っています。音楽の山田耕筰も入っています。

加藤　六〇年ぐらい続いた「日曜クラブ」という民間の団体がありますが、日中文化交流協会で活躍された方々の人脈を見るとかなり重なりがあるように思います。

佐藤　ほとんどそうです。ある意味では日曜クラブが協会の母体という面もあります。日曜クラブは一九五四年に文化界のサロンとして生まれた団体で、代表世話人は千田是也、中島健蔵、社会党の風見章、親和銀行の頭取だった自民党の北村徳太郎です。そんな方々と西園寺公一たちが中心となって、月一回ぐらい集まって時局の話をしようという、ちょっとニュートラル、ちょっと中道左派的な団体でした。石垣綾子もメンバーでした。

加藤　日曜クラブは注目してもいい会だということですね。

佐藤　そうです。いい団体でした。

加藤　国交正常化前の時代に中島さんと西園寺さんは、どういう関係だったのですか。

佐藤　中島健蔵は一九〇三年生まれで西園寺さんは一九〇六年生まれ、二人とも良家の子息で当時の附属中学校の出身、中学校では「ケンチ、けんちゃん」「きんちゃん」という仲だったらしいです。

加藤　西園寺さんは一九五八年から北京に家族と共に住み、一方中島健蔵さんは東京で仕事をされた。両者の間のあうんの呼吸で、国交正常化を視野に入れた人の往来があったということですか。

佐藤　西園寺さんは、ご存じのように公望の孫ですから、貴族です。公・侯・伯・子・男の公爵です。「赤い貴族」などと言われて、ゾルゲ事件[25]にも連座している人です。戦後、国際関係の仕事にものすごく尽力し、アジア太平洋地域平和連絡委員会[26]の国際ビューローの一員として中国に長期滞在すると同時に、日中文化交流協会の常任理事でした。北京の今の対外友協のある東交民巷という所に家があって住んでいたわけです。

西園寺さんは中島先生と幼少からの友達でしたが、別に協会と中国との間を取り持つのではなくて、これも周恩来と廖承志の政策だと思いますが、日中間の風通しを良くしようとしたのだと思います。

加藤　一九五〇～六〇年代の交流の中で、中国側の主要な顔ぶれというか、周恩来・廖承志ラインにつながる人々の具体的な名前を挙げて、どんな方々との交流が密接だったのか、エピソードを交えてお話しいただきたいと思います。

佐藤　いろいろな文化交流を手掛けたわけですが、一番盛んだったのは文学で、他に演劇、映画、美術、社会科学、音楽などです。中国側は、作家交流は中国作家協会[27]、社会科学は中国社会科学院、音楽は中国音楽家協会です。多分野混合の代表団、たとえば日中文化交流協会代表団などは、中国人民対外友好協会、中国文学芸術界聯合会[28]とやっていました。別枠ですべてを総括する形で、廖承志弁公室がありました。いわゆる対日問題で、廖承志事務所の中に趙安博や王暁雲、孫平化[29]、蕭向前とか、たくさんの人がいましたが、今考えてみて、カウンターパートというか一番縁が深かったのは、やはり対外友協、作家協会、音楽家協会、戯劇家(演劇家)協会などの人たちという感じがします。戯劇家協会では、長い間主席だった田漢、曹禺《そうぐう》。中国作家協会の主席は茅盾の時代が長くて、茅盾が亡くなってからは巴金[30]がなりましたが、そういう団体との付き合いの方がずっと濃かったと思います。そのキーマンは対外友協、中国文聯の副会長だった陽翰笙でした。

加藤　今名前を挙げられた方々は、文革中は打倒された……。

佐藤　ほとんどやられました。

ピンポン外交・舞劇団外交の裏話

加藤　一九七二年の国交正常化はいろいろな要因が絡んで達成されたことだと思うのですが、協会はどんな役割を果たしたと感じておられますか。

佐藤　二つあると思います。一つは、協会が日本文化界の本流を組織し、長年にわたる交流によって、日中友好の世論形成に寄与したこと。もう一つは、直接的なきっかけを作ったこととして一九七一年のピンポン外交[31]と七二年の上海舞劇団外交を実施したことです。

中米接近が一九七一年七月のキッシンジャーの電撃的な秘密訪中によって実現しますが、その要因の一つは、同じ年の三月に名古屋で開かれた第三一回世界卓球選手権大会です。この大会に中国の選手団は参加したかったのですが、できない事情があった。世界の卓球組織はＩＦ(国際競技連盟)で、台湾を除去して中国が入っているのですが、アジア卓球連盟にはまだ台湾が入っていたのです。日本卓球協会会長の後藤鉀二はアジア卓連の会長でもあります。世界卓球選手権大会はＩＦである国際卓球連盟が主催するわけですが、主管は日本卓球協会で、その大御所がアジア卓連で台湾を認めている。

加藤　第三一回世界卓球選手権大会のキーパーソンは、主催国日本の連盟のボス、後藤鉀二。彼は基本的に軸足がやや右寄りの方で、台湾を容認していたのですね。

佐藤　はい、後藤鉀二がアジア卓連からの脱退を決断しない限り、中国選手団は来たくても来れないのです。そのことを前年から中国は見据えていた。中島健蔵は一九六六年に中国に行ったきり、「巴金とも老舎[32]とも会えないから、俺はもう行かない」と言っていたのですが、ようやく文革期の紅衛兵や労働者武装部隊などによる武闘も少し収まってきた一九七〇年に北京に行き、天安門楼上で毛沢東と周恩来に会いました。当時、日中友好協会は二派に割れて、共産党系と対立して日中友好協会（正統）を作っていました。割れたものが、また割れるという分裂の時代、要するに日中社会が混乱するなか、対日政策で中島先生なら協力してもらえるということで、中国の卓球選手団が日本に行けるよう段取りをつけてほしいと頼まれたのです。一方、後藤鉀二も、世界で最強の中国チームの参加を望んでいました。中島健蔵、白土吾夫、村岡久平の説得で後藤は北京を訪問し、周恩来と会いました。そして周恩来の考えを理解し、その足でシンガポールに飛んで、アジア卓連を脱退してしまったのです。こうして第三一回世界選手権大会には最強の中国チームが参加し、盛り上がりました。

名古屋での試合の後、中国選手団のバスに迷い込んで来たアメリカの選手と荘則棟選手が握手して、記念品をあげるという事件が話題になりました。そんなことを偶然と考える方が幼稚だと思います。そこからあれよあれよという間に中米接近が進展します。アメリカの卓球代表団が帰りに中国に寄って周恩来と会う、七月にキッシンジャーの秘密訪中、一九七一年一〇月の国連総会で中国が議席を回復、翌一九七二年二月がニクソン訪中という、一連のピンポン外交です。

一方、一九七一年一〇月の国連決議を日本は棄権しました。佐藤内閣は躊躇の段階でした。だから、周恩来は卓球を一つの道具にして中米接近を展開しようと考えたのだと思います。そのためには、日本という舞台で自分たちの意図を分かって動いてくれる人がいることが重要でしょう。つまり、中国選手団が参加できる土壌づくりに協会が一定の役割を果たした。一九七〇年に中島が毛沢東、周恩来と天安門楼上で会ったときには、エドガー・スノーがやはり天安門楼上で毛沢東、周恩来と会っています。だから中米の陰にはスノーがいるのではないかとも思いますが、その辺は分かりません。

日中文化交流協会が何で卓球の世界選手権大会に関わったかというと、当時は卓球をはじめ体育交流は、日中文化交流協会を通して実施していたのです。バレーボールもそうです。体育の中でも卓球は古くからやっていました。

加藤　文革中の中国から久しぶりに一流選手が参加して、レベルの高い国際大会が名古屋で開催された。その段階で中島健蔵さんなり文交の方々の頭の中にはヒョウタンから駒というか、これが米中の関係、ひいては日中の関係修復につながるようなことまでは考えてらっしゃらなかった？

佐藤　少なくとも私はまったく考えていなかった。ただただ忙しくて、寝る暇も、ご飯を食べる暇もないくらい。私たちがぼやくと、白土さんは「あなた方は、今自分が果たしている役割を何も分かっちゃいない」と怒るので、私たちは「何を果たしているんですか。忙しいだけじゃないの」なんて言っていましたけど、中島先生や白土さんは分かっていたのではないかと思いますね。

加藤　ピンポン外交から生まれたダイナミックな政治のうねりが最終的に一九七二年の国交正常化につながるわけですが、佐藤さんご自身は、どの辺で自分がそういううねりの渦中にいると……。

佐藤　七二年は日中国交正常化につながったといわれる舞劇団外交の年で、演目はバレエの「白毛女」[33]でしたね。七月に上海舞劇団を、朝日新聞社と共同で招待しました。七月七日に田中内閣ができて、舞劇団が来日したのは七月一〇日くらい。初日には三木、中曽根など国務大臣が列席しました。本当にあれよあれよという間でした。あの時は国交正常化という政治のうねりの渦中にいると感じましたね。団長の孫平化さんが、当時恵比寿にいた蕭向前とタッグを組んで大平外相、田中総理に会ったのも、明確に国交回復を視野に入れた動きです。

日中文化交流協会の場合は、政治的な動きをする人はあまりいません。中島健蔵もそういうことが得意な人ではなかったと思います。そこで藤山愛一郎さんにお願いして、孫平化さんたちの田中に会いたいという気持ちを藤山さんにつないでいただきました。

加藤　そうすると、ルートとしては孫平化さんたちが狙いとする高いレベルの政治家との会見を文交に申し込んできて、それを文交が藤山愛一郎さんにつないだということですね。私も中国側から話を聞きましたが、当初決まっていた団長を外して、周恩来が孫平化を団長にしたというから、明らかにバレエは表紙で、実際は政治交渉だった。

佐藤　孫平化さんはいわゆる下放で北京にいなかったらしいのですが、急きょ周総理から「帰れ」と言われて、舞劇団の団長になって来日したということでした。

個性豊かな文化交流協会の指導者たち

加藤　一九五六年の発足から六〇年以上がたちました。分裂の危機も乗り越えて、本当によく続いてきました。佐藤さんは、それを支えたお一人だと思いますが、続いた秘訣は何だったのでしょうか。

佐藤　私たち事務局のOB／OGも、よく続いたわねと言い合っています。その要因を系統的に分析したこともありませんし、本当に不思議な気がします。日中間の何千年の歴史から始まって、近代の日中の歴史、いわゆる日本の侵略の歴史に対する贖罪とか、そういうものの克服とか、大前提に立つ要素はたくさんありますが。

非常に具体的な問題として、すぐ浮かぶのは最高指導者である会長・理事長、およびその周辺にいる人たちの人間性です。日中文化交流協会は多くの会員に支えられ、その会費によって運営しています。利益を追求する会社の社長とはまた違う意味で、誰が会長・理事長をやっているかがものすごく重要だと思います。

創立した一九五六年から一九七九年までは中島健蔵、中島健蔵が亡くなってからは会長という名義で井上靖が一九九一年まで、一九九一年〜二〇〇一年は團伊玖磨[34]、その後は辻井喬[35]で、二〇一三年から現在までが黒井千次です。一番長く続いたのは中島健蔵の時代でした。中島さんがやっているのだからということがものすごく強かったと思います。

もう一つは実働部隊である事務局です。利益を追求する団体ではないところの事務局体制は、事務局員一人ひとりの集合体です。私が入ったときは四人しかいませんでしたし、通常スタッフ一二人が最大人数です。国交正常化以前から事務局が割合きちっとしていましたし、現在もそうだと思います。ピンポン外交とか舞劇団外交など、国交正常化前にものすごく忙しい時期がありました。そういうときはアルバイトを頼んでも、狭い事務局には座る椅子も机もないのです。「悪いけど、その辺に立っててくれない？」、それでは悪いから私たちがこっちの方に立っていましょうよとかね。

加藤　白土吾夫さんという名事務局長がいらして、専務理事もおやりになったのですよね。

佐藤　そう。最後は代表理事で、二〇〇六年に七九歳で亡くなりました。

白土吾夫さんの存在は、非常に大きかったです。この人がいなければ、たとえ中島健蔵がいても、井上靖がいても、日中文化交流協会は続かなかった。それほど重要な人だったと思います。決して目立つ動きをする人ではなかったですが、働く私たちの一番身近な人です。

もちろん中島健蔵からも井上靖からも、中国にお供したり、具体的な指導を受けました。事務所では朝から晩まで一緒で、非常に強力な指導を受けました。事務局も、専務理事室とか事務局長室という部屋がなくて、一つの大部屋ですからね。

白土吾夫さんは、早稲田大で電気と法律を学びました。敗戦後の、いわゆる学生運動が非常に華やかな時期の学生運動の指導者の一人です。小学館に勤務した後、「日曜クラブ」に行った。一九五六年に日中文化交流協会ができたときに、中島健蔵と千田是也に事務局を手伝えと引きずり込まれて、一九五八年夏からずっと事務局の指導者になったのです。

加藤　廖承志さんが早稲田で学んだということをどの程度重要なことと意識されていたかは分からないのですが、ひょっとして早稲田同士とか、同じキャンパスというような関係性もあったのですか。

佐藤　そういうことは、あまりなかったと思います。

加藤　どういう点で白土さんが中国側の信頼を得ていたのか、何か特別な要素はありますか。白土さんの優れた点、日中文化交流事業で彼ならではという特殊性はございませんか。

佐藤　事務局の責任者は、会長と会員、事務局員の真ん中にいる人です。会長にも非常に近い存在だし、事務局員に対しては直接指導をする立場です。あのような激動の中で中国との交流を進める上での一つの哲学をきちっと持ち、中国に対する姿勢がぶれず、廖承志さんなど中国の人たちからの信頼も厚かった。身近な会長、役員、会員の信頼もとても厚く、困難があればいつもその矢面に立つ人でした。

人間が生きるための思想というか、難しい意味ではなく哲学を事務局員にも求める人でした。私たち事務局員にとって白土さんは一種の教育者で、事務局の長というよりは先生みたいな人でした。

一方、日常の指導は非常に細かく具体的で、親のような面もある、とても面白い人でした。事務局員にとって一番重要なのは実務であると徹底されました。漢字をきちっと書く、文章をきちっと読んでその意味を取る。自分が表現したいことを簡潔に、相手に分かりやすいように文書を書く。読む、書く、話す、聞く、そういう実務です。それから暗算もやらされました。朝来ると「これから一〇分間試験します」と言って、まず書き取りです。それほど難しいレベルではありません。それから算数。「小学校四〜五年程度だよ」と、足し算、引き算、掛け算をしょっちゅうやらされました。頭の体操なのでしょうか、一番やらされたのは漢字の試験ですね。

電話の応対にも非常に厳しい人でした。部屋が一つですから全部筒抜けで、白土さんがいるときに電話に出るのは嫌だと思いながら(笑)、電話をしていました。後で「何だ、あのしゃべり方は」と言われる。「佐藤でございますが」はいいけれど、「井上先生でございますか」と言うと怒られます。亀井勝一郎が副理事長の時代に、ある事務局員が「亀井先生でございますか」と電話で言ったら、あとで亀井さんが白土さんから「何という事務局員を採ったのだ」と叱られたそうです。そういう言葉遣いとか、お客様へのお茶を出す姿勢とか、しつけみたいなことを大切にする人でした。

活動の真骨頂

加藤　文交では歴代の会長・理事長は大変大物というか、重鎮クラスの方々がおおむね一〇年くらいずつ務めています。初代でやはり一番存在感の大きい中島健蔵と、歴代の会長たちの中国観、日中関係についての基本的なスタンス・考え方をお聞きしたいのですが。

佐藤　共通点はみなプロチャイナではないことです。中国学者でもないし、中国と直接関係がない人ばかりです。それと変な話ですが、どの方も会長になることを固辞するのです。ねばられてねばられて最終的に、「それではやるわ」と引き受ける。それでうまくいくという伝統があるようです。どの時代でも、この人をおいて他にないと本当に思います。国交正常化していない時代は中島健蔵をおいて他にいなかった。まさにその時期、この人がこの場所にいるという最適の人間が、その都度いた気がします。中島は専門はフランス文学ですが、若いときから行動する知識人といわれ、社会と関わってきた人です。

五人の共通点はほかに二つあると思います。一つは、日本文化の母国とも言える中国の文化に対する尊敬の念です。井上靖は中国文化を尊敬していたからこそあれだけの作品を書いたわけでしょう。『敦煌』『楼蘭』『異域の人』はすべて会長になる前の作品です。作曲家だった團伊玖磨もそうだと思います。もう一つは、日本の中国侵略への深い反省、いわゆる歴史認識です。その二つを土台として、中国との相互理解を深め、友好を促進するという考えは共通していました。

井上靖は、「三人でいいから、中国の良い顔をした人と知り合いなさい」「北京で地震が起きたというテレビニュースがあったときに、あの人どうしたかしらという人を三人でいいから見つけなさい。それが原点だよ」といつもよくおっしゃっていました。

加藤　井上靖の場合は、老舎とか巴金といった方々ですか。

佐藤　それに周恩来、周揚とかね。顔というのは美男美女という意味ではありません。中島さんは絶対に廖承志と周恩来。あとは音楽家ね。

加藤　贖罪という意味では、辻井喬会長はかなり明確な立場で発言をしていますね。プロチャイナでないことにはどのような利点がありましたか。中国の政治変動があった場合に、ある種毅然とした姿勢が取れるとか？

佐藤　それもあったかもしれません。日中関係の団体の間で、「文交はちょっと違うんだよね」「日中関係の素人なのではないのか」みたいに、やや軽々しく見られた時期もありました。指導者だけでなくて、事務局もそうです。白土さんは電気と法律、村岡さんは早稲田の社会学、私も英文学だから、中国語ができる人がいない。中国作家代表団を招くときは国貿促や日中貿促などに協力してもらいました。横川健さんなど中国語のできる人を事務局に迎えたのは国交正常化以後です。白土さんは、「この仕事は言葉ではない。言葉が必要なときはよそから借りられるけれども、人間が駄目なら変えられないからね」といつも言っていました。

加藤　歴代の理事長・会長の中で、そういう良い顔をした、好きになってしまった中国の方との交流の忘れ得ぬシーンとかエピソードで思い出されることはありますか。

佐藤　井上靖と老舎のエピソードが一つあります。井上靖は一九五七年から中国に行くたびに老舎と会っていました。井上靖は老舎のことがとても好きだったのです。

老舎は一九六五年に中国作家代表団を率いて来日しましたが、翌一九六六年に文革が始まってすぐ、香港情報ですが、老舎が自殺したという報道が流れました。井上先生は何とか確かめようとしたのですが、できなかった。白土さんは自宅に呼ばれて、「何とか調べられないか」と言われたが、調べる方法がない。そのうちに、日本の作家二人が老舎追悼を書きました。水上勉の『こおろぎの壺』、開高健の『玉、砕ける』で、両方とも短編でした。

井上靖は一九七〇年に『壺』という作品を『中央公論』に書きました。自分が書くと協会に迷惑をかけるのではないかと事前に中島さんに相談があったのですが、作家の良心として書くべきだということで書きました。中国側は気づかなかったのかもしれませんが、批判はされなかったのです。

一九七四年に航空協定が成立し、一番機で井上靖を含む協会代表団が中国に招待されましたが、まだ文革中ですから。井上靖は行くのを躊躇しました。井上が『壺』を書いていることで協会が北京で苦境に立たされては良くないと。中島さんに背中を押されて井上靖は北京に行き、文革後の一九七七年には『壺』を巴金に贈りました。

時は流れて一九八〇年、巴金が来日したときに、『壺』は中国で翻訳されていました。歓迎会のレセプションの挨拶で、巴金が「老舎の追悼を中国の文学者は誰一人として書いていないのに、日本の三人の作家はきちんと書いてくれた。私たち中国の作家は本当に恥ずかしい」という話をすると、会場がしーんとなりました。井上先生は、このまま会を閉じるわけにはいかないと、急きょ山本健吉先生に閉会の辞を頼みました。山本さんは「先ほどの巴金先生の挨拶を聞いて、その時代に巴金先生たちは老舎の死を悼むこともできない、それ以上に苦しい状況に置かれていたことを、ここに出席している日本人で知らない人は誰一人いません。だから恥ずかしいなどとおっしゃらないでください」と、すごくいい挨拶をなさったのです。

加藤　話を聞くにつけ、協会が果たしてきた役割は一口で言いにくいのですが、会長・理事長はじめ会員の方が、中国側に良い顔をした人を三人見つけ、そういう人との間で今のエピソードが生まれるような人間関係を構築されたという、その積み重ねがひょっとしたら文交の活動の真骨頂かもしれませんね。

佐藤　いま思い出すのはやはり人の顔です。話は脱線するかもしれませんが、日中の文化交流をやる意味があるのかと、むなしい感じを持った時もありました。まず、社会体制も文芸・文化に対する価値観も違います。中国にも価値観の多様化は随分出てきて、表現の自由や人権は日本のようにいかないまでも、映画や美術での価値観はかなり多様化されてきたでしょう。しかし、文芸に対する価値観はまったく違う。日本の文芸は、ある意味で為政者に対する異議申立てが一つの柱です。だけど当時の中国の文芸は、人民のため、大衆のための、いわゆる文芸講話が中心です。

面白いエピソードがあります。油絵の中川一政が一九五八年に中国に行ったときに、周恩来総理が会見しました。その席で周恩来が、「中川先生は日本人民に支持されています。あなたは日本人のために描いている」とおっしゃった。そうしたら中川さんが「総理、意見があります。違います。私は、日本人のために絵を描いているのではありません。私自身のために描いています」と応えた。白土さんは一瞬はっと思った。すると、そのときの周恩来の対し方が非常にスマートだったそうです。周恩来は両手を広げて笑い、「ああ、一本取られた」みたいな発言をしたのです。

加藤　なるほど。

佐藤　日中文化交流協会は完全に民間の団体です。だけど中国で相手をしているのは全部官です。対外友協は中国外交部の傘下にあるし、作家協会、音楽家協会も全部官です。ですからその時々の中国の政治の季節に左右される。日中文化交流協会は、日本政府の指導者が誰になろうが、その姿勢が変わることのないような会長・理事長がずっとやってきました。

中国との文化交流ではお互いの相違点を考えた方がいいと思います。改革開放から何十年たってもそれが常に通奏低音のようにあって、その中で日中文化交流を進めることは本当に容易でないのです。

加藤　自分も新聞記者時代に、つい「日中民間交流」と書いたことがありましたが、中国側の民間の背後には政府が存在しているわけです。そういう非対称性は悩みどころの一つだったと思います。

佐藤　相違があることを認めながらの方がむしろ大切で、一致点を見つけようとばかりしていると、徒労に終わると思います。相違点をきちんと見極め、緩やかな一致点を見つけ合う。その中で感性の合う人たちとの人間関係を構築することがとても大切なように思います。

加藤　中国の指導層の人たちの人間味、あるいは風格、器について、率直なご感想があれば。

佐藤　最近のことは分からないのですけれども、当時は、周恩来をはじめ、陳毅、廖承志、王炳南、巴金、周揚、陽翰笙、楊翔、数えきれないほど良い顔をした人がいました。私たちOB／OGは、「近頃は中国に良い顔をした人がいなくなったね」と嘆いています。

質問　孫平化さんとか蕭向前さんはどうですか。

佐藤　創設当初から長年、太いパイプで結ばれてきた人たちです。いかなる交流を進める上でもとても親近感のある人たちですが、どこか肌合いが違う気がします。

加藤　少し語弊のある言い方かもしれませんが、孫平化さんたちの基本的な体質は対日工作であると感じられたことはありますか。

佐藤　あるのかもしれない。よく分からないです。あの人たちは日本事情に詳しく、日本人以上に日本語がうまいでしょう。一方で協会事務局は中国語ができない。だから「どうして中国語ができないの。勉強しないの」と随分言われました。文化交流の場合の中国語は、貿易とは違って、相当上手でないと駄目なわけです。そんなの今からできるわけがない、というのは言い訳かもしれませんが。

質疑応答①——文化大革命期の苦悩

質問　私は中帰連(中国帰還者連絡会)の後継団体の代表なのですが、一九五六年夏に戦犯裁判があり、戦犯が帰国してくる。そのことはご存じだったのですか。一九五六年というのはそれも含めた状況なのでしょうか。

佐藤　協会は中帰連の仕事には直接関係していませんでしたが、団体同士はとても親密でした。遠藤三郎とか、藤田茂という人が代表者でしたね。

質問　一九五八年の段階では文革期に比べればまだ交流できたとおっしゃった時にちょっと言いにくそうにされたのですが、文革期の方がもっと厳しかったということですか。

佐藤　それはもう比べものになりません。文革のときは一番厳しかった。

対日交流の責任者の廖承志が姿を消し、文芸方面の相手である周揚、田漢、夏衍、陽翰笙の四人は「四人の悪漢」と批判され、巴金も姿を消し、老舎は自殺に追い込まれる。文革は一九六六年から七六年までですが、その間、武闘など激しい時代と、そうでもない時代がありました。東京の中国大使館から、日本の映画、演劇、絵画などに対する批判も出ました。山本薩夫の「戦争と人間」に対する批判、その映画に文学座の俳優が出ているからと杉村春子に対する批判、文学座の芝居「夢・桃中軒牛右衛門の」に対する批判、中国を題材に描いた日本画家に対する批判、黒澤明の「デルス・ウザーラ」に対する批判、千田是也の演出法「スタニスラフスキー・システム」に対する批判などです。そういう時は、白土さんがいつも矢面に立っていました。千田さんは「俺がやられているらしいけど、そんなの放っておきな。いちいち気にするんじゃない。絶対に反論を書くなよ」。おかしな時代なのだから無視するしかないということだったのです。

訪中するにも、訳知りの人しか行ってもらえませんでした。一九七四年からは井上靖が行きました。一番大変だったのは一九六七年で、武田泰淳が作家代表団の団長でした。彼は上海で敗戦を迎えた人ですから、中国をいい意味でも悪い意味でもよく知っていて、何が出ても驚かない。そこで感動的なことがあったのです。

武田泰淳は発つ前に中島理事長に、「上海に行ったら杜宣に会いたい」と言いました。杜宣は有名な劇作家で、若いとき日本に留学していて竹内好(36)や武田泰淳とも仲のいい人ですが、四人組に打倒されました。武田さんは「杜宣に会いたいなんて四人組に言ったら、俺もやられるかもしれないし、日中文化交流協会にとても迷惑をかけるから、本当は言ってはいけないんだろうけど、俺はどうしても杜宣に会いたい。その希望を出すことを理事長として了解してくれ」と言ったのです。中島さんは「言ってみな。悪ければ出せないだろうし、何だかんだ言っても武田君を上海で捕まえることはないだろう。これも試金石だよ」と。

そして、武田さんが上海に会いに行くと、杜宣が獄中から三〇分間だけ出てきました。「内密にしてくれ。帰っても絶対に公表するな」と杜宣が言うので、もちろん武田さんは杜宣と会ったことを中島には報告したけれども、どこにも書いていません。四人組の時代であっても、誰かが牢屋にいる杜宣を出して、細い糸で連れてきたというところが中島さんの偉さというか。中島先生は、私たち事務局に対しても「好きなようにやれ。責任は俺がとる」と、よくおっしゃっていました。指導者として、これ以上の人はいませんね。

質問　しかし、よく分裂しなかったですね。

佐藤　分裂しかねないですよね。日本の文化界で文革を支持する人はほとんどいませんから。だけど、中島先生がその頃いつも言っていたのは、「日中文化交流協会は約二〇年かかってとてもいい団体に育った。日中文化交流だけでなく、日仏でも日米でも、何でもできるよ。だから(ここで解散するのは)もったいないじゃないか」「誰かが出てきてこういう変な時代は終わると思うから、それまでとにかく持たせよう」と。千田さんも「とにかくいつか終わる。長くは続かないよ」と言っていました。

語弊があるかもしれませんが、日中文化交流協会は素人の集団です。それが逆にいいのではないかと中島さんは言っていました。指導部も、会員も、事務局も、みんなプロチャイナではなかった。竹内好は、新参者というか何も分かっていない人たちが集まって何をやっているのか、と思っていたらしいです。武田泰淳は竹内好とものすごく仲がいいですから、日中文化交流協会の存在意義を竹内好によく話してくださっていたようです。武田泰淳はとてもいい人でした。

私は辻井会長までの四人の会長・理事長にお仕えしました。今の黒井会長は理事長時代によく存じ上げていました。非常に人間的で幅広い度量のあるいい会長たちに仕えられて、私は本当に幸せでした。

今協会の歴史を振り返って、一番厳しかったのは創立から一九五八年ぐらいまで、月給も出なかった冬の時代です。それからは大変順調です。大きく言えば、この一〇年ぐらい下降線をたどっています。会員が減っているからです。日中関係が良くないことと、高齢化社会が背景にあります。私が協会に入ったのは、漢学者・塩谷温がいた時代です。日本画家・前田青邨でも、中川一政でも、みんな中国の文化に敬意を表しています。日本の画壇も、揚州八怪など中国の明清時代の画家をみんな尊敬しています。文学者にしても、中国を尊敬していました。そういう中国の文化を尊敬している人たちがいなくなってしまったのです。

それに加え、日本がいかに中国から長年文化の恩恵を受けてきたかを若者に教えないばかりか、中国を侵略したことも教えない。中国を尊敬する中国好きの次世代が育っていないので中国の政治・指導者への親近感も少なくなってきているのではないでしょうか。

質問　胡耀邦[37]が生きていれば、すごく違っていたでしょうね。

佐藤　そうですね。胡耀邦には井上靖さんが一九八四年と八六年に三回会いました。チャーミングな人でした。非常に率直で、隠せぬ庶民性があり、中南海での会見でも会見する者とされる者との間にまったく壁をつくらない、会見というよりは懇談している感じでした。大らかさと優しさがあり、周恩来とはまた別の魅力がありました。早逝が惜しまれます。

質疑応答②——天安門事件を目撃

質問　興味深いお話が次々と出ましたが、やはり面白いのは、文協のリーダーがプロチャイナではないことです。それから、佐藤さんがいみじくもおっしゃられた、廖承志事務所のメンバーとの肌合いの違いです。そこに、文協の持つ独自性というか自立性、親中派とか友好分子とよくいわれるのとは少し色の違う部分を感じました。中国側は文協と関わりを続けてきているわけですが、その理由は、文協と合う部分があるのか、利用する価値があるからなのか、あるいは周恩来の個性というか独特の包容力が作用していたのか——だとしたら今は関わり方もだいぶ変わると思うのですが。

佐藤　ひとつ言えるのは、北京以外の地方の文化界など、当時と比べて今は交流のチャンネルが多極化していることです。一九六〇～八〇年代に対日問題全般を統括した廖承志事務所のようなところが今あるでしょうか。

質問　関連してお伺いしたいのですが、日中文化交流協会に中国人を派遣して、その中で働かせたいので受け入れてくれないかという話はなかったのですか。

佐藤　正式にはなかったと思います。もしあったとしても受けなかったでしょう。冗談半分にはありましたよ。日中文化交流協会の事務局は評判がいいから、その作風に学ぶために、半年とか。私たち女性の事務局員は、「やめてー。もう中国の悪口、言えなくなっちゃうから」と(笑)。

質問　日本側の歴代の会長・理事長は、みなプロチャイナではなかった。次の会長には、当初は固辞するのを説得してなってもらったというお話でしたが、なぜ最終的に説得されたのでしょうか。どういう説得がなされたのでしょうか。

佐藤　白土さんの熱意と客観性を持った説得力が一番だったと思います。それを当時の主だった役員たちが後押しした。忙しいことと、日中友好団体のトップになることによって芸術家としての発言などにある種の不自由さが出てくるのではないかという懸念があったと思います。

質問　読み・書き・暗算をよくやったのは、一つのグループの体制固めみたいなのを少し感じます。

佐藤　そうですね。学校みたいな、家族みたいな、変な事務局ですよ。だから、とても仲がいい。白土さんは厳しくて優しく、怖くて面白いというか、非常に多面性のある人です。該博な知識があって、流行歌もうまいし講談も面白い。酒は強い。一方で、クラウゼヴィッツが好きな人で、『戦争論』とか毛主席の著作の勉強会もやりました。私たちは大変な仕事をしたときは、夜、事務所でよくお酒を飲みました。固い言葉で言えば総括をしながらね。それから歌を歌う。中国の話、時局の話だけでなく、映画や芝居、読んだ本の話をしたり、とても家族的でした。

質問　今のお話から仲間との本当に活気ある面白い集団というイメージができるのだけど、そこに日中という冠があまり出てこないですね(笑)。

佐藤　そうですか。仕事は日中交流で、本当に一生懸命やったのですけどね。というのは、日中交流は結果で、そのためのプロセスは日本文化界との交わりです。日常の仕事はプロセスですから。

質問　私が一番印象深いのは、中島さんが文化大革命のときに、こんなことは長い目で見なければ駄目だとおっしゃったということです。

佐藤　文革が終わっても、改革開放になってもいろいろなことがありますね。多民族国家の大国ですから、中国を見るときは長いスパンで見なければとつくづく思います。

質問　天安門事件のときは、やはり悩んだでしょう。

佐藤　天安門事件のとき、私も白土さんもちょうど北京にいました。水上勉を団長とする日中文化交流協会代表団の訪問中だったのです。水上先生の部屋は北京飯店の角部屋で、夜になると戦車のピュー、ピューという音が聞こえる。白土さんは「しっかり見ておけ」と。

五月二〇日頃に戒厳令が発令されたので、行かない方がいいのではないかという話が随分あったのですが、水上さんも他の団員も、逆にこういうときだから行ってみたいということで、六月一日に北京に着きました。デモはやっていましたがほほ笑ましいもので、座り込み中の人たちに市民が食べ物をあげたり、非常に和やかでした。それが、二日ぐらいから様子が変わってきました。

ジャーナリストのハリソン・ソールズベリーは貴賓楼に泊まっていたようです。貴賓楼の一番上からは天安門広場が見えます。私たちが北京飯店に入ったとき、お客は結構いたのですが、だんだん少なくなり、三日くらいには誰もいなくなってしまった。貴賓楼ではご飯を出せなくなったのか、ソールズベリーたちが北京飯店に食事に来ていました。

加藤　中国側から、「来るな」とか「帰れ」とは言われなかったのですか。

佐藤　「来るな」と言われなかったから、行ったのですよ。危険だと思ったのは六月二日の夜です。会う予定の人たちが交通遮断で来れないというので、三日の夕刻に老舎茶館に行きました。帰ろうとしたときに戒厳令部隊が前を横切っていきました。私たちは四台の車で移動していましたが、私の乗った車はあちこちで軍隊に阻まれて、ホテルまで帰るのに二時間かかりました。そして六月四日の朝を迎えたのです。やはり、ショックでした。角部屋からは、血を流した人を戸板に乗せて王府井の方に運んでいく様子がよく見えました。水上先生は絵がすごくお上手でしたから、すぐスケッチを始めました。水上蕗子さんがたくさん保存していて、「展覧会を」という話もありました。

参加者　京都のギャラリーヒルゲートという所で一回展覧会がありました。

佐藤　私は五三年間、日中文化交流協会に勤務しましたけれど、一番ショックを受けたのは天安門事件と、二〇〇一年五月一七日に團伊玖磨会長が蘇州で急死したことです。

質疑応答③——変わらぬ協会の姿勢

質問　協会の役割は時代とともに変わってきたと思います。国交正常化が一つの区切りで、その後中国は豊かになり、いろいろな交流のチャンネルができていった中で、役割の変化をどのように理解したらよろしいでしょうか。

佐藤　国交正常化前と比べればもちろんですが、日中友好団体の存在は、どちらかと言えば下降線をたどる趨勢にあると思います。

質問　そうするとこれからの日中関係はどういうイメージを持たれていますか。

佐藤　中国という国は、常に政府と民間を軸足にしていますよね。しかし、政治の季節によって、その強度が違う。中国が民間を重視しているかどうかはわかりませんが、やはり政府間が本筋であると思います。民間を非常に重視するようになるのではないかとエズラ・ボーゲルが朝日新聞に書いていましたけど、どうなるかはよくわかりません。しかし日本では、欧米のどの国とよりも中国との友好団体が多いし強いですよね。やはり歴史の長さでしょうか。

日中文化交流協会は六〇年間、中国の政治に敏感でなければいけないが、それにいちいち反応しないということを、一つの知恵として、いかなる時期もそういう態度を取ってきた気がします。鈍感ではいけないけれどもいちいち反応しない。もっと大きな流れの中で見る。政治の季節に左右されない。また、日中文化交流協会は、ある一つの意見を率先して提言するような組織ではなく、非常に具体的な、交流する団体です。その交流を阻害するようなことがあった時にはそれに対する意見を言うけれども、細かい反応をしないのが一つの立ち位置だったように思います。

質問　今のお話はたいへん大事です。敏感でなければいけないけれども、一方でいちいち反応しないという距離の置き方は、佐藤さん自身のものであると同時に、歴代六人の会長・理事長のものでもあって、協会が存在し続けられた理由もそこにあるのではないかと思います。お話を伺っていて、私は民間交流にあまり期待しない方なのですが、日中の現在と今後を考えると、意識的な交流を仕掛けることが必要なのではないかと思いました。

それほど危機的な段階に来ている感じがするのです。国交回復前は、ある意味で国民運動としての日中国交正常化があった。しかし、今は逆流しています。だから、日中文化交流協会のように、たとえ細くても文化交流というチャネルをつくってくれることはすごく意味があります。

佐藤　そういう話を伺うとすごくうれしいです。

質問　エズラ・ボーゲルさんは、気楽におっしゃったと思います。中国が民間なんて彼らにとってはうそっぱちだというのはおっしゃる通りだと思うけれども、これは非常に良いフィクションなのですよね。日中関係は、生の日中関係だけではなく、やはりフィクションがないとやっていけないのではないかと思います。そういう意識的な仕掛けをしてくれるところが必要だということを、逆に感じました。今日はそういう意味で、佐藤さんの話を大変興味深く伺いました。

加藤　先ほど相違点を見極めるということをおっしゃいましたが、要するに小異を残すことが大事で、一致点をパーフェクトに求めなくてもいいというのは、まったくその通りだと思います。中国共産党側からすると、どういう政治の変化があっても常に一致を求めてくるというか、俺たちに同意してほしい。日本側は、なかなかそうはいかない、こちらは不変であるという姿勢を象徴されてきたし、これからもされていくのが一つの非常に重要な役割ではないかという気がしました。

佐藤　なるほどね。

質問　合わないという文協がこれだけ中国に影響力を持ち続けてきたというのはいいですね。

佐藤　中国の人は「日中文化交流協会は偉大だ」と言ってくれるでしょうけど、そんなものではないです。白土さんはそういう意味では、中国のことが大好きだけれども、冷めたところがありました。

質問　佐藤さんが最後にお仕えになった辻井さんはどんな会長でしたか。

佐藤　歴代の会長の中で一番優等生です。まず、感覚の鋭い方でした。それと、中国にご一緒した時など、発言も立派で、深酒もせず、生活上の面倒もかけず、私にとってはありがたい会長でした。私が唯一、「先生、困ります」と言ったのは、たとえばＶＩＰと人民大会堂で会見するような時、辻井会長はメモを取るのです。それはこちらの役目です。大体、団長がメモを取るのって格好つかないから、「先生、いかがなものか」と何度も言ったのですが、「いかがなものかとはどういう意味か?」「何となく大物じゃないように見えます」と言うと、「僕は大物じゃないよ」と。それと辻井会長で忘れられないのは、「感性の伴わない理性は、嘘っぱちだよ」という言葉です。

中島健蔵が亡くなる二〜三年前くらいに、「俺は文学者として死にてえ」とおっしゃっていたことをよく思い出します。意味深長な言葉です。一九七九年に亡くなりましたが、一九七七年に『回想の文学』で野間文芸賞を受賞した時、本人も、私たちも本当にうれしかったです。七八年一月にホテルオークラで受賞祝いの会をやったのですが、それが公に姿を見せた最後です。肺がんだったのです。

諏訪　私は、個人的にはピンポン外交の裏話を非常に面白く伺いました。興味深いお話をありがとうございました。

第7章
メディア界の日中確執

辻 康吾
（元毎日新聞北京支局長）

聞き手＝山本秀也

辻 康吾（つじ こうご）　1934年東京生まれ．1959年東京外国語大学中国語学科卒業．立教大学に編入学し，1961年同大学法学部卒業．毎日新聞に入社，香港特派員を経て，北京支局長，東京本社編集委員．その後，学界に転じ，東海大学教授，獨協大学教授を歴任．2005年退職．主要著作に『転換期の中国』（岩波新書，1983），『中華曼陀羅』（学陽書房，1985），『北京激動』（岩波ブックレット，1989），『中国考現学』（大修館書店，1992），『中華人民笑話国』（小学館，2008），編著に『現代中国の飢餓と貧困』（弘文堂，1990），『原典中国現代史 第4巻 社会』（岩波書店，1995），翻訳に『キビとゴマ』（共編訳，研文出版，1985），『河殤』（蘇暁康・王魯湘著，弘文堂，1989），『文化大革命十年史』（厳家祺・高皋著，岩波書店，1996），『中国の新しい対外政策』（リンダ・ヤーコブソン，ディーン・ノックス著，岩波現代文庫，2011），『文化大革命五十年』（楊継縄著，編訳，岩波書店，2019）等．

中国への関心

山本　私が北京に渡りました一九八〇年と八一年に毎日新聞のアルバイトで雇っていただいたご縁で、今日までご指導いただいております。ではまず、辻先生と中国との個人的な関わりというあたりから質問していきたいと思います。先生は一九三四年のお生まれですが、中国へのご関心は、いつごろどういったかたちでお持ちになったのでしょうか。

辻　私の一族で兵隊に行った者もいませんし、中国と絡みのある親類もいません。高校におりました頃に、後に金沢大にいらした増井経夫さんという東洋史専門の先生がいらして、授業でいわゆるばか話を延々となさって大変面白かった。お墓を掘ったら、新しいお墓で、村人に殴られそうになったとか、中国で水を飲むときは、かめのふちを杓子でたたくとボウフラが沈んで上澄みを飲むのだとか。

私の方はガキでして、日本でペニシリンを買って中国に持っていくと儲かるという話を聞いて、ペニシリンの密輸でもしようかと話して、日本史の真面目な先生にえらく怒られた覚えがあります。ある意味で戦後の良き時代でした。よく覚えているのは、柴田天馬が訳に携わっておられた『聊斎志異』です。これは大変面白かった。当時政治的な話題もないわけではなかったのでしょうが、私自身はあまり痛切に感じることもなく、外語大を受けるとき書類の志望言語欄に「シナ語」と書いて事務の人に怒られた覚えがあります。あまりそういうことを気にしなくて済んだ一九五七年頃の話ですね。

私の後の世代の方のように、あるいは先輩方にもいらっしゃいますが、いわゆる社会主義がどうとか、毛沢東思想がどうとかについては、私はよく分かりませんでした。しかし、オリエンタリズムの方には、少なからぬ興味を持っておりました。オリエンタリズムと申しましても、E・サイードの言うところのオリエンタリズムではなく、ルノアールが描いた打ち掛けを着た女性の絵など、いわゆる東洋趣味というやつですね。戦前から日本にもそういうものが入っておりまして、そうしたものを通じて中国像を抱いていたような気がいたします。

一九四九年、一五歳の時に、中華人民共和国成立の記事を読んだことは覚えております。しかし、新聞報道の扱いもそんなに大きくなかったですね。

外語大在学中は党組織もありましたが、私は直接コンタクトしませんでした。それから、社青同には友達もたくさんいて、カンパだけだいぶ取られましたが、そういうセクトに私は直接入りませんでした。外語大を出てから、立教大で二年ばかり遊んでおりました頃は六〇年安保で、そういう勇敢な人たちに会うこともありましたが、私自身は山村工作を少し手伝ったものの、誠に穏やかに山梨大学や地方の大学で講演会をやった程度です。

外語大の後に行きました立教大には野村浩一先生がいらっしゃいました。ちょうど法学部ができた年で、中途募集でした。第一期生が四〇人ぐらいいて、私は中学が立教だった縁で舞い戻ったのですが、公法政治専攻の学生は四人しかいませんでした。他方、宮沢俊義さんが学部長で、教授陣には我妻栄さんもいらっしゃいました。野村先生が話し相手をしてくださいました。そんな学生時代でした。

就職に関しては、外語大は割に商社に行く学生が多かった。私も商社に行こうか、JALに行こうかと迷いましたが、真面目な人がそういうところに行くのです。また、外語大はそのころは新聞に行く連中も割に多くて、同期でも四～五人が行きました。後の話ですが、北京で記者会見なんかすると、中島宏（共同通信）とか、田所竹彦（朝日新聞）とか、外語大の同窓会みたいになるのです。そんな勢いで新聞社を受けたわけです。毎日新聞に行ったら、月給は悪いけれど、大変自由に仕事をさせてくれたので、今でも感謝しております。

入社が六一年ですが、内勤で下積みをやっておりましたころ、文革が始まりました。その頃は日中記者交換協定[1]ができ、最初に高田富佐雄さん、後に江頭数馬さんなどがいらして、江頭さんは追放されて帰国されました。そのちょっと前、名古屋大の図書館を調べていたら例の『燕山夜話』[2]の原本があったのですね。一部は新聞紙面で紹介、翻訳して出版、菊池寛賞をいただきました。「中国も面白いな」と本格的に考えるようになったというのが正直なところです。

「中共」から「中国」へ——中国呼称問題

山本　当時、中国呼称問題というのがありました。日本国内で中国を「中共」と表記する件について、どのような状況にあったのかということをお聞かせください。

辻　その頃までメディアは原則みな「中共」と呼んでいたわけです。それに対し、「中国」と呼ぶべきではないかという動きもありました。私はたまたま組合の新聞対策委員会の委員長を務めていたため、組合の方から「『中国』呼称に変えるべきではないか。検討しろ」という指示を受けました。そこで、委員会としては竹内好先生[3]に来ていただいたのですが、竹内先生もそのときは、「『中国』と呼ぶべきだ」とはとうとうおっしゃらなかったと記憶しています。

ただ、公的な根拠もないまま、「中共」という呼称を使うのはやはり具合が悪いだろうと考え、「中国」呼称にする際に関わってくる用語や用字などを検討し、会社に意見書としてまとめたところ、即刻、主幹か誰かに「よくできているから、これを社の方針にするよ」と言われ、社内通告でぽんと決まったわけです。

その頃は毎日だけではなくて、朝日や各社とも、中国担当記者は戦争中から、軍との関係の強い下関や大阪の方が報道の主体を担っていました。毎日新聞の場合は、戦後、私が入る前までは、大阪に東亜部が置かれていましたが、その後東京に移り、他の部署と合併して外信部になったわけです。その中には歴史的経緯から東亜同文書院[4]の方が多かったですね。同文書院の方は情熱的と申しましょうか、呼称問題も含めて、中国について好き嫌いがはっきりしている方が多かったように思います。

ご存じの方が多いかと思いますが、同文書院卒業の田中香苗さんが当時社長を務めておられ、いわゆるアカ的な記事は困るというような方針を人づてに聞かされました。他方、別にアカだって中身がよければよいではないかと、イデオロギー的というよりも個人的な観点から書かれた記事もあったと思います。聞くところによれば、同文書院系列の方々の中で争いがあり、よその社でも同じような状況だったようです。ただ、新聞記者というのは所詮崇高な理想などはともかく、日常の業務が忙しいのですね。イデオロギー的に正邪を決めるというようなことは、最終版の降版の後、夜中に飲みながら話すことはあるけれど、仕事にはあまり関係なく、イデオロギーを理由に社内でけんかしたということもございません。

その頃は、香港と台北の支局はそれぞれ、どちらも同文書院の杉本要吉さん、若菜正義さんがいらっしゃいました。江頭数馬さんは、運悪く例の記者追放で帰っていらして、そのせいか帰国後、どちらかといえば中国に批判的だったようです。かたや他の同文書院系の真面目な方は親中です。そこでお互いに様子を見ながら争っていたというようなことです。ただ、私とか、私の前に北京に赴任した中野謙二さんは外語大出身です。そのほか、慶應大から石川昌さんとかがいらして、われわれはあまりそういう議論はしなくてすみました。ただ、中国に批判的な人から見れば、どちらかといえば親中的な記事が多かったのだろうと思います。ニュースソースの問題もありますし、記者交換協定には「友好のために」という一条がありました。この一条については、それがいまだに呪いになっていると言う人もいますが、中国当局からそれを理由に直接圧力をかけられたようなことはございませんでした。後になって、記者の追放とか、ビザ更新の拒否とか、いろいろ具体的な問題は起こりましたが。

新聞社の中から見ておりましたかぎり、六四年の第一回核実験も、それが大事件だという意識は特にありませんでした。「あの遅れた中国も作るようになったか」という印象はもちましたが、それで日中関係がどうなる、世界のパワーポリティクスがどうなるなどといったことは、あまり議論したことも、考えたこともありません。中国の方も、われわれに対しては友好路線で付き合っていましたので、その辺で議論しなくて済んだということです。中国報道のニュースソースは、特派員のいるところは特派員ですが、香港、ワシントン、ロンドンなどから間接的に来るものもありました。また、東京にありましたアジア通信やラヂオプレスの配信記事もファックスやティッカーで入っていました。

記者交換協定

山本　六四年に始まった記者交換プログラムは一年交代、単身赴任のみで記者が交代するという非常に変則的なプログラムだったのですが、これが六七年の追放で基本的に終わりを迎えたわけです。

辻　六五年に中国側の交換記者が来ました。川口アパートに劉徳有氏らが入りましたが、初代交換記者として来たのは新華社の丁拓氏でした。苦労人で、結核で胸を患っていましたが、大変いい方で、中国の代表としてよりも個人としてお付き合いしていました。また、一九六六年の春、文革発動直前、中国記者たちと浅草で食事をしたあと、その一人が意図的にか、偶然か、お手洗いで二人きりになったとき、「辻さん、辻さん、大変なことになるよ」と。「えっ」と言っても、彼はそれきり返事をしませんでした。いろいろの事情を知っていたからこそなのでしょう。記者交換協定を通じていろいろな付き合いがありましたが、六七年になると朝日新聞を除いて常駐記者はみな追放されてしまいました。

香港の取材環境

山本　辻先生ご自身は、七一年に香港支局長という立場で香港に派遣されました。当時、香港は、香港自体というよりは中国取材の最前線という位置付けだったと思うのですが、当時の香港での取材ぶりをお聞かせください。

辻　当時香港には、いわゆるチャイナウォッチャーたちが山ほどいまして、香港の外国人記者クラブは「スパイの巣窟」と言われたように、大変刺激的な雰囲気がありました。香港駐在時は、中国系として大公報、文匯報の記者とはよく付き合いました。当然、大陸の情報はいろいろ入ってきました。李怡、丁望といったいわゆるチャイナウォッチャーたちとも親交がありました。中国旅行社にいた日本語のできる人たちは、どこまでが個人なのか、どういう組織の人なのか分かりませんが、大躍進の時の餓死者の話など、結構際どい話をしてくれました。

ご存じのとおり、海を渡って香港に逃げてくる中国人に直接接触することはあまりありませんでした。私は香港島に住んでおりましたが、新界の方に逃げてきた連中が集まっている漁村がいくつかあって、行ってみたのですが、言葉が分からないですね。広東語とか、寧波語とか、何を言っているか分からないけれど、言葉がわかる人と一緒に行くと、その連中はなんでもかんでも話してくれました。そのうちに、三合会のヤクザと知り合いになり、九竜城のアヘン窟に連れて行ってもらって、ちょっと吸ってみたけど、何でもないのですね。ただ、小麦粉を焦がすような香ばしいものでした。

香港には三年ちょっとおりました。でも、文革については、流れてくる死体を目にするばかりで、何が起こっているのか分かりませんでした。むしろ東京の方が、資料が整理されて読めますので、帰国後、香港で集めた資料や香港で見てきた中国の風土的な感覚を持って、継続革命論(5)を学んだり、人民日報を隅々まで読んだりして、真面目に文革を研究しました。

日中「蜜月期」(七〇〜八〇年代)の取材環境

山本 香港から帰ってこられて、東京在勤を経て、いよいよ七九年に北京に赴任されるわけですが、このときが初めての中国訪問でしたか。

辻 実は七一年に広州交易会に招待され、中国本土を初めて訪問しました。ちょうど林彪批判、陳独秀批判のときでしたかね。交易会で女の子が目をつり上げて、「この機械はわが国の愛国的労働者が作ったものだ」とぶち上げ、林彪と陳独秀を批判したので、陳独秀が悪い人というのはよく分かったけれど、「五四運動(6)や新文化運動(7)をどう評価するのか」と問いかけたら、ぴたっと黙ってしまいまして、奥に駆けていって、しばらくして戻ってきて、「五四運動は評価します」と言っていました。

その時に広州の動物園のパンダを見にゆき、パンダの餌のお粥を舐めてみたらちょっと甘かったのを覚えています。また飼育係に何匹かのパンダにそれぞれ名前はあるのかと聞くと、一番大きいのが「老大《ラオター》」(長男)で名前を呼ぶと来るというので、「ラオター」と呼んでみたのですが来ません。ところが飼育係が広東語で「ローテー」と呼ぶとすぐに来ました。さすが広東のパンダだと感心しました。

一九七一年秋、国連で中国代表権に関する討議を取材し、しばらく米国に滞在しました。最後にアルバニア案が採択され、魏道明(中華民国外相)が議場を出ていくのを各国代表が拍手で送ったことを記憶しています。ご存じのとおり、投票前に国府は国連を脱退したわけで、厳密には追放ではないのです。でも、その時、「国連創設メンバーであり、国家としてとくに問題はなかったのだが」という記事を書きました。台湾が脱退し、翌日、国連本部の前に並んだ各国の旗から青天白日旗がなくなったわけですが、そこにはまだ五星紅旗が出ていなかったのです。写真を撮ったら、一本だけ旗のない柱の写真ができました。この写真がUPIを通じて世界に流れました。

翌七二年、日中国交正常化の際、田中首相に随行することになり、一度東京に戻って、訪中団に同行しました。その時は各社とも、中国担当記者よりも政治部記者が主体でした。随分大勢で行って中国側はわれわれを大事にしてくれました。宿舎は民族飯店で、記者クラブもそこに開きました。

その時に活字にはならなかったことですが、共同声明調印の後の会見で大平外相は「この日を記念して、中国からパンダという動物を贈られました」と言ったのです。記者団が「パンダって何ですか」と言ったら、大平さんは「猫みたいなものだそうです」と答えました。当時パンダに関する知識もそんなものだったのですね。私は動物好きで、未知動物研究会という会のメンバーでしたので、パンダのこともよく知っていました。

周恩来とは握手だけいたしました。調印が終わって、周恩来と田中が特別機で上海に行き、張春橋[8]を中心とする上海革命委員会がホストとして田中首相を工業展覧会に招待しました。張春橋は、非常に暗い感じの人でした。私も、記者席の末席の方で美味しいごちそうをいただきました。私は何度か周恩来主催の宴会に参加したことがあるのですが、彼は自分のコップには秘書に水を注がせて、水を飲んでいました。しかし、あの時は真っ赤になっていたので、田中だけでなく、周恩来も本当に茅台酒を飲んでいたように思います。予定されていた踊りなども全部取り止めになり、満場の拍手の中で二人で肩を組んで出て来ました。二人とも泥酔していたようです。上座の方には、廖承志[9]などもいて、大騒ぎをしていました。

今にして思えば、本当にいい時代だったなと思います。そのころから交渉の場では尖閣に関する田中の発言を含め、いろいろ難しい話が出ていたのですが、全般としては友好一色でいくというムードでした。覇権条項[10]もパスいたしました。また台湾条項もご存じのように中国側が大幅に譲って大平声明で終わってしまった。その間八達嶺に行って、廖承志と並んで歩きながら周りを見たら、紺の人民服を着て、運動靴を履いたガードマンがたくさんいるのです。廖承志に「警備が多いですね」と言ったら、「反対する人もいますから、しょうがないのですよ」と言うのです。深刻だったのは中国側の方だったろうと思います。日本側はもちろん警備はしたのでしょうけど、あまり心配した気配はなかったですね。むしろ中国側が苦労したのだろうと思って見ておりました。

山本　次は七九年に赴任された北京での取材活動をかいつまんでお願いいたします。

辻　一番印象に残っているのは、ちょうど「北京の春」[11]の時で、西単の「民主の壁」が繁盛していました。まだ寒いときでした。朝四時か四時半に起きて、中国人の運転手さんに連れて行ってもらうのです。早く行かないと破られてしまうので、片っ端から写真を撮って、また戻って来ると面白い壁新聞がなくなっている。壁新聞の写真だけ山ほど撮りました。魏京生[12]とは会う予定でいましたが、すれ違いで会えませんでした。『四五論壇』の徐文立に会って、彼の家まで遊びに行きました。多くの若者が集まって中国の未来について真剣に議論をする。本当に良い時代だったと思います。八〇年代、厳密には八九年の天安門事件まで、中国は貧しかったが夢がありました。

もちろんその頃でもわれわれが動きますと、尾行も付いたし、タクシーを呼んでどこどこと言うと、ちゃんと行き先で公安さんが待っていました。妨害はしなかったです。ある民主青年が「話がある」と電話をかけてきて、白塔寺で待ち合わせした時も、紺の人民服、つまり私服がぞろぞろ尾行してきて、横丁や物陰にいるのです。白塔寺をぐるっと回って表通りに出たところで私服と鉢合わせしたので、「何か用か?」と声をかけると、本当にバッタのように逃げ散っていきました。また別の時も、ずっとつけられた挙句、動物園の中のお寺の塔に登って階段の出口のところで待ち伏せ、息せき切って上がってきた若い私服にまた「何か用事?」と言ったら、また階段を落ちんばかりにして逃げて行きました。彼らも大変だったと思います。

私が「逆租界」と呼んでいた外交官など外国人の住宅があった建国門でも、入り口に公安関係者がいて、出入りする中国人をチェックしていました。面白いから、張り込んでいた私服警官に世間話をしかけたのですが、彼は断わるわけにもいかないし、かといって、しゃべっていると仕事にならない。非常に困ってしまった様子で、三〇分ぐらい話していたら、とうとう他所に行ってしまいました。日本の警察も東京にいた記者団の後を一生懸命つけていましたが、どこの国もそういう公安関係の人は苦労しています。ただ彼らは少なくとも私を含めて外国人には、非常に紳士的に接していました。

その後九〇年代になって私の知り合いがスパイ罪で捕まってしまい、その関係で事情聴取を受けた時には、公安関係者が連れてきた日本語の通訳の若いお嬢さんの日本語があまり上手くないので、事情聴取後、日本語を教えてあげたらすごく喜びました。それも友好ですね。そんな文化交流をしていましたら朝飯をごちそうしてくれました。出してくれたトーストがあまりにまずいので、お粥に取り替えてもらいました。

山本　八二年に帰られた後、北京での取材体験を総括する形で、『転換期の中国』(岩波新書、一九八三年)をお書きになりました。執筆された動機と狙いについて、まとめを兼ねてお聞かせください。

辻　『転換期の中国』の中身は北京から書いた原稿と同じようなことを書いたものです。当時は大きな「転換期」で、今と比べるならば、夢のある時代でしたね。その後も中国を行き来しているのですが、雰囲気がだんだん悪くなり、八九年の天安門事件で決定的に悪くなりました。八〇年代には、体制改革研究所の陳一諮、王小強、『河殤』(13)の蘇暁康、告発作家の劉賓雁(14)らと付き合っていて、お互い遠慮なく大変いい議論ができたと思うのです。新聞社を辞めて、大学に移ってからも、ありがたいことに研究費を使ったり、学生の引率などでほぼ毎年、多いときは一年に六回中国に行きました。八〇年代の終わりには、日本研究所の何方さんとか、王若水さんとかに会えました。

六四事件の最中は、私は中国にいませんでした。直前の五月に行ったのですが、別にどうということはなくて、むしろ私の知り合いの中国人が、戒厳令で来ていた兵隊さんにジュースとか、リンゴを差し入れたり、トラックに乗っている兵隊さんとお互いにご苦労さんと声をかけたり、仲良くやっていると話していました。でも、それは北京衛戍区の兵士で、すぐに交代させられるわけです。しかし事件後の八月頃に行った時には、見るも無残でしたね。口が利けなくなっていました。会うことは会ってくれたのですけど、多くの友人は顔面蒼白でした。彼らの家で朝から昼飯、夜と、十何時間ひどい話を聞いていたら、今度はこっちが気持ち悪くなってきました。

ウアルカイシとか柴玲には、私は直接会っていません。アメリカであゝいう連中に会うと、仲間げんかの話ばかり聞かされるのです。誰が金を使ってしまったとか、誰が誰の誹謗をしたとか。本当に中国の知識人というのは文人相争うがひどかったですね。今でもそうでしょう。決して仲良く団結できないですね。余談ですが孫文という人は偉かったなと尊敬しているのです。ある意味で大ぼら吹きですが、人徳と組織力があったのですね。同盟会なんてどんなやつがいたか分かったものではないけど、それをまとめたのは今更ながら孫文は偉かったなと思います。

質疑応答

質問 辻さんの目から見られて、六〇年代末から七〇年代初めのプロセスと、七九年から八〇年代と、それから八〇年代の終わりの天安門事件に至るプロセスというのは、中国の知識人たちにどのような変化があったのか、なかったのか。辻さんの抱かれた印象をお聞かせいただけないでしょうか。

辻 それは恐らく中国の政治社会がこれからどうなっていくのかにもつながっていくと思うのです。私もその点に関心があります。面白いのは、文革中何もできなくて、八〇年代にいろいろなことが言えるようになったときに、知識人たちが思い出したことの一つが清末新政[15]だったということです。中国にもその時代にはチャンスがあったということでしょうかね。それから、五四運動で掲げられたデモクラシーとサイエンス、それでいくべきだったと。あるインテリと話した時、「日本は中国に悪いことをした」と言うから、「そうでしょうね」と言ったら、「何が一番悪いか分かるか？ 国民党をつぶしたことだ」と。「国民党をつぶさなければ、まだチャンスはあった。あれがなくなったからひどいことになった」と怒っていました。

アジア調査会の雑誌に連載している資中筠（元中国社会科学院米国研究所所長）という九〇歳近いおばあさんは、今の変な愛国心を嫌うリベラルな方です。その方によれば、中国の近代化は、鉄道であれ、ビルであれ、大学であれ、戦前の内戦期の方がはるかに活気があった、偉大な学者もその頃に生まれたのだ、と。言われてみると確かにそうですね。老舎であれ、郭沫若[16]であれ、魯迅であれ、費孝通[17]であれ、国際的水準にある偉大な研究者や芸術家はその時期に現れたと言えるかもしれません。

一方で、近年知識分子は、当局の締め付けがひどいと嘆きながら、インターネット上では結構元気にいろいろなことを書いていますね。広東の歴史学者の袁偉時、清華大の孫立平、李強さんなどは非常に慎重で、頭も良くて、彼らの論文を丹念に読みますと、その核心だけをぶつけたらひどい目に遭うだろうなというようなことを平気で書いていますね。

このように厳しい締め付けの一方で維持されている、変に風通しのいいところに着目しています。結局のところ、権力側が、中国の夢だの、愛国主義だの、儒教復活だのという流れを作っても、知り合いのある研究者が聞いて歩いたところでは、一〇〇人中九九人は「普遍的価値」を信じているそうです。逆に言えば、党のいう「中華」云々は誰も信じていないのです。普遍的価値か、いわゆる中華モデル／北京モデルかという問題についてみれば、清末以来の議論がいまだに終わっていないのだという気がします。

議論にどう決着をつけるのかは分かりませんし、当分決着はつかないだろうと思います。いろいろな意味で近代国家として未成熟なのですね。未成熟なゆえに非常にリベラルな、デモクラティックなものが出てくるし、同時に孔子様も出てくる。そういう状態の中で、風見鶏のインテリたちの一部は西側デモクラシーの悪口を言っていますし、またそういう人を罵るリベラルなインテリもいる。嵐が過ぎるのを待っているという感じの方が多いですね。つまらないことを言って、お上に盾突いてけんかして、ひどい目に遭うよりは、様子を見ようと。これは本当に現実的な選択だと思います。結局、どちらの方向に進むかはなお流動的だということです。そうした中で、一つの社会運動、あるいは政治運動、あるいは政策へと収斂するか、いろいろな可能性があります。

質問　呼称問題に関して教えてください。先ほどのお話ですと、組合の意見書がそのまま毎日新聞の社内通告となったと。恐らく大変立派な内容だろうと思いますので、どういうロジックでそれを展開されたのか、その意見書をご紹介いただけないか。それが第一点です。次に、それが毎日以外の各社に与えた影響について。辻さんの属しておられた組合、ないしは中国関係を専門にする記者の間に何らかのルートがあったのか。そういう中で、呼称問題は各社にどのような影響を与え、メディア用語として定着していったのか。そして三番目は、それがお上にどう影響を与えたのか。そのあたりをお教えいただければと思います。

辻　そう言われてみて、あれは大きな変化だったのだなあと改めて驚かされます。当時、私の身の回りでは、呼称問題がそれほど重大な問題だという感じはいたしませんでした。「中共」という呼称がおかしいというのも、別に「親中だから」おかしいのではなく、政党ないし政権の名前を国名にするのはまずいというコンセンサスで、もちろん呼称を「中国」と統一することについては、中華民国の問題もあるし、難しいという議論は組合の中でもいたしましたが、とにかくあまりシリアスな問題としては受け止めておりませんでした。むしろもっとテクニカルな話題が議論の中心でした。中華人民共和国を「中国」と呼ぶのはいいけれど、そうなると、たとえば漁民も中国人漁民なのか、台湾人漁民なのか、香港人漁民なのか。さらに、地名で「シナ」が悪いということならば、南シナ海、東シナ海も変えるのかとか、そういう技術的議論は随分した覚えがあります。他方、イデオロギー的、あるいは道徳的議論はほとんどした覚えがありません。

恐らく各社にはイデオロギー的観点から議論する方もいたと思いますけれども、どうでしょうね。組合の方も、当然やや進歩的といいますか、親中的姿勢から、呼称を検討しようと私の方に言ってきたのだろうと思います。だけど、意見書をまとめて社に出した途端に、翌日に社の方針になって出てしまう程度で、あまり深刻に受け止められてはいなかったようですね。各社がいつどう呼称を変えたかもあまり気にしなかったです。産経は頑張っていたようですね。

山本　私は一九八六年入社ですが、当時、まだ「中共」が散見されました。中国本土そのものを指す場合は「中国」の用語に変わっていたはずですが、台湾との関係の中に出てくると、「中共」という用語を使ったからといって、自動的に校閲が直すというものではなくて、多分ぽろぽろと残っていたように思います。ですから、「中共」が消えることと、「国府」が「台湾」に変わっていくことは、論理上はつながっているはずなのですが、報道の現場で見ていると、こうした変化は必ずしも同じ時期に生じたのではなく、社によってはばらばらになったと思います。

辻　最近は、括弧付きで、「台湾(中華民国)」という新聞の記事も多いですね。あれはさすがに止めていたのですけれども、台湾当局というのもありました。とにかく例の南シナ海問題でも、中華民国という「国名」が出てこなければ議論ができないわけですからね。その当時もそうでしたし、中国からクレームがつくというような話はなかったように記憶しています。劉徳有記者から「中共というのはおかしいですよ」とか言われたことはありますが、現場は、シリアスな問題と受け止めてはおりませんでした。新聞社というのはそんなにシステマティックに意思を持って動いているわけではないのです。九〇%ルーティンの中のテクニカルな話の中で議論していたわけです。

質問 いろいろ大変身近な話を面白く伺ったのですが、林彪事件についてお伺いします。私の中国観は林彪事件で大きく変わったのです。文革には一種の幻想がありましたが、林彪事件はそういうものを全部つぶしました。そういう意味で中国研究者に与えたインパクトは非常に大きいのですが、これが報道できちんと伝えられるのは非常に遅れましたね。たしかロンドンの新聞が、九月に三日あるいは一週間ぐらい遅れて報道したのでしたか。しかしそれ以降は報道されないままで、中国側が公式に毛沢東の発言として認めた翌年の五月ぐらいまで、全然何が起こったか分からない状況でした。新聞記者は一体何をしていたのだというのが私の伺いたいところなのです。ロンドンの情報を、北京にいた新聞記者、あるいは東京にいた中国担当の方々は一体どう分析したのか。どのぐらいの時期に、林彪がクーデターでつぶれたという報道が比較的正しいという判断に落ち着いていったのか。辻さんの経験でさわりの部分をぜひ教えてください。

辻 正確な日付などは忘れましたが、最初の報道はバーチェットがやりましたよね。彼は、言葉は悪いけど御用記者で、中国側が意図的に流したのをバーチェットが特ダネとして打ったと。記者にはそういう機能もあります。私も後に、特別法廷を開いて四人組を裁判にかけるというニュースを、中国側と非常に親しい方から教えていただいたことがあります。こちらも鈍くて、「そんなこともあるかね」と思いながら、夜中に最終版で東京に送りましたが、せいぜい外電面の二〜三段だろうと思っていたところ、一面トップに掲載されて、世界的ニュースになりました。振り返れば、あの時私はリークに使われたのだろうと思います。いい情報がもらえるなら、リークだろうと構いませんが。

林彪事件に関しては、中国側が徹底的に秘匿していたので、新聞記者が独自のつてで事件を知って報道することは不可能だったと思います。私が何かあったなと思ったのは、東京に行って内調の人から、林彪事件直後から三〜四日間、中国が全航空機の飛行を止めていたと聞いた時です。しかし、林彪事件の真相は、いまだに分からないわけですね。

山本　中国報道はいまだにパズルを解くような作業がずっと続いているのだろうと思うのですね。つまり、アメリカのように圧倒的な報道量でもって集中的な報道がなされ、ある事象に焦げるくらいに光が当たってしまうというのとは違って、ほのかに見える光を頼りにジグソーパズルをやっていくような作業を、先生も、その後輩たちもずっとやっていると思うのです。それでも仕事のやり方は、私が間近に見せていただいた八〇年頃の先生の仕事ぶりと私が一〇年前に北京でやったこと、それから、今、後輩が北京でやっていることの間に違いがあるように見受けられます。先生の目からご覧になって、今の日本の中国報道はどんなふうに見えるのか。ご意見を伺いたいと思います。

辻　一概には言えないけれど、今の現場の記者たちは、多すぎる情報にアップアップしているように思われます。他方、東京にいれば中国側からの情報も、中国に批判的な人たちからの情報も大量に入手できますが、北京ではこれらの情報に接することができず、外交部の記者会見や、その時の事件やイベントに追われてしまいます。昔は情報量はそんなに多くなかった。東京にいればラヂオプレス、アジア通信、記者たちの接触、香港情報——これで大体のところは分かっていたようです。もちろん情報は多い方がよいのですが、そこから正しい結論が出てくるわけでもないと思って見ております。

質問　辻先生の記事を拝見したとき、他の記者さんと違って、文学や文化から切る視点を非常に強く感じ、面白いと思いました。文学や文化から中国を見ることによって、どのようなことが明らかになるのか。その辺をちょっと教えていただければと思います。

辻　私が北京におりました頃は、毎日のように文革でつぶされていたいろいろな文芸誌が復活いたしました。『収穫』とか『瞭望』とか。それを片っ端から予約し、読んでいました。八〇年代の雰囲気から言って、とくに蘇暁康、劉賓雁、王蒙などに関心を持ちました。『転換期の中国』のあとがきで、そういった文学者への感謝の言葉とともに、中国理解の道具に使って悪かったという謝罪を書きましたが、中国の文学には、いわゆる事実としての中国が書いてあるのです。確かE・H・カーは、一つの時代を理解するのに当時を描いた文学作品を読めと書いていました。私の理解する中国情報のうち、血の真実を伝えているのは文学作品だという印象を、私は今でも強く持っております。

農村研究で有名な于建嶸の半自伝小説『私の父はならず者だった（我的父親是流氓）』という二〇〇九年に出された短編があります（雑誌『世界』二〇一七年三、六月号に収録）。金持ちの家に生まれた男が道楽して、博打ですってんてんになって、やくざになって、悪事の限りを尽くして、親類の家に放火して、山に逃げ込んだら共産党が救ってくれて、それ以来共産党幹部になって、ある市の市長になったり、党書記になったりして、最後は偉大な共産党の戦士として祀られるという内容です。作品の語り手である息子というのがどうも作者の于建嶸自身のようですが、その父親は「おれを博打に引きずり込んだ悪いやつ、家に火をつけてやったやつ、あいつがいなければ、おれは幹部にはなれなかった」と。つまり革命というものも、細部を見るなら革命の大義とはまったく関係がない極めて現実的な状況が積み重なっているわけです。

中国の激動の中でわれわれはどうしても歴史を必然として見ていますが、必然は後付けの看板で、膨大な偶然が入り混じって、その中で人間が生き延びているわけですね。それが、私は中国の事実だと思うのです。お上の論文とか、反中論文とか、あるいはそう申し上げては悪いですけど、一生懸命たくさん論文を読んで勉強なさる方たちの論文を嘘だとは申しません。それはそれで重要な真実ですけど、残された九九％の事実としての中国がどこまで分かるか。そういうものを分かるための努力をしなければいけないなというのがあって、私は文学から入るのです。何年も前に翻訳しました李佩甫の『羊の門（羊的門）』なども農村の話ですが、まさに本当の農村、農民はかくもあるものかなと思わせてくれます。革命が起き、あるいは革命が終わるということが、彼らの日常の現実の中で展開するわけです。お上の論文も、反中論文もその都合のいいところだけ拾ってきて言うわけで、それだけでは中国ではないというのが私の感覚です。

質問　報道の最前線におられて、六四のときの民主化の要求をどういうふうに評価されたのかなということです。先ほど言及された五四運動にもいろいろな評価がありますけど、あそこで掲げられたような民主化の要求は、必ずしも近代中国では実現しなかったのではないかと私は思います。また、現代の中国の知識人の中にも、普遍的な価値というものを認める人が結構いると話されました。でも、そうしたものが中国で実現できるのか、ということです。

私は九〇年代の初めにプリンストン大学に行っておりました。あのときは陳一諮、劉賓雁、蘇暁康など、天安門事件で逃げてきた人たちとの交流もありました。そのときに私が感じたのは、確かに民主化を求める彼らの主張は分かるが、それを中国でどういうふうに実現しようと考えているのかということでした。ただアメリカで叫んでいるだけでは駄目なのです。中国の変化の可能性について、八〇年代当時、さらには現在、どのように考えていらっしゃるか、私は大変興味を持っています。

辻　まったくおっしゃるとおりです。先ほど申し上げたように、清末新政、五四運動、国民党時代から、統一戦線、新民主主義段階への回帰もあれば、左派の連中の中には、大躍進ひいては文革に戻ろうという思いもある。また最近では趙紫陽に戻るべきだという意見もある。しかし、多様な議論の中で、普遍的価値の前途しかないというインテリさんたちは多い。でも、それがすぐにできるわけでもない。中国の前途を占うことはできないのですが、少なくとも、先ほど申し上げたような一部の文学が描いているような混沌の中でしか中国は変わっていかないのだろうなと思います。民衆は、非常に現実的に生きているわけですね。その現実には、申し上げたように必然と偶然が入り混じっているのです。インテリさんたちが言うようないろいろなビジョン、あるいはお上が言うような中華世界、それらにまったく影響力がないとは言いませんが、そこから国家なり民族なり、巨大な集団が動くのではなく、捕捉し難い事実の中で展開するだろう、というのが私の直感的な理解です。

質問　お話の中で、取材をめぐって公安部門の方とフレンドリーな関係を築きつつ、攻防戦が展開されたと伺いました。六〇年代から現在に至るまで、公安部門とどう付き合うかというのは、報道関係者にとって大きな課題だと思います。その辺りについて、六〇年代から現在に至るまでの変化、あるいはジャーナリストとしての現実的な対応についてもう少しお伺いできればありがたいです。

辻　私個人では国家安全部に一晩、この頃のはやり言葉で言えば「お茶を飲まされ」たことはあるけれど、それ自体は大変友好的でした。もちろん中国の公安といっても、いろいろなのがあります。国家安全部あり、公安部もあり、それがどう動いているかなんてとても分かりません。

また、記者によっても体験は違うのですね。何も新聞記者だけではなくて、研究で中国にいらした方もお巡りさんに「接触されてしまう」ことも結構あるようです。ただ状況次第ですが、外国人と接する部分ではことを荒立てたくないという姿勢は感じられます。それに比べ、この頃は中国国内で人権派弁護士やNGOが捕まっている。少なくとも即刻追放ということはありません。

山本　何回か任意で呼んで、三回目ぐらいですかね。

辻　そろそろお帰りになったら、と。呼ばれることはあり、私も呼ばれたことがあります。香港政庁にも呼ばれたことがあります。日本でも警視庁や内調の訪問はずいぶんありましたので、あまり驚きません。しかし、先ほども申し上げたように、新聞記者は中国自国の記者と同じく「公開スパイ」であり「偉い人」だとして対応されていたのです。実際に、中国の新聞記者は偉いでしょう。閣僚になったりします。新華社あたりをうろうろしていて、日本の支局の通訳をしていた人が総領事になったり、それは彼らの文脈で動くのです。そういう感覚で外国の記者も大事にされました。たとえば、新聞記者を本来外交官のための建国門の外交人員アパートに入れてくれたわけです。当時あそこに入れたのは外交官と新聞記者とJALですね。中国から見れば、これは全部「お上」なのです。

よく笑い話をするのですが、中国外務省が組織して、「どこかに旅行に行きましょう」と言って、あちこちに連れて行ってくれます。山東省の人民公社か何かに行ったときですかね。北京から列車で行ってホームに降りましたら、プラットホームの上で車が待っているのです。改札は通らないで、そのままお車にどうぞと。すると一行に、後ろからジープがくっついてくるのです。後になって、それは地元の市からわれわれのために派遣されたコックさんと服務員なのだと分かりました。それが良い食材を積んでジープで追い掛けてきて、人民公社の食堂で「これが公社の食事でございます」と言ってごちそうしてくれるのです。そういうとき面白いこともありました。朝早起きすると、お百姓さんも早起きですから、若いやつを捕まえて、「何とかさんという主任がいたよ」とか「書記がいたよ」と言うと、「あいつは嘘つきでしょうがない」など本音を語ってくれるわけです。

いずれにしろ、新聞記者というのは、「公開スパイ」として警戒されると同時に、だからこそある意味大変厚遇してくれました。アポも取らずに東京からきたお客さんを連れて人民大会堂に行っても、そこの兵隊さんに「記者だよ」と言って、記者証を見せたら、中に入れてくれました。新聞記者というのはそれほど「偉い」存在だったのです。昔に比べると、最近は記者たちが厚遇してもらえなくなったらしく、だんだん価値が落ちてきたなと思って見ているところです。

質問 私は価値が落ちた世代です。ごく技術的なことを教えてください。北京におられた頃の通信手段です。どうやって原稿を送ったのかとか、写真も独自に送る方法があったのかとか。取材で言うと、たとえば私は二〇〇一年から北京にいたのですが、そのときに地方出張するときは地方政府にお伺いを立てて許可を得てみたいな感じだったのですけど、北京以外のところに行くときにどんな手続きが必要だったか、あるいはできなかったのか。その辺の技術的なところを教えてください。

辻 われわれの頃はまだ国内ビザの時代でした。外交部新聞司に、どこに誰が何日間行くと届け出て、その書類を持って向こうの駅に着くと、大体お巡りさんか兵隊さんがいて、それを見せろと言い、ちゃんとマークされていましたね。

通信方法は、私のときはテレックスが主でした。あとは電話送稿でした。まだネットは使えなかったのです。それから、写真は自分で撮って、自分で現像して、電報局まで持っていくのです。人民代表大会で上の方からロングで写真を撮ったとき、相当高齢の老幹部が女性の服務員に介添えされてやっと歩いているところを撮ってしまったのです。それを「老幹部も頑張っている」という意味で送ろうと思ったら、電報局のやつが「こんなみっともない写真を送ってはいかん」と、新聞司に電話をかけたのです。取材妨害だと開き直ったら問題なく済みました。

あの頃はポラロイドが大変に役に立ちました。電送器は直接自分では持っていませんでした。共同通信は持っていたのではないですか。私たちはUPIと提携していましたので、UPIに持っていきました。テレックスももちろん自分で打ってもいいのですが、時間がかかるので、テレックスのテープをUPIに持っていって、あちらの回線で流してもらいました。

書き原稿はバック便で、郵便で送っていましたが、一度として問題になったことはないですね。電話がつながりにくいとか、盗聴されているなどいろいろありましたけど、当局から直接干渉されたことはなかったです。阿Qの芝居を見て、「今も変わらない阿Q世界だ」と書いたら、人民日報の記者が「辻さん、大誤解だ」とか言って怒ってきました。逆に、八〇年代頃にたくさん出回り、山積みにされたまま傷んでいく白菜について、「もうちょっと管理をよくしろ」という原稿を書いたら、たまたま陳雲[19]がそれを読んで、「外人記者にこんなことを書かれて、恥ではないか」と言って、北京市の商業局のやつを呼びつけて怒鳴ったというのです。それ以来、北京市の外事弁公室の私への態度が悪くなりました。

今は定例記者会見がありますが、われわれの頃はなくて、用事があると新聞司に電話をかけたり、司長の銭其琛[20]（後の副首相）にご馳走してもらったりしました。食事の席で、「（文革末期米国と取引ある日本商社を排除した）周四原則はどうなったのか」と聞いても、にこにこして返事しないのです。ああいうところはやはり優れた外交官だなと思いました。

山本　ではこのへんで終わりたいと思います。貴重なお話をどうもありがとうございました。

第三部

架け橋の苦悩と奮闘

第 8 章
終戦後の混乱に翻弄された残留日本人の軌跡

西条 正
（残留帰国日本人）

聞き手＝石井 明

西条 正（さいじょう ただし）　1945 年北京生まれ．ハルビンで育ち，1964 年帰国．1972 年横浜国立大学卒業，1993 年筑波大学大学院（東アジアコース）修了，新潟産業大学人文学部地域文化学科教授．2015 年定年．主要著作に『中国人として育った私』（中公新書，1978），『二つの祖国をもつ私』（中公新書，1980），「『幹部檔案』に見る階級闘争の終焉」（『現代中国学方法論の構築をめざして[政治篇]』所収，愛知大学国際中国学研究センター，2006），「中国の檔案制度」（石井明ほか編『中国の政治と国際関係』所収，1984），『日本人与中国人』（(中国)重慶出版社，1994）ほか．

石井　中国で生まれ育ち、一九六四年に日本に帰国され、日本の大学などで教鞭をとられてきた西条正さんのお話を伺います。西条さんは『中国人として育った私――解放後のハルビンで』（一九七八年）、『二つの祖国をもつ私――ハルビンから帰って十五年』（一九八〇年）の二冊の新書を中央公論社から出版されました。それらは自らの生々しい体験と当時の具体的な資料を基にして書かれたもので、中国の内情を知り、中国社会の実像を理解する上でも衝撃的な作品でした。西条さんご自身は、今回、自分の生きてこられた軌跡を「中国二〇年、日本五二年」として振り返り、その中でも特に「中国二〇年」の中国社会をどのように見てこられたのか、「二つの祖国」の間に立って日中関係をどのように見てこられたかをお話しいただこうと思います。

西条　天児さんから四つの問いに答える形で話をしてほしいという依頼がありました。最初の問いは、新書で伝えたかったこととは何だったのかです。二つ目の問いは、中国を見る上で、あるいは中国と関わりを持つ上で日本人には何が欠けているのか、何を大切にしなければならないのかということです。三つ目の問いは、日本に住むようになってから中国の変化をどう見ているか、どこが変わらずどこが変わったかです。最後の問いは、日中関係をどのように感じてきたかということです。

実は、新書で伝えたかったことよりも新書で淡々と取りあげて予想外の反響を引き起こした内容があった。それは「人事檔案制度」[1]の存在でした。これについては、時間の都合上ここでは省略します。

石井　まず、西条さんご自身の体験的な歴史ともいえる、日本の敗戦直後の東北地方（満州）に残っていた残留日本人が、共産党支配下でどのように現地人や当局と向き合ってきたかをお話しください。

留用、抑留、戦犯

西条　天児さんの最初の問いにも関連しますが、私は二つのことを取り上げたいと思います。一つは、約六〇年前、私が中国に住んでいた頃、中国に食糧難があったということです。もう一つは進学、就職、結婚などに関して出身階級による差別があったということです。

まず、「残留日本人」の定義ですが、広義で言うと戦後中国に足止めされたすべての日本人のことですが、狭義では戦後帰国のめどが立たないなか現地人と結婚した日本人と、終戦直後の混乱のなか中国人に預けられた中国残留日本人孤児を指します。彼らの特徴としては、当時共産党支配地区にばらばらに点在していたことと、中国に骨を埋める覚悟だったため三〇年も四〇年も中国に暮らしていたことが挙げられます。帰国になった人も、他のケースと違って個別帰国の道を辿っています。

日本人残留婦人や残留孤児が言ってみれば一個人によって選ばれて残留になったのに対して、以下に述べる三つのケースはいずれも国家権力によって選ばれて残留になったのです。

中国には「留用」という言葉があります。「留用された日本人」は何らかの形で共産党のために働く意志を表明していたようです。選ばれたのは医師、看護婦、技術者がほとんどでした。彼らは、各地にある軍、医療機関や工場などの職場に点在していました。

本来の「留用」は専門技術をもつ者を留めて働いてもらうということでした。しかし「留用」された日本人の中には共産党の軍隊に入ってから看護婦になった者もいます。また岩波新書『北京三十五年』の著者山本市朗氏のように三〇年以上中国に暮らしていた者もいますが、多くの者は一九五三年と比較的早期に帰国を実現しています。これが彼らの特徴です。彼らについて、中国側からは『新中国に貢献した日本人たち』(日本語版は日本僑報社、二〇〇三年、二〇〇五年)という本が続編とあわせて二冊出ています。

石井　日本では、当時の満州にいた多くの人が「シベリア抑留(2)」を強いられたと聞きますが、ご自身の身近なところでもそのような方々はおられたのでしょうか。

西条　終戦の年の八月一日に召集された私の父も、シベリアに抑留されました。しかし、中国に関しては「抑留」という言葉は使われていません。今回、私はあえて使おうと思いますが、集団で中ソ国境に近い鶴崗炭鉱に連行され石炭掘りにされた日本人、および集団で甘粛省の天蘭鉄道の建設に連行された満鉄関係者に関しては、「鶴崗抑留」「天水抑留」という言葉を使ってもいいのではないかと思っています。彼らは千人単位で集中管理され、ほぼ同じように働かされていたからです。最初から大きな集団をなし集中管理を受けていた関係で、帰国も集団帰国となっています。

「天水抑留」に関しては、堀井弘一郎著『「満州」から集団連行された鉄道技術者たち』(創土社、二〇一五年)がありますが、簡単に言うと、一九五〇年、満鉄の関係者、家族を含めて約九〇〇人が甘粛省の天水に送られ、天水・蘭州間三四八㎞の鉄道建設に従事させられたのです。鉄道は一九五二年に完成しましたが、九九年にやっと石碑が建てられ、日本人の協力があったことが公表されました。

「鶴崗抑留」「天水抑留」という言い方をしましたが、後者は自分たちが持っている鉄道敷設の専門技術を生かされています。その意味では「留用」と言ってもいいかもしれません。しかし鶴崗炭鉱に送られたのは、現地で帰国指示を待っていた満蒙開拓民(3)、満蒙開拓青少年義勇軍隊員、敗残兵、各地でばらばらに暮らしていた人々で、持っている専門技術が生かされるという話ではありませんでした。

開拓民に別の土地をやるからそこで農作物を作れというならわかりますが、連行された者はほぼ全員、やったことのない石炭掘りをやらされたのでした。

当時の中国は何でもソ連のまねをしていたので、「抑留」もその一つであったと言えましょう。ただソ連は「美味しい」ところを取り、中国はその残りを味わっただけでした。現に、シベリア連行の際に体力がないという理由で弾き出されて鶴崗炭鉱に連行された者もいました。

しかし中国では、この二つのグループにいた日本人をともに「留用」日本人と言っています。その理由は、給与が中国人並みに支給されていたからです。

もう一つのグループがあります。それは遼寧省にある撫順収容所に拘留され、戦犯と認定された日本人です。彼らは一九五六年以降、集団帰国を果たしています。

いずれにせよ、広義の残留日本人は帰国後、大なり小なり、中国と関わる仕事をした人が多く、日中関係の源流を辿るとすれば、彼らがその一つになっているのではないでしょうか。

「帰国組」と「帰国待機組」

石井　多くの日本人は開拓団の引き揚げ状況についてもほとんど知らないところですが……。

西条　もし新書を書き直すなら、「鶴崗抑留」についてもっと書きたいと思います。これは「残留日本人」に深く関わった出来事であるからです。全体の流れとしては、「内戦が始まったから帰国できなくなった、そのため鶴崗炭鉱に送られた」と簡単に理解していました。しかしその後、少し調べてみたら、重要な違う側面も見えてきました。

私が鶴崗炭鉱にいたのは一歳半から八歳頃まででしたので、新書にまとめられた内容は関係者の回顧録によるところが多いのです。わが家が入植した東火犁開拓団は、当時北満と呼ばれていた地区にありました。当時一二歳だった叔父が帰国後書いた回想録によると、「敗戦を知り、東火犁開拓団にも『玉砕しよう』というムードが漂い始めた。一週間後玉砕すると決めた日の前日、開拓団の本部から団長代理が馬に乗ってやってきて、『玉砕はやめましょう、やめて下さい』と涙ながらに訴えた。集まった群衆から『この腰抜け野郎、意気地なし、それでも日本人か』と罵声が飛んだにもかかわらず、団長代理は一歩も譲らず全員を説き伏せた。最終的には玉砕は中止となった。そしてうちの開拓団は、現地で越冬し、指示が出るまで現地に留まることになった」

現地に留まったのはいいが、何度も略奪や襲撃に遭いました。そして翌年の九月、やっと帰国指示が出たのです。その時、東北地方を押さえていたのは、進駐してきたソビエト軍から共産党の八路軍に変わっていました。従ってすべて八路軍の指示で動くしかありませんでした。

開拓団はいくつかの部落に分散していました。私たちの部落は住居棟が一六で、三二の世帯が住んでいましたが、終戦時は老人や子供、招集された留守宅の人ばかりになっていました。当時部落にいた若者と言えば、宿借りをしていた数人の日本人敗残兵だけでした。

指令を受けた後、私たちは部落から二八kmぐらい離れた通北という駅に向かいました。引揚げ列車のルートとしては、通北駅から出るにしろ、その他の駅から出るにしろ、乗ったらすべて鉄道の大分岐点になっているハルビン駅に向かいます。そこから長春(新京)、瀋陽(奉天)へとさらに南下します。指定された乗船港・葫蘆島はさらに南にあるからです。

ハルビンの近くに綏化駅という駅があります。そこも一つの鉄道分岐点になっており、三本の線路が交差しています。綏化駅を出て南下すればハルビンに着きますが、別の線路で北上すると中ソ国境の方面に向かうことになっていました。

本当の引揚げ列車なら通北駅を出て綏化駅を経由してそのまま南下してハルビンに向かうはずですが、後部車両に私たちを乗せて通北駅を出た列車は、綏化駅でいったん停車し、いつの間にか、二つに分断されました。そして先頭車両がまず動き出し、その後、後部車両が機関車に連結され走り出しました。ところがこの列車は北上し始めたので、車内は騒然となりました。向かっているのはハルビンではないと気づいたからでした。私たちが乗っていたのは貨物列車で外から鍵をかけられ、走行中に逃げ出すことはできませんでした。車内には好意的に解釈しロシア経由で送還されるかもしれないと思った者もいたようです。しかし列車が向かったのはなんと、中ソ国境に近い鶴崗炭鉱でした。

はっきり言えることは、どこの駅で乗車した日本人も、行き先が鶴崗炭鉱だという説明は受けていませんでした。鶴崗炭鉱に関しては、このように集団で連行された日本人がほとんどですが、なかには各地から個別に送られてきた人もいました。

石井　当時の状況をもう少し詳しくお聞かせください。

西条　日本人の仕分けが始まったことは強く記憶に残っています。私たちは通北駅に向かう途中、八路軍の兵士に遭遇し、その人たちの指示で、ある民家で数日合宿しました。その後、八路軍の人から帰国説明を受けました。当時日本人引揚げ問題を担当する共産党側の責任者はハルビンにいた幹部の李立三だったそうです。彼の指示に違いないのですが、それは「一七歳以下と三六歳以上の者はこのまま帰国、一八歳から三五歳までの者は帰国待機」という内容でした。理由は、内戦が始まり、一八歳から三五歳までの日本人は国民党に徴用される恐れがあるということでした。

こう証言したのは当時一二歳だった叔父でした。そのときわが家は六人家族で、一八〜三五歳の者というと、該当者は母だけです。共産党が決めた基準では母以外の五人は一応帰国できることになっている。帰国組は先頭車両に、帰国待機組は後方車両に乗車するという説明を聞いた祖父は、嫁だけ中国に残すわけにはいかないと、一家全員の残留を決めて、全員後部車両に乗ったそうです。

情勢が落ち着いたら必ず帰国させる、それまで安全な場所で待機してもらうからと説明されたし、実際自分たちも、共産党支配下に入った開拓団の土地でも一年ほど農業をやりながら帰国の機会を待っていたので、祖父には一年や二年遅くなっても一家全員で帰国できればいいじゃないかという思いがあったかもしれません。

別の開拓団出身者の回想録でも、通北駅で「一六歳から三〇歳までの男女五二人が残され、帰国する家族と別れることになりました」と書いています。また、うちと同じ開拓団の別の部落の者の証言では、通北駅で「働ける青年男女と、老人と子供の別々組に仕分けさせられた」。その人の場合、名前が呼ばれて、親と別れを告げて後部車両に乗りこんだということで、どうやら乗車名簿が事前に作られていたようです。

混乱のなか、多くの日本人は帰国組と帰国待機組に仕分けされるという説明を聞いていませんでした。中国側の担当者は暴動を恐れて本当のことを言わなかったようです。特に通北駅より一つ北の北安駅では、事前説明なしに日本人を先頭車両と後部車両に分けたようです。

NHKが放映した『留用された日本人』(同名の書籍は二〇〇三年NHK出版より刊行)という番組では、登場した人は口を揃えて「騙されて引揚げ列車に乗せられた」と証言しました。騙されて鶴崗炭鉱に連行された者がほとんどかもしれませんが、「帰国組」と「帰国待機組」の仕分けが行われたのは確かです。ただ、それが何のためかについてはほとんど知らされなかったし、深く考えてみる日本人もいなかったようです。仮に一八〜三五歳までの者は石炭掘りをすると事前に知らされていたら、暴動に発展する恐れがあったに違いありません。

わが家のように事前に帰国待機の話を聞いた家族はどうやら少数のようです。はっきり言えるのは、乗車時に帰国待機を覚悟した者も、乗車したら帰国できると思い込んだ者も、誰ひとり自分たちが石炭掘りをさせられるとは思っていなかったということです。帰国待機組が実質的には「抑留組」となりました。

鶴崗抑留

石井　鶴崗での人々の生活はどうだったのですか。

西条　あとでわかったことですが、私たちを乗せ北に向かった列車は佳木斯を通過し鶴崗に止まり、日本人はそこで下ろされ、元の炭坑夫が寝泊まりするような平長屋に入れられました。そのとき、捕虜の身代わりになったのだ、そして、騙されたのだという感触をみな持ったそうです。今考えるとシベリア抑留組とほとんど同じでした。違うのは一歳の子供や五〇代の年寄りがいたということでした。その後も日本人が次々と鶴崗炭鉱に送り込まれましたが、その数は計一七〇〇〇人とも、二〇〇〇〇人とも言われています。彼らを労働力として利用し、同時にその考え方を変えようとしたようです。

鶴崗炭鉱への連行は、日本共産党と中国側が協議して決めたようです。つまり意図的に若い人を残留させたのではないか。野坂参三ら日本共産党幹部が延安で活躍していたことは知られていますが、どうやら彼らは若い日本人を日本革命の戦力として中国で養成しようと考えたようです。ロシア革命も中国革命も成功した、今度は日本の番だ、と思い込んだ人がかなりいたのでしょう。

集団で連行されたといっても、構成員はばらばらでした。開拓団出身者を見ても、年配の指導者が帰国組に入れられたため、残留組には統率できる者がおらず、とりまとめ役となったのは日本共産党の人間でした。当時中国では、地主から土地を取りあげて土地を持っていなかった農民に分け与える土地改革が行われていた関係で、中国の地主をつるし上げるような手法が、共産党の考え方を受け入れない日本人に対してすんなりと適用されたようです。

連行されて最初のうちは強制労働を拒否した者もいたそうですが、その後、石炭掘りをするようになり、なかには表彰されるほど頑張った者もいました。思想教育に関しても、母の話では女子挺身隊とかいう組織に組み入れられたそうで、他の人の回想録によると、社会主義研究会というものもでき、そこで勉強させられたようです。石炭掘りをせずに「半年の特訓」を受けた者もいました。ある鶴崗帰還者は「当時主人と話し合い、日本共産党と共に歩むことを決めました」と回顧しています。

鶴崗炭鉱は出来高払いで、石炭をたくさん掘り出せばその分収入がよくなる仕組みでした。男性は主に炭鉱に入って石炭を掘り、女子や子供は運搬をさせられました。落盤事故、過酷な労働や栄養失調による結核で多くの人が亡くなりました。その犠牲者の中に私の祖父と下の叔父が含まれています。

帰国後結成された組織、「鶴崗会」の名簿によると、鶴崗炭鉱で亡くなった人は、氏名が判明しているだけでも六六人います（私の祖父と叔父は含まれていなかった）。犠牲者は四〇〇人近くにのぼっただろうと言う人もいます。また別の回想録によると、鶴崗炭鉱で生まれた日本人の子供は二六人いたが、一九五三年時点で生き残ったのはたった六人だそうです。それは母親が働かざるを得なかったためわが子の面倒を見られず、悪劣な環境の保育所に預けたためでした。

鶴崗帰還者の回想録を読んで、鶴崗抑留組の中に「下関協定」[4]という言葉があるのを知りました。鶴崗炭鉱では、当初、平長屋で男女に分けられ、それぞれ二列、「片側一五人くらい、イワシを並べたように」寝泊まりしていました。ただ所帯持ちだけは仕切りをつけてもらっていました。その後、新婚さんを含め、所帯持ちには1Kのような個室が与えられました。そのこともあって、配偶者が生死不明になっている既婚者との「結婚」を認められ、個室が与えられるようになった。「結婚」申請に当たり、下関に上陸するまでは夫婦のままでいいが、上陸した時にどちらかの本当の妻か主人が迎えに現れたら、そこで別れるという誓約書が交わされたそうです。それが「下関協定」夫婦と呼ばれたものです。なぜ「下関」なのかは定かでないのですが、下関は渡満ルート(下関・大連)の一つだったからではないでしょうか。鶴崗炭鉱にそういうカップルが多く誕生したのは、抑留が長くなると、こういった措置をとらないと安心して石炭の増産に取り組ませることができないからでしょうか。

そんななかで、のちに私の養父になった中国人は、連れ子も姑も面倒を見るからと言ってくれたので、母はその人と再婚しました。養父は共産党の役人だということもあって、本来なら二世帯が住むような家族住宅が与えられ、私と祖母は一室を専有することができました。のちにわかったことですが、母はいずれ帰国するだろうと見込んで、養父は別の女を作っていました。

鶴崗炭鉱の思い出

石井　ご自身を含め、当時のご家族の状況はどうでしたか。

西条　私の記憶では、母は鶴崗炭鉱の共産党幹部の家で家政婦の仕事、その後、結核療養所で看護婦のような仕事、最後は牧場（当時は搾乳場と呼ばれていた）で働きました。母が言うには、家政婦の前は私をおんぶしながら総務課の事務をしていました。

私の記憶にあるということは、多分三歳ぐらいになっていたと思います。共産党の幹部の家に私と同年齢くらいの子供がいて、その子が食べている物を私が欲しがって、母親に怒られたのを覚えています。「それは、おまえが食べる物じゃない」と。その後母から聞いた話では、その食べ物は小麦粉で作ったものでした。当時日本人に支給された食事は、高粱、粟などの雑穀とスープと漬け物であったそうです。もちろん鶴崗抑留の七年間、ずっとこんな食事ではありませんでした。坑道に入って働く者から順次食事が改善され、しまいに米のご飯が出されることもあったそうです。

鶴崗炭鉱に保育所ができてからは、私はそこに入れられました。

炭鉱での過酷な労働と栄養不足で結核患者が多発したため結核療養所が作られ、母はそこで働くようになりました。そこの責任者がのちに養父になった人です。母の手元に白衣を着て三人の中国人女性と一緒に写った写真があります。初めて作業服が支給されて嬉しくて記念写真を撮ったのではないでしょうか。当時、今で言う介護のような仕事でしたが、その後、母自身も結核に感染しました。結核療養所について母が言うには、一〇〇人くらい収容されて一晩で六人死んだこともあったそうです。

結核療養所にはまともな薬もなく、ただ長屋のようなところに隔離するだけの施設でした。当時、鶴崗に正規の医師はいるにはいるが、薬とともに全部八路軍の管理下に置かれていました。治療に当たったのは旧日本軍の二人の衛生兵でした。叔父も結核にかかり、結核療養所に入れられましたが、軽症だったためよく釣りに行って、釣ってきた魚を厨房に渡したそうです。叔父の回想録によると、療養所で飲まされたのは「玉子の殻の粉末と桔梗の根の粉末」だったそうです。

今から考えるとなんと常識外れのことかと思いますが、私が入れられた日本人保育所は結核療養所の隣に作られていました。ある回想録で言う「子供二六人中二〇人死亡」は無理もない話だと思います。私は五歳まで入れられていたようで、「鶴崗抑留」の七年間生き延びたのは奇跡とも言えます。

何年のことか覚えていないのですが、その後、母は突然、ウシの買い付けと、大陸と呼ばれていた鶴崗郊外の搾乳場の建設を命じられました。女性で、ウシなどの家畜を世話した経験があることで選ばれたのではないでしょうか。男性は石炭掘りに使われ、搾乳場に回せなかったでしょう。母の話では、開拓団にいた頃、わが家では山羊などの家畜を飼っていました。私はそこで一年半くらい暮らしていたので、終戦までの八カ月間、山羊の乳を飲ませてもらっていたそうです。

母たちは牡丹江市まで出かけてウシを調達してきました。母が言うには、搾乳場で働いていたのは母以外は中国人で、ウシを飼った経験もなく、牛乳が飲めるもの、体にいいものとは知らなかったそうです。彼女たちはただ母の言う通りに仕事をこなしていました。

その牧場にしょっちゅう遊びに行ったのを覚えています。しかし牛乳を飲ませてもらった記憶はありません。母も開拓団を離れたあと飲んだことはないと言っていました。牧場で働いていて牛乳を口にしたことがないなど日本では考えられないことです。

搾乳したあとの牛乳は、毎日定期的に運び出されます。どこに運ばれ、何に使われるのかを母たちが尋ねることはありませんでした。言われたことだけやればいいと言われたからです。母は牛乳が体にいいと知っているから、内心では党幹部やその子供の口に入るのではないかと思っていたそうです。

余談ですが、私は中国に二〇年近く暮らしましたが、牛乳を飲んだ記憶はありません。当時中国人には飲む習慣がなかったこともあって、恐らく高価なものであったに違いありません。

牛乳に関しては、思い出が一つあります。ハルビンの家の近くに白系ロシア人が住んでいました。ハルビンの夏は結構暑い日があり、多くの人は街路樹の下で食事をしたり、涼を求めたりします。食糧難のある日、ロシア人の子供が冷たい白い米のご飯に冷たい牛乳をかけて食べていました。それを見た私は、牛乳はこんな風にして食べるのかと、うらやましく思いました。帰国後、私も試してみましたが、夏バテ防止になかなかいい食べ方でした。

母が搾乳場を離れたのは養父の転勤のためでした。小学校二年の時、同じ石炭の町である鶏西に引っ越し、そこで一年間暮らしました。鶏西に越してからは子供が増えたし、近所に保育所がなかったため母は専業主婦になりました。

ほとんどの「抑留組」が一九五三年に鶴崗炭鉱から帰国しました。幹部ではないが、中国側に目を付けられた一部の日本人は中国に残りました。彼らについてはこれまであまり知られていません。私が手に入れた二組の回想録からその一端が少し見えるだけです。

「留用組」のその後

石井　中国に残留した「留用組」のその後の状況をもう少しお聞かせください。

西条　まず、一つ目の回想録のSさんですが、鶴崗炭鉱に連行された年の暮れに一八歳で結婚しました。「下関協定」夫婦ではありません。夫も一八歳で、二人は終戦直後に開拓団本部に避難した時に初めて知り合った仲でした。最初の子供を二歳半で亡くし、一九五三年集団帰国が始まった時は三人家族になっていました。

自分たちは最後の便で帰国できると思っていたところ、中国側から「まだ貴方たちは若いのでしばらく残り、中国の建設に参加してほしい」と言われたそうです。夫は小作農出身で、鶴岡炭鉱に来たのち日本共産党から「半年の特訓」を受けた人でした。その後の残留についてこう書き記しています。

「一九五三年九月いよいよ最後になった私達の組が出発することになった。ほとんど独身者で、家族をもった人は数えるほどしかいなかった。途中何回となく列車を乗り換えたり、宿泊したりして、止まる度に人も乗り込み多くなってきた。行く先はまったくわからなかった。

何日か過ぎて長旅が終わり、着いたところは石家荘という街で、石の塀に囲まれ、赤いレンガの家がたくさん並んでいた。塀の外側は大きな池になっており、『宮城』を小さくした様な格好をしている。（中略）池の向こうは広い畑になっており、何処と無く寂しい所であった。長い平屋に案内された。子連れのKさん、Oさんと私の三人の女性で暮らすことになった。（中略）大きな建物が食堂になっており、全員そこで食事をした。（中略）一二月の末であったか、また移動が始まった。着いた所は北京の郊外で、周囲が畑ばかりで何もない静かなところであった。出来たばかりの四、五階建ての立派なレンガ造りの建物がたくさん並んでいた。冷暖房がすべて整い大講堂や運動施設、娯楽施設もあり、快適に生活できる環境が整っていた。皆新しく建設された建物ばかりで、田舎の生活しか知らない私にはまるでおとぎ話の国に来たような感じであった。この素晴らしい環境で社会科学の勉強をすることが私達に与えられた仕事であった。私は半日託児所で働き、後の半日は学習することになった」

一九五七年、Sさん夫婦は武漢への赴任を命じられ、夫は自動車工場の一労働者、奥さんは洋裁店に務めることになりましたが、一年後の一九五八年五月に帰国を指示され、六月二三日舞鶴に上陸しました。このように一九五三年の集団帰国からさらに五年、中国に残留することとなったのでした。

二つ目の回想録、瀋陽の中国医科大学附属病院に所属していたUさんは当時二五歳の独身。やはり一九五三年の集団帰国で帰国するつもりでいましたが、中国側から「君には別のところに行ってもらいたい」と言われたそうです。彼と一緒に残留となり列車に乗りこんだのは数百人だと回想録には書かれています。行き先は告げられませんでした。列車は「錦州、山海関、北京を通り過ぎ河北省の田舎で数ヶ月滞在」、そこがSさんのいう石家荘でしょうか。

「その後、北京の西郊に行き、約二年半の缶詰生活をした。一日約五時間の哲学、経済学、社会科学などという大学並みの勉強は、小学校七年しか出ていない私にはチンプンカンプン。その上、週一回各科目毎にレポートの提出と拷問責め」「ただ一つ楽しみがあった。経済学を教えていたソ連人の博士が私が提出していた経歴書の出身階層の『貧農の四男』に興味を持ち、週に一~二回の講義の後、教授の部屋へ呼ばれ、通訳付きで家族の状況、田畑や山林の所有情況、食べ物、どんな仕事を手伝ったか、小遣い銭はいくらもらったか、夜は誰と一緒に寝たか、冬の暖房、家畜は、農機具はどんなものかと、何日もかけて話した時、一人の人間として対等に接してもらった喜びを感じた」、Uさんはこう回想しています。

その後、彼は北京に二週間程度、そしてハルビンで約二年間、与えられた仕事をこなしました。回想録によると、ハルビンでは東北林学院（現在の東北林業大学）の創建に関わり、開校後図書の分類・管理を担当、彼の所属する外国図書課には外国人が五人いました。そして一九五八年六月、帰国命令が出ました。ハルビンから天津に行き、そこから「白山丸」に乗り、七月一三日舞鶴に上陸しました。

二組の回想録でわかったことは、一九五三年以降、中国当局から声をかけられた日本の若者は一箇所に集められ、ロシア人教官を含む先生らから二、三年間の思想教育を受けたということです。教育を受けた場所が「まるでおとぎ話の国に来たような感じであった」との記述が興味深いです。選ばれた若者は、小作人など共産党の言う出身階級がいい者だけのようです。

「留用」された者はもともと専門技術をもち、その技術を共産党の下でも生かすことのできた者です。しかし「まるでおとぎ話の国に来たようなところ」で二、三年勉強したことは中国で生かされたのでしょうか。Sさんのご主人は武漢の自動車工場に配属されましたが、もともと自動車の専門家ではありませんでした。東北林学院に配属されたUさんも、もともと図書館司書ではありませんでした。

また、この二、三年の勉強を日本帰国後生かせたかどうかも不明です。ただ選挙の度に「共産党に一票を」と運動した人がいたことは聞いています。日本共産党支持になるのは、単に「まるでおとぎ話の国に来たようなところ」で二、三年勉強したからではないと思います。一九五三年の集団帰国組に比べれば五年も帰国が遅れたため、日本社会での再出発のハンディになっていたのではないでしょうか。加えて、その後、中国共産党と日本共産党が決裂したことが彼らの人生に影響を与えたかもしれません。一九五八年五月に長崎国旗事件[5]が起きました。七月以降、一九五三年から再開されていた引揚げはこの事件で中断されてしまいました。

食糧難をからくも生き延びて

石井　長崎国旗事件の頃といえば、中国では「大躍進[6]」で大混乱していた時期ですね。

西条　長崎国旗事件で中断されたのは日本人の引揚げだけではありませんでした。「残留婦人里帰り」も中断されました。日本赤十字社と中国側とで調印した一九五六年六月の「天津協定」により、戦犯の帰国と残留婦人の里帰りができるようになったわけですが、母がそれを知ったのは一九五七年、ハルビンに越してからでした。母は里帰りしてきた人を訪ね、いろいろ情報を集め、自分も里帰りしようと行動しました。その後養父が思想問題で強制収容所に入れられたこともあって、申請するには至りませんでした。仮に養父に問題がなく、母が申請しても、おそらく長崎国旗事件の影響で実現しなかったのではないかと私は思います。

共産党の教育もあって、私は中国で社会主義建設に一生捧げるつもりでした。一九五七年、母から里帰りの話が出た時、小学校六年生だった私は一緒に日本に行こうとはしませんでした。私を日本に向けさせた要因の一つが新書で取りあげた食糧難で、一九五九年から一九六二年頃までに起きたことです。私が中国にいた頃も、それから新書を書いた頃も、食糧難に対する認識はこうでした。約四〇〇〇万人を餓死させたのは毛沢東の悪政と人災によるものであると。また食糧難の惨状については、新書ではある程度、日本の読者に伝えることができたと思っています。

その後、中国のことを勉強したりして食糧難に対する認識が少し変わりました。どう変わったかというと、自分については毛沢東に感謝しなければならなかったのではないかと。もし、新書を書き直すのならこのことを書き加えたいと思います。

感謝の理由は何かというと、都市戸籍(7)のおかげで死ななかったということです。中国では一九五三年から食糧に関しては統一買付・統一販売制度(8)を実施し、都市生活者、つまり都市戸籍の保有者には決められた量の食糧が国から保証されるようになりました。この食糧配給制度は約三二年間実施されましたが、私は食糧難の時期、たまたま黒竜江省の省都ハルビンに住んでいたので、一六kgの配給量を毎月食べることができたのでした。この配給量は、食糧そのものの購入に使ってもいいし、切符でもらい、その切符を使って食堂で食事を取ることもできました。

もう一つの幸運がありました。資本主義の国なら、食糧が足りなくなると値段が上がるはずです。しかし社会主義の中国では、値段が低く抑えられたままでした。従って、決められた量の食糧が買えないということはなかったのです。

不満は量に向けられました。一六kgでも足りないというのが実感でした。当時のことを思い出すと、最初のうちそれまでのように腹一杯食べていたら、一週間から一〇日間程度は食糧の不足が生じました。しかし量に不満があったとしても、当時は月が変わればまた一六kgが入り、食いつなげていける仕組みになっていました。

人間は、もともと一週間ぐらいなら、水だけでも何とか生き延びることができるのです。また、その後は正確に計量しながら食いつないでいたので、水だけの日々は避けられました。

私には日本国籍のまま中国で育った友人Hさんがいます。彼の父親は「留用された」林業専門家で、一家は鉄力という林業の町に住み、彼だけハルビンで一人暮らしをしながら高校に通っていました。食事は食糧配給切符を使ってある職員食堂で取っていました。彼は一食何グラム分の食糧切符を使えば月末までもつかを計算しながら食べていました。毎食腹一杯食べることはできなくとも、何とか食糧難を乗り越えることができました。

配給制度のおかげで、そして低価格のおかげで死ななかったのは、都市戸籍をもつ中国人も同じでした。もし私もHさんも農村に住んでいたら、死んでいたかもしれません。農村には食糧の配給制度がないため、いったん底を突いたら次の収穫までは口にすることができず、「一週間から一〇日間程度」の問題ではなくなるからです。農村でも地方によりますが、ハルビン近郊はそうひどくなかったようです。私もハルビン近郊に何度も買い出しに行って、野菜を手に入れることができました。

時期的には、鶴崗や天水に抑留された日本人はその頃ほぼ全員すでに帰国しています。食糧難に遭遇した日本人は狭義の「残留日本人」と「留用日本人」だけでした。日本人残留婦人や残留日本人孤児も、居住地が都市か農村かで処遇が違っていましたが、技術者など留用された日本人はどこかの職場に配属されていて、全員都市戸籍を持っていたので、配給制度の恩恵をみな受けたはずです。ただ同じ日本人残留婦人でも農村に住んでいた人は、中国農民と同じ運命だったのではないでしょうか。

私が言いたいのは、留用された技術者を含め都市戸籍をもつ日本人は、たまたま都市戸籍だったため食糧難の時期を乗り越えることができたのではないかということです。

前述したように、高校生だった私の場合は配給量が一六kgでしたが、今の私は多分その半分以下の五kgも食べていないと思います。ではなぜ一六kgでもおなかがすいたかというと、肉、魚、卵、そのようなものが極端に不足していたからです。食糧難が始まると、これらの副食品は配給切符で購入することになりました。全市民一律のものに関しては、行政の末端組織である居民委員会から配給切符が配布されますが、学校の先生など勤め人だけに配られるものは職場から配布されます。外国人に対しては、彼らを管理している公安局外事科が外国人向け配給切符を配っていました。

帰国後に分かったことですが、食糧難の時期には高級幹部をはじめおよそ共産党政権を支えている者への魚、肉、卵などの副食品の特別配給が行われていました。その量は母などの在住外国人の比ではありませんでした。たとえば母が月に砂糖一〇〇グラムの特別配給を受けていたのに対して、当時副総理だった習近平の父親は一kgでした。もちろん当時は私以外の人もそのことをほとんど知らなかったと思います。

差別は比較すれば生じるものです。特別配給をもらえない中国人にしてみれば、都市戸籍保有者への食糧配給も副食の特別配給も一種の差別に見えたに違いありません。中国役人が優遇されるのはやむを得ないにしても、なぜ中国を侵略した日本人まで優遇するのかと思う人がきっといたと思います。

差別という言葉は、とかく不利益を被る側から発せられます。毛沢東の中国には進学、就職、結婚などに階級区分による差別がありましたが、私が当時強く感じたのは、養父のことや日本人のことで受けた進学における差別でした。しかし都市戸籍であったため、母が日本国籍であったために受けた恩恵などに比べれば、最低保障のなかった中国農民は自分たちの方こそ一番差別されていると感じたに違いありません。

万人坑

石井　「万人坑」「遺骨収集」などについてはいかがですか。

西条　日本人帰国後、当然ながら、鶴崗炭鉱は継続させなければならないわけで、わが家の近所に多くの家族住宅が作られました。ある日中国人から、食べきれなかった炭鉱で配給されたおやつをもらって食べた記憶があります。小麦粉で作られて砂糖が入っていて甘くて美味しかったです。処遇がだいぶ改善されたようでした。

わが家はもともと二世帯分の住居が支給されていましたが、祖母が帰国したあと、私と祖母が使っていた住居に劉という親子が引っ越してきました。その家の娘は二〇歳前後で結核にかかっていましたが隔離されませんでした。私は、鶴崗を離れるまで、どうも「結核」とは縁が深かったようです。その後、その娘が自宅で死亡し棺桶に入れられ運び出されるのを見ました。私の記憶にある最初の葬式となりました。炭鉱の家族住宅に住まわせてもらっていることから推測すると、劉氏親子は炭鉱関係の仕事をしてきたようです。同じ炭鉱で結核にかかったが、彼女は棺桶で埋葬してもらったから、その点では日本人よりましだったに違いありません。

炭坑に関して、中国側はよく「万人坑」という言葉を使います。ネットで調べると、鶴崗炭鉱にもこの「万人坑」があったというのです。一言で言えば、以前、その炭鉱は日本人が経営していて、引取り人のいない中国人労働者の死体をそこへ埋めたとか、投げ捨てたとかいう話です。よく言えば、一種の共同墓地です。

そのこととの関連で私は、戦後鶴崗炭鉱で亡くなった日本人に対する扱いについて少し調べました。炭鉱で亡くなった日本人たちは、自ら志願して炭鉱に入ったわけではなく、共産党に連行され働かされた人たちです。その人たちは、死んだらただ周辺の荒野に埋葬されただけでした。埋葬したのも日本人でした。当時、火葬し遺灰を日本に持ち帰るという要望を出せる情況でなかったと思います。

そう考えると、「万人坑」に関しては、日本人が特に悪かったのではなく、現地の習慣でそのような埋葬の仕方をしていたのではないかと思うようになりました。「万人坑」に葬られた中国人も、戦後鶴崗炭鉱の周辺に埋葬された日本人も、みな当時のしきたりで埋葬されたのではないかと思います。

私は改革開放直後の一九七九年に鶴崗炭鉱に行きました。改革開放後、鶴崗への一番乗りは私ではないかと思います。しかし鶴崗炭鉱には「新中国建設に貢献した日本人」の墓地はありませんでした。無理もないことです。もともと最初から墓地というものを作っていなかったからです。

私はそのとき、軽い気持ちで墓参りをしてきたと思います。埋葬されたと思われる場所から石を一個持ち帰って遺骨代わりにしたのです。現在、長野県上田市にある西条家のお墓に、私が持ち帰った石を嵌め込み「満州に眠る清治　栄の霊」と刻んだ墓碑が立っています。鶴崗炭鉱で亡くなった祖父と上の叔父です。しかし遺骨はありません。

石ころさえ持ち帰ることができなかった遺族も、一度も墓参りもできなかった遺族もいると思います。埋葬されたと思われる場所には今でも、炭鉱から出る石ころが上積みされています。「新中国建設に貢献した日本人」への扱いについて言いたいのは、もし日本統治時代の「万人坑」のことを悪口のように言うならば、共産党は「新中国建設に貢献した日本人」に対しても同じことをしているのではないでしょうか。また日本人の遺骨収集に関しても、侵略者だから遺骨収集はダメというが、どうして「新中国建設に貢献した日本人」の遺骨収集もダメなのかと、鶴崗炭鉱の生き残りの一人として代弁したくなります。

また私は、開拓団での玉砕をくぐり抜け生き延びてきました。玉砕中止を訴えた団長代理の言葉に、みんなが死んだら誰がこの惨状を後世に伝えるのかというのがありました。

ひとたび戦争が始まると、弱者は戦争が終わっても元の自由な自分に戻れず、弱者も弱者なりに何とかして生き延びようとするでしょうが、遺骨のこと一つを取りあげても、二つの国にまたがっているると遺族の願いもなかなか叶うことができないようです。また、その後五〇年も違う制度の国に暮らしていると、食糧難のことにせよ、抑留のことにせよ、中国にいた頃のことについて、以前と違う見方で振り返るようになることもあるものです。

天児さんの二点目(日本人が中国を見る上で欠けているものは何か)と、四点目(日中関係をどう見てきたかについては時間の関係でほとんど省略しますが、一言申し上げますと、中国人の観点から考えると対等な日中関係はあり得ない。日本の選択は中国の配下・傘下に入るか、それが嫌なら欧米と手を組むかということです。

質疑応答

石井　最初に、西条さんの二冊の新書が出ることになった背景や経緯について、ごく簡単に申し上げたいと思います。

中央公論社の近藤大博さんから、中国語を勉強したいので誰か紹介してほしいと頼まれて、西条さんを紹介しました。すると、中国語よりも中国の事情——国交正常化してすでに何年かたっていましたが、中国の本当の状況は分かっていなかった——の方に彼は関心を持った。それで最初に出たのが『中国人として育った私』です。これが大変な評判をとり、日本ノンフィクション賞の佳作になりました。それで二冊目の『二つの祖国をもつ私』が刊行されることになったわけです。今日の話は、その二冊の増補版といいますか、三冊目のご著書というふうにお聴きしました。

この二冊には中国の情報についてかなり突っ込んだ内容が入っています。私は一九四五年一月三日生まれ、西条さんは同じ一九四五年の元旦生まれで、同期と言っていいのですが、西条さんは大変ご苦労されて、私はぬくぬくと育ってきたわけです。近藤さんもほぼ同世代です。そういうわれわれが当時西条さんの話を聞いて驚いたのは「檔案制度」です。日本人は誰も、中国研究者の端くれの私もまったく知らなかった、そのような状況を聞いてぜひ本にするといいと勧めたことを覚えています。

ただ、この二冊の本には、このような内容だけでなく、中国人として育った西条さんが日本の社会に飛び込まざるを得なかった、それがどれほど大変なことだったかについても書き込まれています。私も今回読み返してみました。西条さんが帰ってきたのは一九六四年で、高級中学を出ているので大学に入りたいと文部省の役人に相談しました。日本政府の特別配慮を期待してのことだったわけですが、文部省の担当員から「資本主義社会に来た以上、自分で道を切り拓いていかなければなりません。政府を頼りにしようとする考えを捨てなさい」と。それで、西条さんは新書にこう書いた、「なんと冷たい政府高官だろうと思った。（中略）情熱を燃やし、祖国日本に帰って来たのに、その祖国はおまえを必要としていないのだ、と私は結論を出した」。これは典型的な中国人の発想、中国人の行動様式です。以来すでに半世紀、いま西条さんが中国に対して、日本に対して、どのような感想を抱いておられるかは、先ほどのお話から汲み取っていただきたいと思います。

天児先生の質問は四点あったわけですが、第一点について西条さんは、差別や階級区分の問題より先にまず飢えや食糧難の問題を挙げ、都市戸籍を持っていてラッキーだったという主旨の話をされました。あの頃は大躍進の後遺症で食べ物がありません。中国当局は、それまで都市戸籍を持っていた者を強引に、それも多数、農村戸籍に移してしまいました。配給が受けられるのは都市戸籍保有者だけだったわけで、西条さんはそちらのグループに属していて何とか生きてこられたわけです。

砂糖の特別配給の話も出ましたが、フルシチョフがキューバ島支援のため買い入れた一〇〇トンの食料と五〇トンの砂糖をもってきたとき、中国は食料を拒否して砂糖だけ受け入れました。食料を受け入れていればあのように苦しむことはなかったかもしれませんが、その砂糖が巡り巡っていろいろな人に配給されたのだろうと思います。食糧難は西条さんのメンタリティに強い印象を残しました。

西条さんが受け取った月一六kgの穀物の配給の中には、恐らくトウモロコシなどいろいろな物が混じっていたでしょう。その頃日本では米穀通帳をみんな持っていたわけですが、われわれが一カ月に受け取った米は一〇kgです。しかし闇米は自由に買えたからその量で十分で、しかも西条さんと私は副食がどれだけ自由に食べられるかというところで差が付いた。西条さんは一六kg配給されていたにもかかわらず飢餓感を感じていたのだろうと思います。

本当はもっといろいろ申し上げたいのですが、聞き役ですので、私がぜひ聞いておきたいことだけ二点申し上げたいと思います。

天児さんの質問の二点目については、対等な日中関係はあり得ないということを最後に強調されました。これは天児さんの四番目の質問にもつながるのですが、歴史問題については結構楽観的で、一〇〇年もたてば侵略など忘れてしまい、胡耀邦と山崎豊子の対談のことなども取り上げて、日中関係は時間がたてば良くなるというようなご主張をされていたことがありますが、そのお考えと、一方で「対等な日中関係はあり得ない」という見方をされている。このあたりをあらためてもう少しお聞きしたい。特に、未来永劫、日中が対等になることはない、求めても無理なのだというふうに帰国五〇年たってお考えを強めているのかどうかを伺いたい。

もう一点は、天児さんの三番目の質問に関連して、中国が変わっていない面として統治の図式――羊飼い、牧羊犬、そして一三億の羊の群れ――を語られていたことがありますね。このような図式が続いていけば、中国の民主化は不可能というか、当分あり得ないことになるでしょう。中国の中でもそれなりに民主化を求める動きもあるのですが、そのような動きに対して西条さんは、もう無理ではないかと。中国という国はトップがいて、それに従うサブリーダーがいて、そして従順なフォロワーがいるという図式は変わらないと考えておられるのか。

最初のところに戻って、西条さんが日本に来られて中国人のメンタリティを持ってまず行動して、いろいろな日本社会との関わりの中で恐らく日本人としての行動様式も身に付けてこられた。いまだに中国にシンパシーというか、中国人だという気持ちが残っているのか、あえてその心情をお尋ねしたい。

質問 私も、日本との対等な関係は無理だと言い切られたことが非常に衝撃的でした。そのときに示された「中国の配下に入る」というのは、具体的にどのようなイメージでしょうか。

質問 いまの質問と少しかぶりますが、これからの日本の世界の中での立ち位置というところで、中国の配下になるか、欧米と手を組むか、その二つ以外の選択肢はないのでしょうか。それと、欧米と「手を組む」、中国の「配下になる」、この表現の違いは何を示しているのでしょうか。

天児 第三の道はあるか。確か尖閣問題の後、日中関係の改善を模索している二〇一三年秋に、福田元総理が関係改善を求めて北京に行って唐家璇と会いました。そのときに唐家璇が言ったことは今日の西条さんのお話と同じなのです。要は、日本はわれわれの側に入るのか、アメリカの側に入るのか、どちらかだと。よくそのようなことを言ったなとあのときは思ったのですが。

質問 日本共産党と中国側が意図的に、若い世代、真ん中の世代を待機という形で残した、その辺を調べてみたというお話でしたが、具体的に調べた資料や著作物などがあればご教示願いたい。

質問 今大学院で、中国における社会構造の研究をしています。中国では身分の問題があって、たとえば労働者、農民、それから出生地など六つぐらいのカテゴリーに分けて社会調査をするわけですが、このカテゴリーは一九五〇年代からほとんど変わっていません。とすると中国の末端の統治の仕方は一九五〇年から全然変わっていないのではないか、これがお話を聞いての感想です。このような末端の、日本でいえば交番がやるような、あるいは国勢調査でやるような調査は本当の末端の農村まで行き届いているのでしょうか。これらの末端の人々はどのように支配され、統計に載っているのかというのを、ごく簡単に教えてください。

西条　簡単なところから入ると、鶴崗炭鉱の資料について『新中国に貢献した日本人たち』という本が二冊出ていて、それぞれに資料が一編ずつ入っています。一冊目はすでに読んだのですが、二冊目は未入手で、今私の住んでいる田舎ではなかなか手に入りません。それから「鶴崗会」の会員のところに回想録が残っている可能性があります。私の手元にある会員名簿を見ますと、鶴崗炭鉱に連れて行かれた者は全国あちこちに分布していました。何回に分けてどのように列車で運ばれていったのか、私も興味があります。鶴崗に関してはこのぐらいしかお答えできません。

身分制度については、大分崩れかけています。たとえば幹部という言葉です。外資系企業で専務などの役職についた人は、その人の「人事檔案」に幹部履歴書が入っていなければ幹部に当たらない可能性があります。幹部の資格が取れるのは大卒者なのです。もう一つは、兵隊から将校になるときに身分が変えられますが、このケースは今ではほとんどありません。試験が非常に難しいからです。

むしろ、大卒である程度のスキルを取れば身分がもらえます。昔は大卒者は全員公務員になるので、多分、身分をもらえるのですが、今は外資系あるいは民間の企業に就職する人がいます。彼らを当局がどう把握しているかというと、そのような人たちの人材交流センターがあって、そこに檔案が来ます。ですから、調査する場合はそこへ行きます。たとえば外資系企業に勤めていて、その人が党員だったら、党の席も人材交流センターにあります。外資系に勤めている人は、建前上、全部そこから派遣されています。今の大卒は、とりあえず自分の人事檔案を大学からそこに移すと、紛失する恐れもなくなりますし、公務員試験を受けるにしてもそこから回してもらうことになります。

社会構成員の調査で一番難しいのは農民だと思います。出稼ぎ農民も北京なら彼らを管轄する機関があって、そこへ届けていないと北京の暫定戸籍がもらえないようになっています。ですから、彼らについての統計はそのようなところでやっているのではないかと思います。

統計で私が一つ疑問に思うのは、農民の収入が上がったといいますが、出稼ぎ労働者の収入は農民の収入に算入されるので、本当に農業をやっている人の収入はそれほど上がっていないのではないかということです。胡錦濤の時代に農民の収入を上げようとしてとった方法で、統計上では農民の収入が上がることになります。

今度は少し難しい話で、日本は中国の配下に入るか、それともアメリカとどれだけ手を組むかということについてです。ヨーロッパもこれからどうなるか分かりません。今のところは欧米と一緒にしていますが、アメリカが衰退していくと図式がまた変わるかもしれません。

中国人の発想からいうと、中国はやはりアメリカと対等の関係を持ちたい。そして、日本が中国と対等の関係を持とうとしても、恐らく今の北朝鮮と同じことになるのではないかと思うのです。北朝鮮が騒いでいるのは、アメリカと対等の関係で話し合いたいと。ところがアメリカは相手にしてくれない。日本と中国もそれほど顕著ではないのですが、内心にはそれがあると思います。これから中国が対等に付き合う相手はあくまでもアメリカだと思います。

中国の民主化には時間がかかると思います。いずれそうなるかもしれませんし、トップの人が大きく変わるかもしれませんが、何しろ一三億人もの国民をどうまとめるか。民族問題もありますし、やはり当分の間は牧羊犬が必要で、その力を借りないと治めることはできないのではないかと思います。

天児 丁寧に一つひとつお答えいただきましてありがとうございます。皆さんもいろいろな意味で心の中が大分スッキリした、よく分からない部分が見えてきたとか、あるいは今後の中国や日中関係を見る上で考えさせられた部分が大変多かったと思います。石井先生にも大役をお引き受けいただき、本当に的確なポイントの質問、コメントをいただきました。実りの多かったオーラル・ヒストリーの会だったと思います。

第9章
中国的ネットワークの中で泳ぐ人

南村志郎
（元西園寺公一秘書役）

聞き手＝加藤千洋

南村志郎（みなみむら しろう）　1929年大連生まれ．中学の時に北京で敗戦を迎え，宮崎市へ引き揚げ．東京外国語大学中国語学科中退，自立経済通信社記者を経て商社に入った．1960年代に日中貿易友好商社員として北京に滞在中，西園寺公一と出会い，秘書役を務めた．「西園寺—周ライン」は日中間の太いパイプで，南村は1950年代から日本と中国を行き来し，パイプ作りに尽力してきた．西園寺事務所に活動資金を提供してきた東方輸船の社長を長年務め，1993年に西園寺が死去，96年に同社を解散．以来「ボランティア」として手弁当で友好事業を手掛け，2006年から中日友好協会のプログラムに協力．2007年から天津科技大学で「中日友好交流講座」を企画，開講した．「中日友好の使者」の称号を授与され，現在は，NPO法人日中未来の会代表，神奈川県日中友好協会名誉顧問，日本天津研究会顧問など．

中国とのつながり

加藤　南村さんは終戦を迎えたのが一六歳の青春まっただ中ということですが、まず人生のスタート地点を再確認させていただこうと思います。一九二九年三月一一日、大連でのお生まれで、中学校は北京でと伺っておりますが、お父上が満鉄でいらしたとか。

南村　私が生まれる前にすでに家族は大連にいました。出光計助[1]さんが満鉄の石油課にいて、うちのおやじは石炭管理課でしたが、早くに死にましたので、計助さんから「これからは俺を親だと思え」というようなことを言われました。

父の転勤で北京に移ったのは小学校三年の時だったと思います。中学へは行きましたがほとんど勉強はなしでした。二年生ぐらいから軍需工場に動員されて、「砲弾のケツを磨け」とかね。最後はちょうど終戦の年です。北京近郊の長辛店という鉄道の要衝にある山のふもとに当時の北支那派遣軍の弾薬兵器庫があったのですが、人が足りないため中学生が引っ張られて警備に当たらされたのです。

鉄条網が張ってある場所を、毎晩、当時の三八式歩兵銃を持たされ警備していると、下の方でたき火をしているのが見えます。何をやっているのか最初は分からなかったのですが、後でそれは八路軍[2]だと知りました。終戦の八月一五日もそこで放送を聞いたのですが、一緒にいた正規の軍人連中のかなりの人数が兵器庫から武器とか砲弾とかいろいろなものを勝手に持ち出して、八路軍の方へ走ったということがありました。前からそういう話ができていたのだろうと思います。

加藤　帰国されたのは終戦の翌一九四六年の春ですか。それまでは北京の日本人が集められた場所にいらしたのか、あるいはご自宅に？

南村 帰れる順番になって帰り、終戦後はもう自宅におりました。

加藤 戦後新制大学が発足し、その時点で大学に入られた。

南村 ええ。一応、何とか東京外国語大学に入りました。

加藤 中国語？

南村 ええ。

加藤 それが一八歳ですか。旧制・新制の入れ替えの時で、年を食って入った人もいるなかでは、割合と早く入った方ですね。卒業はせず、中退されたというか学校に行かなくなったという話を聞きましたが、何か深い訳があって？

南村 深い訳も何も……当時、全学連というのがありましたね。全学連に一人出せと言われたが誰も行き手がいないわけです。私は中国語クラスに入ったのですが、中国語は最初から勉強する必要がなかったので(笑)。確か次の年、二年生になってからですが、全国の大学統一ストライキがあり、アメリカの方針に沿った教育改革に反対する全国一斉試験ボイコットをしました。闘争そのものは成功したのですが、その責任を取らされて、大学を辞めました。

加藤 それで大学とは縁を切って、後は社会でさまざまなことを学ばれたということですね。

南村 当時、まだ世の中が安定していない頃でしたから、何をしたらいいかといろいろ考えたのですが、共産党にいた亀山茂雄の弟が自立経済通信という通信社をやっていて、そこで人を欲しがっているから行かないかという話を誰かが持ってきてくれました。この通信社は、鉄鋼関係に特化した専門通信社です。結局そこで何年間かお世話になりました。その通信社のときに、当時八幡製鐵の常務だった稲山嘉寛さんにかわいがってもらい、それ以来中国問題をやってきたのです。

稲山三指令

加藤 稲山さんの関係で、戦後再び中国に行く機会が訪れたということですね。何年のことですか。

南村 一九五六年です。

加藤 それが戦後最初の訪中ですか？

南村 ええ。一九五六年の一〇月に北京の今の展覧館、昔は中ソ友好記念会館といいましたが、そこで戦後初めて日本の商品展が開催されたのです。

加藤 そのときは、記者として？

南村 記者としてです。稲山さんから呼び出しがあり、「悪いが中国へ行ってくれないか」と。中国へ行くことはうれしいのですが、「何をしに行くのですか」と言うと、展覧会の話が出たあとに、稲山さんが「カイロワン(開灤)炭なしでは日本の鉄鋼業の今日はあり得なかった」、だから中国に行って果たしてカイロワン炭鉱[3]がその後動いているかどうか調べてほしいというのが用件だったのです。カイロワン炭鉱が日本の鉄鋼業の発展に大きく影響しているというのは初めて聞く話でしたので、それなりに興味を持って行きました。当時ですからそんなに詳しいことは聞けません。動いているか、動いていないかという程度です。それで、立派に動いていて生産していますという報告をしました。

実はそのときに稲山さんが出したテーマが三つあります。一つはそのカイロワン炭、もう一つは海南島で日本が使っていた田独という鉄鉱石の鉱山が今も動いているかどうか、三つ目は朝鮮の茂山[1]の鉄鉱石についてです。カイロワン炭鉱は唐山にあるので、汽車で行けばわけがない。しかし、海南島に行くことができるかどうか、ましてや北朝鮮というのは私も分からない。

中国に行って聞くと、海南島に行くのは無理だと言われたのですが、田独の鉱山の状況のわかる資料をくれました。結論からいえば生産しているということでした。茂山については、展覧会が終わって朝鮮大使館に行ったら「歓迎します」という話で、一一月、向こうの記者協会の招待で行きました。そのとき北から私は板門店に行ってみたのですが、途中、まだアメリカ軍の戦車がゴロゴロ畑に転がっているし、金策という製鉄所に行くと、高炉が穴だらけで見るに堪えないすさまじい状況でした。

加藤 それは日本人として戦後、北朝鮮に入国した最初ですか。

南村 二人目です。向こうの記者協会の招待ですから、着いたらすぐ、朝鮮のお金で一〇〇元のお小遣いをくれました。当時、中国元との交換レートが一対一ですから、これは大金です。ところが買うものが何もない(笑)。一〇日ぐらい滞在し、結局、帰るときに全部お返ししました。

加藤 茂山現地にも足を運んだのでしょうか。

南村 これがまたひどく遠い場所でした。平壌から清津まで汽車で行って、そこから先はもう交通手段がないのです。茂山は山の上にありますので、山道を車で登る以外に行く方法がないのです。当日、汽車が清津に着いたのは夜中の一時か二時ぐらいでした。それから、きっと戦争中に放置された車でしょう、アメリカ製の車に乗って、山道を走り始めたのはいいのですが、途中でエンコして、進むも退くもできなくなった。それで、帰る方がいいのか、このまま目的地に行く方がいいのかと聞いたら、目的地の方が若干近いので歩こうという話になりました。一一月末で、膝の上ぐらいまで雪が積もっていました。茂山までたどり着きましたが大変でした。おかげでそのときに発症した坐骨神経痛が今でも治らない……。

日本商品展でのできごと

加藤 北京上海日本商品展覧会[5]は、確か戦後、日の丸が会場に掲げられた最初の行事と記憶しているのですが。

南村 毎日会場に行っていました。中央に大きな広場があり、その真ん中に旗を掲げるポールが立っているのですが、あるときその周りが黒山の人だかりでした。人ごみをかきわけてやっとポールの前まで行くと、一人のおばあさんが旗竿に抱きついて大きな声でわめいている。そばに警官が三人ぐらいいて何か話し掛けているのですが、おばあさんは頑として聞かない。最初は何を言っているか全然聞きとれなかったのですが、よく聞いてみると、おばあさんは、自分の亭主か子ども――どちらかいまだにうろ覚えなのですが――がこの旗の下で殺された、なぜわざわざこの旗を新しい中国に揚げなければならないのだ、下ろせと言っているのです。周りの黒山の人たちはだれも一言も言わず黙って見ている。しかし、おばあさんの言うことに納得していることは雰囲気で分かりました。警官が一生懸命説得して旗竿から引き離そうとするのですが、おばあさんはしがみついて離れず、かなり長い時間、泣きながら声を上げていました。

それを聞いたときに私は本当にショックでした。というのは、私は中国で生まれて、中国は割と好きで、中国に対しても非常に友好的だと自分では思っていたわけです。ところが、おばあさんの話を聞いて、加害者と被害者というのはこういうことかと初めて教えられたのです。私はそのおばあさんを今でも先生だと思っています。後で聞いたら、その場には劉徳有はじめ何人か、われわれの知っている人が見物人の中にいたそうです。

開灤のおかげ

加藤　さきほどの稲山さんの三つの指示は、鉄屋としてのかなり実務的なものですね。後年の稲山さんは日中関係においてはあの世代特有のいわゆる贖罪の気持ちを持った経済人の代表格の一人と言われますが……。

南村　稲山さんで忘れられないのは、日本の鉄鋼業は石炭と鉄鉱石を中国に依存して発展したという言葉です。あの人は、今の経済人とは違って、「鉄は国家なり」みたいなことを平気で言う人でした。その稲山さんが言ったのは、「中国は新しい中国になった。これからはわれわれが中国の建設のお手伝いをする番だ」という認識ですね。

加藤　そのためには、重要な拠点が今動いているのかをまず確認しろということだったのですね。

南村　帰国して報告したのですが、その時にも実は、なんでカイロワン炭ばかりを言うのだろうと思っていたのです。稲山さんが亡くなって随分たった後、恐らく一九九〇年に入ってからだと思いますが、唐山にできた曹妃甸[6]という新しい開発区の見学に行った際、その資料館に行ってみて、稲山さんの言葉が本当によく分かったのです。一九三〇年から四〇年までの一〇年間に生産された九八%は日本向けでした。一九四〇年から敗戦までの五年間は日本が自ら管理しています。カイロワン炭のおかげというのはそういう意味だったのだと思ったのです。

日中の五カ年にわたる鉄鋼の協定を結んだのは一九五八年です。稲山さんがそういう考え方の人でしたから、日本の鉄鋼業界を説得して、稲山さんを団長とする全日本鉄鋼協会の代表団が北京に行って五年間の長期契約を結んだのです。その年の五月の長崎国旗事件で駄目になったのですが、そのときの契約は、日本側の輸出は中国側が希望する鋼材、日本が輸入するのは鉄鉱石、石炭、鉱産物で、五カ年の輸出入往復合わせた総額が二億英ポンドでした。当時の日中の民間貿易協定(一九五二年)の輸出入額が各三〇〇〇万英ポンドですから、いかに金額が多いかということです。

当時は、COCOM[7]、CHINCOM[8]という対共産国、対中国規制でがんじがらめに縛られていて、一つひとつ許可を取らなければ何もできない時代でした。そこへ稲山さんが行って大型契約をまとめたというのは大変なことなのです。周恩来さんも廖承志さんも出てきて大歓迎でした。

西園寺公一との接触

加藤　南村さんは友好商社の三進交易[9]にもおられた。何年ぐらいの話ですか。

南村　その前に東邦商会という中国専門の古い友好商社へ入ったのですが、これが長崎国旗事件で中断になりました。そこで一九六一年に辞めて、新しくできた三進交易に参加したのです。

加藤　その頃から徐々に、西園寺さんとの接触が出てくるわけですね。

南村　そうです。当時、私は一年の半分以上を調査員として北京に駐在していました。西園寺の所にはピンポン台が置いてあり、そこへピンポンの相手をしに行ったのです。

加藤　西園寺さんは、一九五八年の一月ぐらいですか、北京に居を移した。ご家族も一緒で、西園寺一晃さんや雪江夫人がいて、住まいは王府井を下がった所に中国側があてがった対外友好協会の広い敷地の一角のひと棟の半分ぐらいでした。そこに他の外国の友好人士も何人か住んでいた。商社員としての南村さんはどこにお住まいだったのですか。

南村　新橋飯店ですから、歩いていける場所ですね。そこでピンポンのお相手などをしたり、お茶を飲んだり、飯をごちそうになったりしました。

加藤　ということからお付き合いが始まったのですね。

南村　はい。それが一九六一年です。当時北京には西園寺しかいないものですから、彼の所には日本の商社からいろいろ頼みに来る人は多かったのです。特に西園寺の妹さんが住友吉左衛門[10]さんの奥さんですから、住友とは関係も深くて、住友の方からいろいろ頼まれると口を利いてあげる。しかし、西園寺には一銭もお礼は受け取っちゃいけないという鉄則がある。どこから何を頼まれて、それが成功しても一切お礼はいただかない。頼んだ方も困って、住友系列は西園寺は酒が好きだからと薦被りの日本酒を切らさないように送っていました。だから西園寺の所には必ず薦被りが置いてある。多くの日本の商社員、あるいはその関係者、それから中国の孫平化といった連中もしょっちゅう来る。何をしに来るのかというと大体酒を飲みに来るのです。ピンポン台が開放してあったから、勝手に入って勝手に飲んで帰る人もいたようで、そういう人たちの溜まり場となっていました。

西園寺の秘書役へ

加藤　後年、勝手にわれわれが言っているだけかもしれませんが、西園寺の秘書役というか秘書という関係になったのはいつ頃ですか。

南村　一九六五年から一九六六年にかけてです。当時、世界の海運の最強カルテルと言われる欧州運賃同盟[11]がありました。どこかが違反したらその会社自体をつぶしてしまうという、ひどいカルテルです。これに反対しようというのが、郵船、商船、川崎など「六中核隊[12]」と言われる当時の日本の大手船会社六社の中の一つ、ジャパンラインでした。とにかく山師みたいなのが多いジャパンラインはいろいろ考えた。そして、その子会社の後藤社長は以前都新聞の記者をやっていたときに西園寺と非常に親しかったらしく、西園寺さんに頼んでみようという話になって、北京に代表団を派遣してきたのです。西園寺さんから私に連絡があり、船の話をされても困るからちょっと話を聞いてやってくれということでした。

聞いてみると、欧州運賃同盟と闘うために、中国・ヨーロッパ航路を開設したいということでした。中国が基点だと、いかに欧州運賃同盟といえどもけんかにならないだろうから、取りあえず中国と組んでやろうではないかということでした。面白い考え方です。このために後藤さんがジャパンラインの代表団を連れて西園寺に頼みにきたのです。西園寺にそう伝えると、西園寺も困って周総理に頼んだ。周総理は、「そうですか、それじゃあ私の方から言っておきます」と交渉は始まったのですが、文革中なものだから、何かやってまた批判されても、と中国側がびびってしまったのです。民族飯店に代表団が二カ月ぐらい滞在している間に三回会って話をしたのですが、相手は決定権もないし、話がうやむやで、なかなか進まない。これでは駄目だということになって、代表団が西園寺の所に、一度帰って改めて出直しますと挨拶に来た。そのときに西園寺が「ちょっと待て」と言って、周総理に頼みに行ったわけです。そうしたら周総理から「あなた、将来日本に帰られて、経済的にいかがですか」という質問が出た。

加藤　生活できるかということですか。

南村　西園寺は、自分は貴族の籍から抜けると言って三男坊が西園寺家を継いでいたので、彼自身はその頃家もなければ金もないわけです。西園寺は周総理に「帰ったら何とかなります」と、実際にはそういう関係は何もないのに答えた。しかし、周総理はさらに西園寺に、「いずれあなたも帰られるでしょう。帰ったときに生活費や活動費はどうしますか」とすごく具体的なことを聞かれたそうです。西園寺は答えようがない。それで私も引っ張り出されて、西園寺が帰ったときに、生活費と活動費と住む所をきちんとしてあげてくれと周総理から言われたのです。

加藤　それでできたのが「東方輪船」[13]という船会社ですか。

南村　そうです。周恩来は「ジャパンラインが出している計画は私が批准します」と言ったのですが、私は批准したとしても、もしつぶれたらどうするのだということまで考えました。文革が始まって、中国の学生がやってきては、西園寺は日本のスパイの頭目だなどと攻撃を繰り返し、挙句の果ては、それまで毎日顔を出していた孫平化などもぱったり顔を出さなくなった。だから周恩来は、西園寺がいずれ帰ると思っていた。

加藤　本格的な秘書になったのは、一九六六年の船の話が持ち上がった頃からですか？

南村　西園寺の生活の話が出たから、それではと西園寺郵船をつくったのです。この船会社が欧州―中国航路で費用一切を生み出すような仕組みを作ったわけです。全部で一万五〇〇〇トンクラスの船が五〜六杯ありましたから、これを毎月出す。

加藤　鶴の一声で新しく生まれた船会社が欧州―中国航路を一手に……？

南村　一手にではありません。中国にはコスコ[14](China COSCO Shipping Corporation Limited)という船会社があって、そことの競争です。しかし、周総理が批准した会社だということを中国側はみんな知っているから文句を言えないわけです。それでも一年ぐらいで三十数億の赤字を出しました。船会社というのは、私も最後は責任者をやらされたから分かるのですが、一〇年に一回、本当に笑いが止まらないぐらいもうかる一年があって、あとの九年は全部赤字なのです。どこでも、みんな同じようなものです。船会社はそういうばくちみたいな仕事だったのです。

加藤　確認しておきますと、東方輪船は中国側に届け出ている会社ですか、あるいは日本にも？

南村　日本側にも登録してあります。だが、日本には寄港しません。そうすると運賃同盟が出てくるからです。

加藤　なるほど。それで、西園寺さんは一九七〇年に帰国するのですね。それ以降も、西園寺事務所は何となく存在していましたが、その財政的な基盤はこの船会社が底支えしたという仕組みですね。

「和風」——廖承志との朝飯会

南村　私もびっくりしたのですが、西園寺との関係で一番ひどかったというか、そんなことまでやらされちゃかなわないと思ったのは、日本料理店を作ったことです。これは文革前の話です。

加藤　廖承志との朝飯会が開かれた「和風」のことですね。新聞記者の先輩たちが懐かしがるお店です。そこができるまでのいきさつを簡単にお話しください。

南村　一九六二年か六三年か、記憶は定かではないのですが、発案は廖承志さんと西園寺です。

二人の共通点は、食べ物に非常に興味を持っているということで、ある日の雑談のときに、日本人も増えてきたし、そろそろ日本料理屋の一軒もあってもいいのではないかなという話が出たのです。それはいい、すぐやろうよとなって、たまたま私が北京にいるものだから呼び出しが掛かって、「おまえ何とかしろ」という話になった。私は「冗談じゃない。私は料理屋をやったこともなければ、そういう知識もありません。金もない」と言って断ったのです。しばらくしてまた呼び出しがあって、「廖承志さんがどうしてもやりたいと言っている」と。「資金はどうしますか。第一、板前がいるかどうかという問題もあります」と言うと、「それは全部中国が責任を持つ」と。私も逃げ場がなくなって、「それでは、場所を見たい」と言うと、連れて行かれたのは王府井の東安市場でした。あの中は昔は迷路みたいになっていて、今のように整然としているデパートではないのです。薄気味悪い、薄暗いような所で皆さんが商売をやっていた。その一角に大きな倉庫があって、ここを日本料理屋にするという話です。一応幾つか小部屋があって、大食堂として使える場所もありました。中国側が責任を持って改修するというので、それじゃあやってみてくださいと。

ただ、「畳はどこにあるのですか」と聞くと、「ない」と言う。それでは困るので、私が京都の畳屋に注文しました。あとはお酒とか調味料とか、いろいろなものも全部、日本から船で運ぶ。問題の板前さんは、中国が責任を持つと言うからどういう人かと思ったら、昔、大連の料理屋で板前をやっていた少し年配の人が帰国せず残っていて、その人に来ていただいた。おかげさまで、日本人は少なかったけれども日本料理が好きだという中国人もたくさん来て、一軒しかないものですから、何となく採算的にはうまくいったのでしょうね。

加藤　「和風」というのは誰が命名されたのですか？　運営主体は中国ですか？

南村　中国側、恐らく廖承志さんではないかと思いますね。刺身の材料は中国沿岸で捕って、飛行機で北京へ送る。あとは、大体そろうのです。

しばらくしたら、あの二人がマグロを食いたいと言い出しました。中国沿岸にはマグロはない。「何とかしろ」と言われても困ります。「とにかく築地に行って買ってくるよりしょうがないよ」と言ったら、「じゃあそうしてくれ」という話になってしまいました。

私は築地に行って一本買いまして、ドライアイスを詰めてもらって、経由地の香港まで飛行機で運び、香港の「金田中」でドライアイスを全部詰め替えて、翌日、広州まで。当時、広東にはドライアイスがないから溶けるのに任せるしかない。しかもその日はもう飛べない。当時の飛行機は各駅停車で、翌日、広州から飛んだら長沙に寄り、長沙から武漢、武漢から鄭州、鄭州から北京です。途中、どこかで雨でも降ったらもうストップです。悪いことにやはり雨が降って、一日か二日延び、北京に着いたときには、マグロはすでに臭っていました。西園寺に「もう捨てた方がいい」と言うと、「ばかなことを言うな。だからおまえは物を知らん。大体魚とか肉は、腐りかけが一番うまいんだ」と。「では勝手にしてください」。その日の夜、廖承志さんと二人で食べたらしいですが、どちらかが次の日に出てこなかったようです(笑)。

それはともかくとして、そういうことをやりながら、非常に経営的にはうまくいきました。日本の特派員の人たちは、月に一回ここで朝飯会を開いて、中国の状況を日本の特派員の人たちに説明するブリーフィングに廖承志さんが必ず顔を出した。西園寺さんももちろんいました。趙安博、孫平化、蕭向前も出ていた。とにかく、ひと癖もふた癖もある人たちです。

加藤　対日工作者集団ですか。

南村　そう。当然かもしれませんが、「なぜ日本の特派員だけ優待するのだ。俺たちにも話を聞かせろ」と他の国の特派員から文句がかなり出ました。文革が始まって経営ができなくなるまで朝飯会は続きました。

加藤　うまいものが食べたいというだけの動機ではなくて、長い目で国交正常化を見ていた周恩来、廖承志グループは、その日本料理屋という場所、空間をどう活用しようとしたのですか。

南村　周恩来さんは、日本人は歴史的にああいう過ちを犯した、しかし新しいスタートラインからまた出発した、何とか日中関係をうまくやらなければならないと思っていました。ですから廖承志と西園寺の間の、単に食い気だけの話ではないのです。お客さんも日本からたくさん来ますから、そういう人たちに披露する意味もあるし、長期滞在の日本人にしてみれば唯一それが楽しみだということもありました。

「和風」が文革でつぶされて、日本料理屋が一軒もなくなったので、一九七六年か、七八年か、孫平化が私のところへ来て「またやってくれないか」と言ってきた。「冗談じゃない。あんな苦労はもうごめんだ」と言ったら、しばらくしてまた来て、「廖承志先生がすしを食いたいと言っている」という殺し文句(笑)。廖承志さんがそう言うんじゃ仕方がないなと。ところが、また倉庫の改修ですよ。

加藤　蔣介石の北京別邸の一つという友好賓館の「白雲」のことですか。

南村　そうそう。それで私は、「あんたのところで改修しろ」と言ったのですよ。そうしたら「いや、実は資金がないから。そこまではそっちでやってくれんか」という話ですよ。

当時、竹中工務店が北京にいたから見積もりを出してもらうと、改修費だけで三〇〇〇万元、そんな金はないので、二社ほど商社に頼んで出してもらいました。ただし、板前の手配などはとてもできないので、創価学会に頼んだのです。創価学会には白雲会という板前グループがあって、中国の若い者を教育してすし職人と料理人にしてくれました。それで、「名前はあんたの方で付けなさい」と言ったら、池田大作さんが「白雲」と付けた。そういういきさつです。

隣はなにをする人ぞ

加藤　廖承志さん以外にもいろいろ懐かしい名前が出たのですが、お付き合いした中国側の人たちのお話を伺いたいと思います。「四大金剛」[15]とか「対日工作の三羽がらす」とか、孫平化さん、蕭向前さん、趙安博さん、張香山さん、王暁雲さんなどとは、日常的によくお付き合いされたわけですね。

南村　まだ他にもいます。ただ、はっきり分かっていることは、対日関係で、表向きはいろいろな人が出てくるのですが、隣が何をやっているか知らないのです。私は最初、廖承志さんをトップとして、みんなで討議しながらやっているのだと思ったのですが、全然そうではないのです。廖承志さんが孫平化に「おまえ、この問題はこうやれ」、蕭向前には「おまえは、この問題をやれ」と、そういう一方通行の話だけなのです。蕭向前さんが死ぬ直前、本人から直接聞いてやっと分かりました。

加藤　最近では、廖承志キャップの下に四大金剛代表者、他にも数人、日本組という柔らかい組織があって、そのチームとして動いたというイメージです。CIAとかKGBは横の人は何をやっているか、名前すら知らなくていいという、そういう組織だそうですが、似ていますね。

南村　そうなのです。ひどい話になると、何のためにこれをやるかということすら教えられない、おまえはただこのことだけをやれと……そういうことを聞きましたね。

加藤　孫平化、蕭向前クラスでもそうですか。

南村　そうなのです。

加藤　とすると、誰が対日政策を決定するのですか。廖承志の上？　というと、もうそんなにいないと思うのですが。

南村　廖承志さんは周恩来と直結している。そうすると、対日政策の決定段階では、たとえば中連部長とか外交部長とかは周恩来さんが兼ねていたのか。政策決定に関わっていたのはどういうレベルの人たちですか。

南村　決定段階の、要するにプロです。名前はともかくとして、中央にそういう機関がありますね。中央調査部とか、あるいは分析の連中を集める。

加藤　周恩来が召集するわけですか。

南村　そうです。そこに廖承志さんは参加し、方針が決まったら「おまえ、これやれ」と。だから、孫平化でも蕭向前でも隣が何をやっているか知らない、そういう組織です。

西園寺「民間大使」

加藤　西園寺さんへの「民間大使」という命名は誰がしたのですか？

南村　言い始めたのは廖承志さんですが、周総理がそういう言い方をしたそうです。

加藤　中国側が民間大使・西園寺さんに期待したものは何ですか。

南村　いきさつから言いますと、一九五〇年代の初めに、西園寺がヨーロッパで世界平和評議会にいた頃、帰りに中国へ寄ったときに、日本との連絡係が欲しいと廖承志さんから西園寺に直接話があったのです。西園寺は、「では、帰って日本の仲間と相談してお返事いたします」と言ったら、廖承志さんから「いや、その必要はありません。私どもはあなたに来てほしいのです」と言われたというのです。そう言われても西園寺もいろいろあるので、帰ってみんなと相談したら、やはりおまえが行けという話になったということです。

加藤　西園寺さんもそれを最終的には受け入れて、家族もろとも移った。高級リエゾンオフィサーというか、連絡調整役ということでしょうか。

南村　そうです。そのときに、西園寺に「頼みます」と直接連絡を取ったのが園田直[16]です。園田が死んだ後は特別な人はいなくなりましたが、園田直は西園寺さんとの連絡係でした。連絡係といっても、日中間の連絡というよりは、中国からいろいろ相談を受けて、日本側と話さなければならない時にその相手が園田直で、西園寺が中国側の窓口みたいな役割だった。当時、政治的解決が必要な問題が出たときに、日本の窓口を園田さんがやってくれていたということです。

三木政権へのまなざし

加藤　三木武夫[17]政権が誕生して、三木武夫は一つの成果として日中平和友好条約をまとめたいという意欲を持っていたが、できなかった。

南村　実は三木は一九七二年の正常化前、四月に中国に行きます。大来佐武郎さん、ＮＨＫの解説委員をやっていた平沢和重さん、三木さんの娘婿で医者をやっていた高橋さん、それから前に三木の秘書をやっていて後に議員になった竹内さん、その五人でした。

私の方でその訪中をセットいたしました。ただ、あそこはどうも三木と関係が深そうだなどというわさが出始めた頃で、後藤田さんから目の敵にされるような状態だったので、あまり人の関係を表に出すのはまずいという判断で、セットはするけれども一緒には行動しなかった。香港までは一緒に行って、中国へ入るときに私はひと汽車遅らせて入りました。そして、深圳に孫平化と蕭向前の二人が迎えに来たときに、彼らはそのまま北京飯店に泊まり、私は新橋ホテルに泊まる。

周恩来さんとはそのとき二度会いました。当時、佐藤政権末期で、次は福田赳夫[18]か田中角栄かという時代です。中国は本当に田中内閣が成立するのか非常に心配していました。たまたま三木が周総理に会いたいという話を私の方でつなぎました。そのときに三木が周総理に「私の派閥と中曽根の派閥は絶対に田中に入れます。だから間違いなく田中です」と言い切ったのです。それを聞いて周総理は非常に喜んだという話です。僕は現場にタッチしていないから、本当かどうかは知りません。しかし、会談があった夜北京飯店で三木からその日のことを全部聞いていて、その中でそういう話が出ました。

加藤　ポスト佐藤で田中、福田、三木、大平の四人が立って、福田と田中の決選投票になったときに、三木と、出馬をとりやめた中曽根の二派が田中に入れて田中が勝利する、そういう構図を事前に三木が周恩来にレクチャーしたということですね。

その後、田中がああいう形で政権を投げ打って三木が政権の座に就いた。三木は外交政策の成果の一つとして日中平和友好条約をまとめることに意欲を持ったけれど、中国側は意外に三木では無理であろうとシビアな見方をしていたという話を南村さんから伺ったことがあると思うのですが、これはどういう話なのですか。

南村　要するに、三木政権の人事を中国側が早々と分析していたのです。あのとき、三木内閣の副総理が福田赳夫、党三役に灘尾弘吉、松野頼三で、いずれも台湾派。それからもう一つが石田博英、赤城宗徳のソ連派です。そのときの駐日ソ連大使は有名なトロヤノフスキーですが、このソ連派が条約の中の覇権問題に抗議し、椎名のところへ直に訴えに行っている。そういう三木内閣の人事構成を分析した結果、三木自身の性格も割と優柔不断ですし、それで駄目と……。

加藤　見切っていたわけですか。南村さんは、そのときどういう関わり方をしたのですか。

南村　私は、その前に三木親書を周恩来に持っていったから、私が三木と親しいのは向こうも知っている。ただ、特別に親しいわけではないのです。共同通信政治部にいて三木と親交があった内田健三[19]と私は親しかったので、内田の紹介で三木と会って以来、中国問題では三木がいろいろ聞いてくるようになったのです。そういう関係です。だから、中国は私が三木と親しくしてあまり深入りしない方がいいよというようなことを(笑)。余計なお世話だという感じですが。

質疑応答

質問　LT貿易とか覚書貿易とか、日中間の貿易協定の談判は相当難航しましたね。そういうときに西園寺さんは、何か特別な役割を果たしていたのですか。

南村　全然役立たずです(笑)。そういう交渉は毎年ここでやられていたわけですから。ただ、古井喜実[20]さんはすごい人でした。私は最初はあまりなじめなかったのですが、だんだん付き合っているうちに、この人はやはり強い人だなと思いました。最後の交渉のときは中国側から本当にぼろくそに言われたそうです。おまえは裏切り者だとまで。当時、彼は北京飯店に泊まっていて、

「もうやめた、とけんかして帰ればスッとしたと思う。だがそれをやると、せっかくここ何十年もかけてつないできた糸が切れるのではないか。私はいくらたたかれても、どうされても構わない。我慢しなきゃと、一心にそれだけ考えて座っていた」と私に語ってくれました。あれは立派ですよ。

質問　西園寺公一さんというのは、歴史的存在としても、また人物としてもとても興味深い存在とわれわれの目には映るのですが、南村さんの目に映った西園寺さんの最大の魅力はどの辺にあるのでしょう。中国側も西園寺さんのどこにチャームポイントを見出していたのでしょうか。

南村　私は最初、西園寺というのは、どうせ貴族出身だから、大体そんな程度だろうと正直思っていました。ところが付き合っている間、私が感心したのは、あの人は子どもの頃からおやじが大嫌いで——なんかあったらすぐ刀を持って追い掛けてくるみたいな教育をされたらしいのです——おじいさんの公望公の教育がすごく入っているのです。

パリ・コミューンのときに公望公はパリに留学していてバリケードを運んだという話がある。そういう意味では、大貴族でありながらかなり新しい考え方をしていたようですね。それが西園寺公一の教育をした。だから、彼はおじいさんを非常に尊敬していました。おやじは大嫌い、おふくろは大好きだが、シベリアかどこかで流行性感冒で亡くなりました。

西園寺が日本に帰ってきて住む家がないというとき、炭鉱の整理で炭鉱労働者が家を建ててもいいような土地が横浜にあり、そこを分けてもらって西園寺の家と私の家と二軒建てたのです。一緒に住み始めてよく分かったのですが、おじいさんの教育は、自分のことはすべて自分で解決するというものでした。ですから、何でも自分のことはきちんと整理する。季節替わりの衣替えも自分でやっていて、服が破れたりしているときには、隣同士ですから、私の家内に「これ、何とか修理できないかね」といって持ってくるらしいのです。修理できるものはなんでも修理します。

西園寺は近衛文麿のブレーンの一人でしたから、世界のいろいろな所に行って当時の世界の指導者にほとんど会っています。三国同盟の調印の翌年に、松岡外相に同行してシベリア鉄道経由でイタリアへ行ってムッソリーニに会い、帰りにドイツでヒトラーに会う。モスクワではスターリンに会う。そのようにほとんどの指導者に会っているのですが、なかでも周恩来総理のような人は恐らく今後一〇〇年出るか出ないかだと、そのぐらい心酔していました。

私も周総理の家に行って食事をごちそうになったことがありますが、周総理から「今日はごちそうだよ」と言われて、何が出てくるかと思ったら、犬の肉が出てきたのです。私は犬の肉を嫌いではないから、それは喜びましたよ。しかし、それがごちそうなのです。普段は豆腐だとか、非常に粗食です。一国の総理がそういう粗食なのかと思いました。

また、ある時、迎賓館のだだっ広い部屋に泊まったのですが、そこの服務員から「ここは周総理が泊まった部屋です」と紹介され、そこで服務員から聞いたのは、周総理がここで休まれたときの寝巻が継ぎ当てしてあったということです。それを見た服務員が、われわれの総理は気の毒だ、あんなにまでして着ておられるのかと、三人か四人で小遣いを出し合って寝巻を買い、「どうぞ、これを着てください」と差し出すと、「君たちの気持ちは大変うれしい。ありがとう。しかし、これはまだ着られるから」と返されたといいます。周総理にはそういう話がいくらでもあるのです。

スターリンはスターリンで、西園寺のことを「赤い貴族」と言ったというのですが、やはり西園寺のおじいさんやお母さんの教育が良かったのでしょうか、私利私欲がなさ過ぎる。私は「当たり前にもらっていいものはもらってはどうか」と言うのですが、「いや、もらわなきゃ困るんだったらしょうがないけども、もらわないで済むのだったらやめようよ」という人でしたね。だから、はっきり言って、死ぬまで貧乏でした。そういうところが立派だと思いますね。

質問 周恩来さんは西園寺さんに何を期待したのでしょう。

南村 やはり西園寺のすごく真面目なところです。日本からのいろいろな情報も、常に日本から送られてくる資料を勉強して分析していました。ある意味では、日中のために自分のすべてを賭けていましたから、それを評価してくれたのではないかと思います。

質問 西園寺さんが園田直以外に日本側で、気心が知れて相談できるというか、頼りにした人物は誰でしょうか。

南村 日本側で親しくしていたのは南海電鉄の川勝傳[21]さんと、日中文化交流協会の中島健蔵さんです。中島健蔵さんとは本当によくお会いしました。

それから宇都宮徳馬[22]。この二人は会うとけんかをするのです。面白かったのは、関西で高速に乗ったときです。私は助手席に座っていたのですが、後ろの座席の二人がけんかを始めた。本当にくだらないけんかでね。宇都宮さんが、「俺はおまえよりも偉いのだぞ」と言うので、西園寺が「何が偉いのだ」と返すと、「おまえがお寺だろ、俺はお宮だよ」と(笑)、こういうばかみたいな話をしながらけんかしていたのを覚えています。そのぐらい二人とも冗談好きで、楽しかったですね。

第10章 多分野の支援活動を推進した民の指導者

笹川陽平

(日本財団会長)

聞き手＝高原明生

笹川陽平(ささかわ ようへい)　1939年東京生まれ．笹川良一の三男．明治大学政治経済学部卒業．公益財団法人日本財団(旧日本船舶振興会)会長，同笹川平和財団名誉会長，東京財団顧問，世界保健機関(WHO)ハンセン病制圧大使，ハンセン病人権啓発大使(日本国)，2013年にはミャンマー国民和解担当日本政府代表(日本国)に就任するなど，幅広い活動に従事．中国との関係では，ヤングリーダー奨学基金をはじめ，笹川日中友好基金などを通じ，鄧小平，胡耀邦，楊尚昆，江沢民，胡錦濤，朱鎔基ら中国側要人と会談するなど，民間レベルでの日中両国関係の進展に力を発揮．日本人で初めて「法の支配賞」を受賞したほか，ガンジー平和賞(2018年)，読売国際協力賞(2004年)，WHOヘルス・フォア・オール金賞(1998年)，ロシア「友好勲章」(1996年)ほか多数を受賞する．日本最大の公益団体の代表として，現代日本の民間による公益活動の草分け的存在．

笹川良一の哲学

高原　私から口火を切らせていただきます。園田茂人先生が編集した『日中関係史1972−2012 Ⅳ　民間』（東京大学出版会、二〇一四年）への笹川先生のご寄稿や、ご著書『隣人・中国人に言っておきたいこと』（PHP研究所、二〇一〇年）にもいろいろと書かれていますが、まず中国との交流の最初について伺います。黄華外務大臣夫人の何理良女史[1]が友人を通じて、一九八二年に「会いたい」と言ってきたところから始まるわけですね。その後、訪中されたときはお父上の笹川良一氏[2]とご一緒だったと理解しています。八〇年代初め、中国共産党、笹川家のそれぞれには、相手に関するどのような認識というか、思い、考えがあったのでしょうか。

笹川　最初から直球が投げ込まれましたが、皆さん、大変不思議に思われましてね。私の父は第二次世界大戦でA級戦犯になりましたが、もちろん何の罪もあるわけでもありませんし、一国会議員が裁判の容疑者になることは本来あり得ない話です。いろいろと資料が開示されておりますが、戦後の左翼といわれた相当有力な方からの投書があって、そういう疑念を持たれたということです。三年六カ月拘束されましたが一度も裁判にはかけられず、釈放されました。

若いときにはやはり愛国主義者でしたから、その意味では左の人から見れば右の人となるわけですが、彼の日記などを見ますと非常にはっきりした哲学がありまして、政治、思想、宗教、人種、国境を越えた人道的な活動をやっていくという明確な方向性を持っておりました。私たちの中国や旧ソ連との交流は非常に不可思議だと一般的に学者先生からは思われていたわけですが、特に中国との間は地政学的にも離れがたい関係ですし、二〇〇〇年の歴史という大きなスパンから考えれば、このようにまあまあ良好な二国間関係は世界にはないと思っております。隣国同士はたいてい仲が悪いのでどちらかの国が消えていく運命の中で、中国があり、日本もきちんと残っているという例は世界史の中でもまれなのです。歴史の連続の中で起こる多少の凹凸をどううまく抑えていくかが両方の政治家、学者先生の賢者の知恵です。夫婦関係だって何十年の間には時々いさかいが起こるのですから、二国間関係においても起こるのはごく普通であって、それが大きな火事にならないようにしていくことが大事です。

そういう観点から、私の父は八〇年代初頭の中国に計画産児の用具をお送りしていました。二〇一三年の機構改革で衛生部と合併したのですが、当時は国家計画生育委員会(3)があり、人口問題は中国にとって一番大きな問題だったのです。当時、日本からそういう支援をすることはまれでした。初代国連大使黄華さんの奥さんの何理良さんは、多分当時の国家計画生育委員会の王偉さんからお聞きになったのでしょう。アメリカの国連からの帰り道に、ホテルニューオータニの二十数階にいるからぜひ会いたいということでしたので、私自身が行ってご挨拶をしました。多分帰られてから王さんとのお話があったのでしょう、王さんが今度は日本にお越しになりまして、「ぜひ友好関係を結びたいので中国に来てほしい」ということで、中国に笹川良一と私が行ったのがきっかけです。

天児　私は『隣人・中国人に言っておきたいこと』を読みまして、今の関連で一つ大変興味を持ったことがあります。それは初めて中国に行かれて、一九八五年一〇月、鄧小平(4)と会見したときに、普通は初めて会うと握手をするわけですが、笹川良一先生は握手ではなくて鄧小平を抱き上げて親愛の情を示した。そして「あなたは世界的に大事な人だから、六〇歳の年齢を引いて二〇代になったようなつもりでこれからも頑張ってくれ」と言ったと書かれてあるわけですね。反共産主義者ともいわれていた良一先生が、初めて会った、しかも共産主義国家中国の代表を抱き上げてまで、彼に対する期待感を示す。そのとき、あるいはそれ以前に良一先生は、共産主義中国、それから鄧小平という共産党の指導者をどうイメージされていたのでしょうか。

笹川　私も今ミャンマーの少数民族問題にかかわり、六年間で九〇回ジャングルに入っていますけれども、われわれは外交官ではありません。政治家や外交官は肩書、名刺で仕事をするが、笹川良一の場合はすべて人間関係なのです。当時反共であった笹川良一が鄧小平と抱擁したのを不思議に思われるかもわかりません。伊藤隆先生が笹川良一を分析した本が中央公論社から六冊出ていますが、それによれば、西尾末広さん、鈴木茂三郎社会党委員長や市川房枝さんとも交流があったし、まだ三二〜三三歳のときに、大正時代の民本主義者吉野作造とも、彼の家に行って話をしています。思想信条は違っても人間的にふれあい、そこに通底する人間の信頼感をつくりあげることが重要だと思うのです。

レーガンと最初に会ったときも、レーガンは握手を求めてきましたけれども、笹川良一は小指をさし出し、通訳を通じて「男と男が約束するのは握手では駄目だ。小指と小指を絡ませるのだ」と言った。レーガンも指を出してげらげら笑いましたよね。鄧小平さんも、本来はご承知のように人民大会堂で一列になって待っていらっしゃるのですが、面白い人が日本から来るというのでちょっと前の方に自然に出てきたわけです。そこでそういう形になったわけです。その後の会談が非常に和やかに、あるいは率直にできるようにする、一つのテクニックでしょうね。

高原　ご著書の中でおっしゃっている三段階の発展戦略、つまり中国と協力関係をつくるにはまず政府指導者から入り、次に専門家に行き、さらには一般大衆へと交流を拡大していく。その第一段階の政府指導者たちとの交流ですが、鄧小平、楊尚昆[5]の二人以外に特に印象に残ったのはどういう方々だったのか、エピソード等も含めてお話しいただければと思います。

笹川　今、私はミャンマーの国民和解をやっているわけですが、「笹川陽平さんはミャンマーの軍事政権と仲良くしていた人だ。それがなぜ日本政府代表で?」とメディアの方に疑問を持たれます。ミャンマーで私は小学校を四六〇つくりましたが、共産主義の国、あるいは軍事政権や独裁政権の下では、トップから指示が下りないと支援活動ができないのです。またそういう国はスピードが速いですから、たとえばわれわれの中国でのハンセン病制圧活動も、長征にも参加した馬海徳[6]というレバノン系アメリカ人と話をするとすぐ上に上がって、当時「中国にハンセン病はない」と言い張っていた政府からぜひにということになり、すると一気に制圧に成功するわけです。

私は、鄧小平さん以降のほとんどの政治局常務委員の皆さんにお会いしてきております。中には儀礼的な方もいらっしゃいましたが。特に外交部門でできない中国人民解放軍との付き合いは長くやってきました。非常に込み入った話をしたのは楊尚昆先生であり、もう一人はビジネスの話ですけれども、朱鎔基[7]さんがやはり大変印象に残っています。

中国新幹線の仕掛けと朱鎔基の印象

笹川　実は、中国への新幹線の導入は私が仕掛けたが失敗した仕事なのです。日本からいろいろな代表団が行かれるのですが、みんな形式的なところで話が終わってしまう。「突っ込んだ議論をしてくれないから、日本人に会ってもあまり意味がない」と。ただ当時、民主党の若い人たち五～六人が行って、内容は存じ上げておりませんが、朱鎔基さんとかなり議論をされた。朱さんは非常に論争好きだし、ストレートなもののいい方がお好きだったのでしょうね。

当時、中国では日本のODAがまったく見えず、中国の人々は日本のODAがどういうものであるのかほとんど知らないということで、日本側のODAの大義、中国ODAに対する評価には非常に厳しいものがございました。改善するには、中国の国民に直接的に裨益《ひえき》する仕事をすべきだということで、北京─上海間の新幹線計画が浮上したのです。年間で約三億人が乗るわけですから、黙っていても日中協力、日本のODAがよく見える。しかも、北京と上海の間はほとんどトンネルがありません。日本の重工業の代表、三菱商事から始まってほとんどの商社、航空会社は全日空と日本航空の社長、JRは東日本から九州までの四社の社長、鉄建公団、当時の運輸省事務次官も含めて八〇人近くを私が引き連れていくことになりました。そのときに、中国で信頼のある竹下登先生と、経団連の平岩外四さんのおふたりに「ぜひ顧問で行ってほしい」とお願いしたら、北京にいる日本の中国大使が、私が団長なのに私ではなく竹下先生と平岩さんに「朱鎔基さんは日本人には会わないと言明されていますので、おいでにならない方がいいです」という電話を入れたのです。おふたりから私に電話があって「笹川さん、こういう情報があるけれども、私はあなたの日中にかける情熱を支えるために行くので、会えても会えなくてもいいから心配しないで予定どおり行きましょうよ」と。

そういうことで北京に行き、中南海に入りました。反対していた大使が一番前に座っていらっしゃったので、私はわざと一番後ろの隅に座っていたら、朱鎔基さんが三回、「笹川先生、笹川先生、笹川先生は今日はいらしているのですか？」――後ろの方から私が「はーい」と手を挙げたら、「笹川先生、日中間で本当に一生懸命、民間レベルで仕事をしていただいて感謝しております」という話で会談は成功しました。ただ、中国ではまだ日中関係は敏感な問題として残っているので、内々に鉄道部の人々とも何度も会い、日本の新幹線導入は既定の方針だったのです。南京も通過するので「しばらく静かにしていてほしい」と言ったにもかかわらず、下ごしらえができたところで国土交通省が扇千景大臣に新幹線の売り込みをさせ、それまで何も動いてこなかった経団連も新幹線売り込み団体を送り、結局反日運動に引き込まれて計画を壊してしまいました。

大変率直な話ですが、その時点で私は手を引きました。その間に日中鉄道協力[8]をやりまして、確か四〇〇人ぐらいの中国の技術者を日本に招いて新幹線の勉強をしていただきました。実は、川崎重工業が新幹線のブラックボックスを含む技術を中国に売り渡したことが後でわかりました。JR東海の葛西さんが激高して川重との取引をやめたという話を伺っております。実際やめたかどうかは分かりませんが、日中相協力する友好の懸け橋がそういう形で終わったことには内心忸怩たる思いがあります。

天児　今の時点から見ますと、日本の新幹線技術の中国への移転が中国の新幹線をすごいスピードで発展させ、ある意味で日本を超えるところまで行ってしまった印象があります。あのとき、技術移転は内部で相当議論されていたのか。川崎重工業がむしろ一番大事な部分を単独で中国に移転してしまったところからこじれたとも聞こえたのですが、その辺はいかがですか。

笹川　おっしゃるとおり、川重の独断です。

天児　それは今から考えるとどうですか。

笹川　非常に残念。

六四天安門事件後の経済協力

高原　続いて一九八九年の六四天安門事件(9)後のことをお伺いしたいと思います。西側諸国に付き合う形で日本も対中経済制裁を行いました。ご寄稿の中でも少し触れていらっしゃいますが、楊尚昆さんと竹下さんの間を取り持たれたという、その事情について詳しく教えていただけますか。

笹川　その前後だったと思うのですが、鄧小平さんが「中国が混乱すると一〇〇万人単位の難民が日本に押しかける。そういうことにならないように、やはり日本に支援していただいて、われわれはわれわれできちんと社会制度を確立していく」と言ったときに、日本では「鄧小平が日本を脅かした、恐喝した」という論調が多かったのですが、これは大変な間違いで、お分かりの通り、今なら一〇〇万人単位で来るぐらい船がたくさんありますし、やはり中国は中国の中できちんと物事を処理していきたいというお考えであったわけです。

人民大会堂で楊尚昆さんと会ったときには、経済同友会の牛尾治朗さんと東大の衞藤瀋吉先生のおふたりが同席していたと思います。「このまま経済制裁が続くと非常に困難な状況になる。何とか経済制裁を外して日本からのODAを再開していただかないと、中国に大きな混乱が起きる。ぜひとも笹川さん、経済制裁の解除のために力を貸してくれないか」という非常に真剣なお話がありました。私みたいな若造で、しかも政治家でもなければ行政官でもない人間にそうおっしゃってくれた。多分、それまでのお付き合いもあるので、心が許せると思ったのだろうと思います。

私は「そのような大きな問題を私にできるか分かりませんが、帰りましたら然るべき方々に話をして努力はしてみます」と返事いたしました。それで帰国しまして、今はもうなくなってしまったキャピトル東急ホテルのそばの古いビルにあった経世会の事務所で竹下登先生とお会いし、「非常に困難な状態にあるので、何とか日本の経済制裁を解除してもらいたいという強い要望がございました。これからの長い日中の歴史を考えると、大変重要な相手が困っているときですから、先生、何とかお願いします」と申し上げたら、「そうだわな」と、あの人はすぐに「わ」を使うのですが、「陽平ちゃんの言うとおりやわ。日中はこれからも長い付き合いをやっていかないかんのやから、相手が困っているときに何ができるかということが大切なことだわな。知恵を絞ってみるわ」。八〇年代には安倍晋太郎先生が長く外務大臣を務めましたから、多分彼にも話し、恐らく外務省の中で知恵を絞ったと思うのです。

結果を申せば、一九九〇年七月のヒューストンサミットで、海部総理本人に力があるわけではないけれども根回しが済んでいて、日本が提案してG7で主導権を持って問題を解決した唯一の例が中国に対する経済制裁解除であったと記憶しております。日本が解除するということで、やがてG7すべてが解除に応じたのです。そして日本は第三次円借款[10]八一〇〇億円をすぐに再開し、これが中国の現在の経済発展のキックオフになった記念すべき出来事であったと、私自身は思っております。ただ、中国の今の人たちはそういうことを知りませんから、行けば必ずその話をすることにしております。

中国医療人材育成への協力

高原　先ほどの新幹線、技術者を招いたことも含めて日本からの鉄道技術協力、それからハンセン病制圧など医療にも力を入れて、非常に早い段階から多くの中国の医師を日本に研修に招く形で協力していらしたわけですが、そうしたことが人々の記憶にどれほど残っているのかという問題については今どうお考えですか。

笹川　それはわかりません。私の仕事はその時代の中にきちんと残すとか残さないというつもりでしているわけではなくて、結果的に残るのであれば大変結構なことです。政治、思想、宗教、人種、国境を超えた活動をわれわれは中国でもしてきたのですけれども、当時の中国の国家体制、社会体制を考えたときに、できることにはやはり限界がありました。

最初に取り上げたのが、中国の人民の皆さんの健康を考えての医者の養成でした。東北大学総長と大塚の癌研究会付属病院長を歴任し文化勲章を受けられた黒川利雄先生、東大の初代薬学部長を務められ、私のハンセン病制圧事業に大変お力をいただいた青森県出身の石館守三先生、このおふたりが見えまして、「笹川さん、これから長い歴史の目で中国を見たときに何か協力をしていく必要があると考え、日中医学協会をつくりました。ただ、財政的にはなかなか難しい。中国の医学生を一〇人ほど日本に招いて教育し、日本の最新医療技術を持って帰っていただき、中国の医学医療制度をレベルアップすることが重要だと思うので、協力していただきたい」とおっしゃった。私もまだ若かったので、「本当に素晴らしい話だけれども、一〇億を超える人々がいる国で一〇人では駄目です。どうせなら一〇〇人単位で毎年やりましょう」と言いましたところ、先生の方から「できたばかりで一〇〇人も受け入れられるとは考えられないけれども、笹川さんが言うなら持ち帰ってみんなで議論します」と帰られて、すぐ連絡が来ました。「人道的見地からも、またわれわれの中国に対する思いからも、ぜひ一〇〇人単位で、死に物狂いでやります」というお話だったので、すぐ中国に参りまして衛生部と交渉しました。

当時、中国から外国に奨学金で出るのはほぼ不可能でした。私は二つ条件を付けたのです。一つは、当時はまだ縁故主義が相当はびこっているだろうが、とにかく中国全土からお招きしたい。二番目は、特定の外科とか内科、特に高等医療だけに偏しないよう医学のあらゆる分野の人に来ていただきたいということです。それでMOU（了解覚書）を結びまして、当初一〇年間の予定で始めました。これは日中協力の中で多分最大の効果を発揮した事業ではないでしょうか。受け入れ数が今や三二〇〇人を超え、北は北海道から南は沖縄の琉球大学まで、あらゆる大学が拒否せず受け入れてくださった。特に地方で勉強された方々が、東京と違って村祭に出たり、さまざまな地方の文化風習に触れてお帰りになったのは大変有意義であったと思います。

その間に天安門事件が起こりました。「逃げたい人がいたら、理由をきちんと明示してくれたら私が責任を持って許可します」と言ったところ、結果的に私は相談を受けませんでしたが、三人の方がアメリカに行かれました。中国政府としては、当時、外国に留学した学生のほとんどが帰ってこないという悩みを抱えていたのですけれども、われわれの奨学生は、三人の例外を除く全員がお帰りになっていて、中国政府もそのことを高く評価してくださっています。二〇〇三年のSARS流行のときの問題解決も笹川奨学生でしたし、二〇〇八年の四川省の大地震のときも温家宝から称賛を受けたのは笹川奨学生です。今も同窓会をきちんと現地で順番に回ってやっておりますが、今、中国の医学会の中堅以上はほとんど笹川奨学生で占められているということです。

私は最初から看護師さんの重要性を認識しておりましたが、当時の中国では看護師さんは女中さん代わりということで、お呼びするのに六年かかりました。最初、五人の方がお見えになりました。今の中国の看護師協会の会長さんはその第一陣の卒業生です。留学準備のために、中国医科大学[11]での八カ月の日本語研修と同時に、日本の風俗習慣も知っていただこうということで合宿形式で勉強していただき、試験は日本側がやって、十分に対応能力がある方をお招きしたのです。

大変優秀な方々ばかりでしたが、一人だけ試験に落ちた方がいました。「私は故郷の皆さんから旗を振ってもらって来たのに、日本に行けずに帰るのならここで死にます」と訴えるので、例外的に「追加で六カ月勉強していただいて、その成績を見て結果を決めましょう」と言ったら頑張られて、無事六カ月遅れで日本に来たという例がございます。ここで面白いのは、中国医科大学では文化大革命のときも医学部は日本語で教育をしていたのです。反日運動が盛んだった革命政権以来ずっと日本語で教育をしていて、今もそうです。

中国における知日派創出の試み

天児　笹川先生はご著書の中で「親日家は必要ない。私は知日家をつくりたい」と度々言っておられます。私も基本的には同感ですが、知日家の人々がいたからこそ日中関係のある難局が越えられたとか関係を維持することができたという具体的な経験があれば、ご紹介いただければありがたいです。

笹川　私は「知日派をつくりたい」ということで、図書だけでも三七〇万冊、四〇を超える大学に寄贈して読んでいただいています。アメリカなども贈っていますが、コンテナでどんと送りつけるだけです。上海交通大学などに行くと裏に積み上げてありますよ。そういう「あげる」とか「やる」という考えではなくて、私たちは「こういう本がありますよ」とリストを作成して中国の図書館司書に選んでいただき、それを送る。図書館司書も毎年日本に呼んで、日本の優れた図書館を見ていただいて向こうの図書館レベルを上げていく。上から目線で物事を判断してやるのではなく、彼らが必要とすることにどう協力するかが重要だと思っているわけです。

天安門事件以降の中国人海外留学生は、世界全体で五〇万人をはるかに突破しているでしょう。彼らは今の中国と世界の状況を相対的に見る経験をすでにしていて、学問的にも分かっているわけです。それと政治体制は別個のものですから、そういう知識や経験を経たものを率直に表明できないことは理解してあげなければいけないと思います。具体的に「笹川さんのおかげで」というのは、個人ベースでは皆さんそれぞれお持ちです。中国人民解放軍との交流は彼らからも本当に喜ばれていますし、日本の自衛隊も個々に喜んでくれていますが、何か事が起こったときにそれが解決の糸口になるかというのは、私はまだ経験したことはありません。

高原　二〇〇一年から佐官級交流を始められました。なぜそのタイミングだったのでしょうか。事業を立ち上げ、実行するに当たってはいろいろなご苦労があったと思います。二〇一二年の尖閣の問題ではいったん途切れ、また復活しました。軍人交流の問題について教えていただければと思います。

笹川　国家レベルでできない仕事が、実は外交でもあります。特に軍は、外交の範囲の外に存在しているわけです。どの国も国防は、アメリカは国防総省、日本は防衛省、中国もそうです。そういうところに食い込むことを、私は「トラック1・5」という言い方をしています。G-Gベースを1とすればわれわれ民間同士の付き合いは2です。民間が間に入ることによってそれが潤滑油となり、ギスギスした形式的な交流ではなくて、軍人さんが日本に来ても単に軍事施設を見せるだけではなく、一般社会を見ていただくことができる。そのことが大変重要なのです。

ちょっと話がずれますが、アメリカが北朝鮮に戦争を仕掛ける準備をしている最中に私は金日成と会談して、「アメリカ人を紹介してくれ」と言われてカーターを紹介したことがあります。ホワイトハウスは「カーターの訪朝は許可できない。個人の資格で行くのなら仕方がないが」と。私はホワイトハウスの中でそんな緊張したことが起こっているとは考えてもいませんでしたから、率直な気持ちでカーターに言ったのですが、彼もぐずぐずして「本当に金日成に会えるのか。どういう手順だ」と言うから、私を信用してもらう以外方法はないと申しました。カーターはそれまで何回も来日して私と交渉していたのですが、一九九四年六月に訪朝が実現し、北朝鮮が核拡散防止条約[12]に再加盟し、IAEA担当官の滞在を認めることになりました。後で分かったのですが、カーター訪朝中にホワイトハウスは安全保障会議を開き、朝鮮戦争を仕掛ける準備をしていたのですね。それがカーター訪朝で中断されたというのが、オーバードーファーの『二つのコリア』(日本語版は共同通信社、二〇〇五年)という本に詳しく書かれています。私はオーバードーファーにも会っていませんし、カーターも政治家ですから自分一人でやったようなことを言っていますけれども、そういうことで民間が果たす役割は結構あるのですね。

政府間でない軍人交流の試み

笹川　話はもどりますが、なぜ人民解放軍との交流をやったかというと、アジアの各地を回ると、至るところに日本の兵士の墓地があります。やはり、一番戦争をしたくないのは軍人さんなのです。誰も死にたくないですから。ところが、上からの命令が来るとやらざるを得ない立場に置かれているので、一般の人はみんな「軍人は好戦的だ」と思っている。そういう意味でやはり相互理解が大事だと思ったのです。

人民解放軍に反日記事をよく掲載する『解放軍報』という機関紙があり、そこの記者を代表団に入れて日本に来てもらったことがあります。すると、「至るところで日本は軍国主義の道を歩んでいるとみんなに言ってきたけれども、どこへ行っても制服を着た人を見ない。どうも間違ったことを教えてきたのではないか」と気が付いた。それで中国に帰って、娘に「ぜひ日本に一度行ってこい」と言ったら「あんな反日家のお父さんが、たった一週間の旅行で日本人にうまいこと丸め込まれたのか」と批判されたと本人は笑っていました。自衛隊の人も中国へ行くともうびっくりするのです。軍人交流は一番敏感な問題ですが、大変重要なことだと私は思っております。

熊光楷[13]副総参謀長とMOU(了解覚書)を結び、まず五年間ということで始まりました。「トラック1・5」だから、国家レベルでいろいろな問題が出たとしても、継続することに意義があり、中断しないことが一番大切なのです。熊光楷との五年間でも、小泉総理の靖国参拝があって中国では大問題となったことがあります。自衛隊が青島の海軍基地から入って旅行する予定だったのが青島は駄目だというし、熊光楷さんもご苦労なさったと思いますが、結果的には青島の軍港を見て、彼は無事に交流事業を実行してくれた。その後、中国の潜水艦が領海侵犯したときも、防衛省は我慢して「この交流は続けよう」となったわけです。

熊光楷さんの次の方には、中国大使館で会って、「これはトラック1・5でやってきたことですから、あなたもその点をよく認識してほしい。継続することが日中両国の安全保障にとって大変重要であるし、効果を上げてきている」と申し、本人も納得したわけです。ですが、尖閣の問題が起こったときに、悲しいことに日本の青少年が中国に行くプログラムをはじめ、日本からの数百の中国訪問プログラムが全滅しました。人民解放軍と自衛隊の交流についても、中国側から「少し延期させてほしい」という要請を受けました。すでに防衛省との間で準備を進め、視察などのスケジュールも全部決まっておりましたし、ホテルの予約も取っているので、延期は認められない。「延期したいのなら、中止します」といって私が中止を決定しました。ですから人民解放軍側が中止したわけではありません。後で「なぜ笹川さんをあんなに怒らせたのだ」と、中でいろいろ問題になったそうです。

二〇一七年の夏頃から、そろそろ再開したいと思って、担当者がいろいろ接触をしてくれました。二〇一八年二月、私が人民解放軍の外事弁公室の主任——少将だったと思いますが——に面会に行きましたところ、「いや、笹川さん来てくれてありがとう。今日は酒が飲めます」と。ご承知のように中国は今、人民解放軍含めて酒が禁止ですけれども、賓客が来たときは例外ですので、二度上申書を出して「今日は酒が出せます。一緒に大いに飲みましょう」と、彼らも喜んでいました。

そのとき、「四月に日本に行きたい」と言われたのです。私は小野寺防衛大臣に「ひょっとしたら」と事前に電話を入れてはありましたが、唐突な話です。二カ月しかないのでとても無理だろうと思ったけれども、「なぜ四月なのだ?」と聞いたら、「四月に王毅外交部長が日本に行くことになっている。王毅が行くと次に李克強首相が行って、そして安倍首相が北京に来て習近平に会い、日中間の新しい関係を構築する。その先駆けをやりたいから焦っている」ということなので、「外事弁公室なんてちっとも偉くないのに、なぜそんなことができるのか」と聞いてみました。

ご承知のように、人民解放軍は七大軍区を五大戦区に切り替え、なお人事的には相当揺れ動いているのですが、この改革によって旧外事弁公室は二階級上がり、直属とはいいませんが、間に人が一人入るぐらいで実質的に中央軍事委員会の直轄になっているということでした。多分習近平との話もついていて、一連の対日政策の先駆けになったのではないかと思います。これは私の推測ですが、そういう形で日中軍人交流が再開したわけです。

今後の日中関係への展望

高原　数十年にわたって交流されてきた間に、中国は大きく変化しました。政府の対中ODAも、円借款の新規は二〇〇七年度で、そして二〇一八年度でいよいよすべて終了になりました。今後の日中関係についてはどのようにお考えでしょうか。また、中国の変化をどう評価していらっしゃるか。中国の今後、それは日中関係の今後のベースになると思うのですが、どのようにお考えでしょうか。

笹川　二つあると思うのです。一つは、中国の一帯一路政策について日本は相当分析力がなかった。一帯一路というとすぐに一帯の方のシルクロードを考えがちですが、中央アジア、キルギス、カザフ、ウズベク、トルクメニスタン、アゼルバイジャンのようなところをいくらやっても話にならない。やはり海の一帯一路を考えた方が経済効果も高いということが日本には分析できていなかった。もう一つは、習近平・オバマ会談で出た「太平洋は広いから、米中で二分しましょう」という話も、日本側のメディアは非常に面白い話として伝えておりますが、実はそういう中国共産党の政策はきちんと出来上がっているものです。それが証拠に、日本との関係がいいといわれるトンガ王国はすでに国際選挙ではすべて中国の指示に従っているということですし、バヌアツに中国は軍港を造ろうとしています。本当に太平洋を二分しようと懸命の活動を展開しており、それにようやくアメリカも遅ればせながら気が付きました。中国から地図を見回せば、日本が弓なりに、北海道から沖縄まで合わせて出口を邪魔しているのがよく分かります。何とか広いところに出たいのは当然で、そういう戦略をきちんとやっていらっしゃる。

しかし、今やいろいろなところで「債務のわな」という問題があります。スリランカでも港の経営権が中国に譲渡されました。パキスタンもモルディブもそうなるでしょう。今、世界各国が中国からの借款に慎重になっていますが、アフリカ諸国は借款はもらったものだと思っていますから、これからもどんどん借りるでしょう。そうはいうものの、「債務のわな」と同時に、ご承知のように中国は建設事業に労働者も機械も含めて一括で行きますから、現地の雇用があまり伸びず、その国の経済にあまり貢献しないという問題があります。一帯一路は海からはある程度成功するでしょう。陸地については、二〇年か三〇年たたないと分かりませんが、残念ながら成功しないのではないでしょうか。

ＩＴの発達で中国にはスリがいなくなった。八〇％近くがスマホ決済を行っていますが、日本は二五％だそうです。中国の物乞いもＱＲコードを前に掲げています。国民一人ひとりの情報がすべて国家管理の中に入ってしまったのです。経済のイノベーションを考えますと、先日北京大学に行ったら電気のコンセントが駐車場にまでありましたから、二〇三〇年までに全部電気自動車にすることはできるかもわかりません。

中国に民営企業がまだない頃、私たちは牛尾治朗さんに行ってもらい、上海で国有企業の民営化をテーマに非常に活発な議論をしました。しかし、最後のところで国は人事権だけは離したくないというのです。人事権を離さない民営化は民営化とはいえない。なぜならば、国家管理の人事ではイノベーションは起こりません。その後、ご承知のように非常に開かれた企業体系ができましたから、さまざまな分野でイノベーション、改革が実行されて今日の経済発展の基礎になったのですが、今ここにきて、一般企業のトップを含め、中国共産党の指導の下に各種団体、大企業の人事が行われるようになりました。最高責任者、もしくは幹部の中に政府の指導者が入ってきますと、イノベーションは絶対に起こりません。ですから、せっかくこれだけ広がりを持って発展してきた中国経済の中で、今後イノベーションが起こるかは、民営で頑張ってきた大企業の中にどれだけ党が人事介入するかによるでしょう。大企業のトップ連中はいつ引っ張られるか、代えられるかと戦々恐々としていまして、すると守りに入ってきます。この傾向は強まっても弱まる可能性はないので、これから二〇年ぐらいを考えれば、経済については私はちょっと悲観論の方です。

高原　そうしますと、日中関係はどう推移していくでしょうか。

笹川　冒頭にも申し上げましたけれども、日中関係はもう二〇〇〇年も続いているのです。最悪のときに何が起こるかを考えなければいけないのですが、私たちが軍人交流を始めたために、今、空域あるいは海上でも不測の事態が大きくならないようにするためのさまざまな知恵について、政府レベルでも協議が熟しています。民族感情によって小さなことに火がつき、愛国運動になって大きな戦いに結びついていくことをわれわれは経験しています。ですから、そうならないよう、賢者の知恵を両国が働かせてやっていくことが大事です。

さらに、日本も災害大国だし中国も災害が多い。ましてやフィリピンやインドネシアなどはしょっちゅう災害に見舞われる。次の防衛交流では、日中両国で軍が防災訓練をやり、お互いの国を助け合い、あるいは第三国、特にアジアの平和と安定のための人道的活動をする仕組みをつくる。そのこともすでに政府の内部では一部検討が始まっているようですので、五年とか一〇年という短いスパンで考えれば緊張するときもあるかもわかりませんが、三〇年、五〇年あるいは一〇〇年というスパンで見れば良好な関係が今後も続いていくのではないかと思っています。またそのようにすることが現代に生きる私たちの仕事ではないかと思います。

天児　最後に、これからの日中関係を考えるときに、われわれが、あるいはこれからの世代が心を割って話し合い意気投合する、そういうことをベースにした関係がやはり大事だと思われるのか、あるいはもう時代は変わっているので、普通の国として両国が向き合い、安定した環境をつくるためにむしろ制度をかっちりとしたものにしていった方がいいのか。その辺はどう思われるでしょうか。

笹川　男女の恋愛と一緒でね、熱くなると冷めるのです。かつて中国に行ったときに、「政冷経熱」という言葉をよく向こうの人がおっしゃったので、「政治が関与しないで、日中間が経済を中心に安定しているのは素晴らしい話だ」と言ったら、向こうは「政治が関与しない日中間などというのは成り立たない。だから政熱でないと駄目だ」と返す。けれども、政治は人によって変わりますし、体制が変われればまた変わる話です。ですからやはり、将来どうなるかではなくて、どうしなければならないかということをわれわれは考えて、それぞれの立場で活動をしていくことが大変重要だと思います。

質疑応答

質問　大変素晴らしく充実したお話をいただきまして本当にありがとうございました。一点だけ、台湾と大陸、また香港とどういう距離感でお付き合いしていく必要があるのかについて、笹川先生のお考えを伺えればと思います。一九六〇年代などは特に、台湾との関係もいろいろとお持ちだったのではないかと思いますので。

笹川　中国の台湾政策は非常にしっかりとしたものが存在すると私は思っております。これは多分、武力ではない。中国の外交関係を見てきますと、台湾が持っている対外関係はあと一七～一八、アフリカは五四カ国中スワジランド（編者注：二〇一八年四月にエスワティニ王国に国名変更）だけになりました。中南米でも最も重要なパナマは中国を採りました。二〇年か三〇年先を考えれば、台湾は外交関係を全部遮断されてしまうことになります。スポーツの分野でも中国は台湾の参加を認めない方向に進んでおります。外交関係が対外的にゼロになるということは、それからさらに二〇年ぐらい先を見れば、知らない人からは台湾は中国の自治領だと見られる時代が来る可能性があります。

たとえば南沙の問題にしても、中国は別に昨日今日、南沙に施設を造ったわけではない。一〇年も前からやっていることです。アメリカ側は政策の大きな誤りがあったことに今気が付き始め、日米豪を中心に、最近では太平洋にインドがくっついて、インド太平洋の安全保障という非常に広い概念になってきています。アメリカがどこまでできるか分かりませんが、オーストラリアは大変熱心ですし、そういう中で自ずから台湾政策をどうすべきかについても政治家が考えていくことになろうかと思います。中国の政策は一貫していますから、そうならないようにするために、トランプ政権になって遅まきながら「台湾旅行法」[15]を制定しました。最近は米海軍も台湾海峡まで出たり、「航行の自由」作戦ということで中国の主張する領海に入ったりして、つば競り合いはあろうかと思いますが、台湾に中国が軍事侵攻する可能性は――話としては面白いですが――ほとんどないと思っております。

高原　台湾との関連で、名うての反共主義者であったお父上は、蔣介石[16]の一家とのお付き合い、それは会長も含めてあったと思うのですが、一九八〇年代の初めに共産党政権との付き合いが始まったとき、あるいはそれ以降の台湾側の反応というか、お付き合いに変質があったのかどうか、差し障りのない範囲で教えてください。

笹川　蔣介石と笹川良一は会っていないと思います。その息子の蔣経国とは度々会っていると思います。蔣経国の腹違いの弟の蔣緯国——台湾の軍事大学の校長をやった人で、九カ国語を操る語学の天才といわれた人でした——と私とは酒飲み友達でした。台湾の国軍を創設したのは実は日本でございます。当時、蔣介石軍が台湾に逃れたときに、軍を再構築しなければいけないが、自分たちには能力がないということで、日本に要請がありました。日本は蔣介石のおかげで多くの日本人が中国大陸から無事に帰国できた恩義を感じておりましたので、岡村寧《やす》次《じ》陸軍大将を中心に要請に応えて台湾軍の創設に参加し、その中心的役割を担ったのが富田直亮です。富田は神戸から密航しまして向こうに入るのですが、「私は共産党は嫌いだ。だから赤ではなくて白だ」といって、白鴻亮という名前で大学の校長を務めました。非常に信頼された人でした。

私は先日も台湾に行って蔡英文総統にも外交部長にも会っております。日本は何でも二項対立で、この問題でも大陸派・台湾派が対立し、台湾派の福田赳夫さんは中国に行かなかったし、大陸に行く人は台湾には行かないという時代が長く続きました。ただ、私が台湾に行っていることは中国政府もよく知っていると思いますが、一言もそれについて問題を提起されたことはございませんし、台湾側から私の中国との関係について批判されたことも一度もございません。

質問　日中関係で民間の交流は重要なのですが、私の聞きたいことは、中国は経済発展、改革開放を通じて大きく変わりました。一般の民間人の交流と経済界の交流はこの間どのように変わってきましたか。特に日本人については、先生はどう感じていますか。今後の日本の民間交流と経済界の交流はどのように発展していくと思いますか。

笹川　私は経済の専門家ではありませんけれども、経済関係についても、大幅にということはないでしょうが、非常に順調に進むのではないでしょうか。ご承知のように、すでに日中の人々の生活は補完関係にあります。私たちが日ごろ食べるさまざまな食べ物や生活用品を見ても、中国製品がなかったらやっていけないのは明らかで、そういう時代にもう入っているのです。日本から中国にも随分投資が入っていますし、それが生み出す雇用で中国人の皆さんが働いてもいらっしゃる。三〇〇〇万人ぐらいになっているのではないでしょうか。私は経済の専門家ではないので、数字が間違っていたらお許しいただきたいのです。政治レベルと違って、経済を中心として、また国民生活のレベルでは日中間は離れがたい関係にすでに入っていると認識しております。ましてや、最近はご承知のように米中の貿易戦争が激しくなってきておりますので、中国にとって日本の重要性が再認識されていることは間違いありません。

質問　これから知日家をもっと増やしてほしいというお話が出ましたが、私は日中間の関係をよりよくするためには両国の努力が必要だと思うのです。自分が留学生活を通じて感じるのは、日本の若者で中国に対する関心を持っている人が少ないということです。多分これから、知日家だけでなく、日本側の知中家・親中家も必要ではないかと思います。日本で知中派をもっと増やすためにはどのような努力をしたらいいでしょうか。

笹川　大変率直に現状分析をなさっていると思います。日本の各大学も随分中国からの留学生を受け入れておりますが、日本から中国に行かれる人の数がそれほど多くないのはご指摘の通りです。やはり日本の若者にもっとこれから中国に行って勉強をしていただく必要があります。若い皆さん方の努力に期待したいと思います。

天児　たとえば笹川平和財団として、あるいは日本財団として、若い日本人の中国派遣を支援するようなプログラムはお考えでしょうか。

笹川　今のところ考えておりません。一つだけ最後に面白い話がございます。一九五六年、毛沢東[17]政権ができてまだしっかりと固まっていない時期ですが、確か遠藤三郎元中将を代表とする日本の旧軍人グループ二十数人を毛沢東が招待して、一ヵ月間、中国側の費用で中国全土を見せたことがあります。「俺のやっていることがうまくいっているかいないか、悪いところがあったら指摘してほしい」と。毛沢東の家で、周恩来[18]、彭徳懐[19]はじめ幹部も並んで一緒に議論をしている写真もありますが、そのぐらい毛沢東は、どう評価するかは別にして、非常に腹の太い人であったことは間違いないのです。遠藤元中将は旧帝国陸軍中将ですから、「とんでもない。中国に共産主義なんて芽生えるわけがないではないか」と得々として中国の新政権を批判するのですが、毛沢東はにこにこ笑いながら聞き流したということです。当時二七歳で参加した清水廉さんという方がご健在ですが、この方が各地で撮影したフィルムも残っています。日本の旧帝国陸軍幹部を招請して「俺がやってきたことを批判しろ」という腹の太さを、これからも中国の指導者に求めたいですね。

高原　ではこのへんで締めたいと思います。どうもありがとうございました。

関連年表

年	日付と事項
1945	4.23-6.11　共産党第7回大会
	5.5-21　国民党第6回大会
	8.14　国民政府，中ソ友好同盟条約調印
	9.9　在華日本軍，降伏
	10.10　国共間「双十」協定
1946	1.10-31　政治協商会議(重慶)
	11.4　中米友好通商航海条約調印
	11.15-12.25　憲法制定国民大会(南京)
1947	2.28　台湾「二・二八事件」
	5.20　南京・上海などで反内戦・反飢餓運動
	9.12　中国人民解放軍総反攻宣言
1948	9-49.1　遼瀋・淮海・平津「三大戦役」
	11.12　極東国際軍事裁判(東京裁判)，25人に有罪判決
1949	10.1　中華人民共和国成立宣言
	12.8　国民政府，台北遷都決定
1950	2.14　中ソ友好同盟相互援助条約調印(モスクワ)
	6.25　朝鮮戦争勃発．北朝鮮人民軍攻勢
	6.30　土地改革法公布
	10　日中友好協会設立
	10.8　共産党，「中国人民義勇軍」の朝鮮出動決定
1951	9.8　サンフランシスコ平和条約調印．日米安全保障条約調印
	9.9　人民解放軍ラサ進駐
	12.8　三反運動開始
	12.24　(第一次)吉田書簡
1952	1.26　五反運動開始
	4.28　日本と台湾の中華民国政府の間で日華平和条約調印

	6. 1　日中民間貿易協定調印(第 1 次)
	9. 15　中ソ両国，中国長春鉄道返還など協定
1953	6. 15　毛沢東「過渡期における党の総路線」指示
	9. 28　中ソ経済技術援助協定調印
	10. 29　日中民間貿易協定(第 2 次)
	12. 16　共産党中央，「農業生産協同組合の発展に関する決議」採択
1954	2. 6–10　共産党第 7 期中央委員会第 4 回総会，高崗・饒漱石除名
	6. 28　周恩来・ネルー会談，平和五原則声明
	9　日本国際貿易促進協会(国貿促)設立
	9. 3　人民解放軍，金門・馬祖両島砲撃
	9. 15–28　第 1 期全国人民代表大会第 1 回会議．中華人民共和国憲法を採択，公布
1955	4. 18–24　第 1 回アジア・アフリカ会議(バンドン会議)開催
	5. 4　日中民間貿易協定(第 3 次)
	5. 13　胡風批判開始
	7. 5–30　全人大第 2 回会議，第 1 次 5 カ年計画通過
1956	3　日中文化交流協会創立
	5. 26　共産党，「百花斉放，百家争鳴」呼びかけ
	9. 15–27　共産党第 8 回大会
	10. 6–29　北京で日本商品展覧会
	12. 1–21　上海で日本商品展覧会
1957	6. 8　『人民日報』社説「これはどうしたことか」→以後，反右派闘争展開
1958	3. 5　日中民間貿易協定(第 4 次)
	5. 2　長崎国旗事件．日中民間貿易中断(5. 10～)
	5. 5–23　共産党第 8 回大会第 2 回会議．「社会主義建設の総路線」提唱→大躍進政策
	8. 23　人民解放軍，金門・馬祖両島砲撃
1959	3. 12–31　チベット動乱→ダライラマ亡命
	8. 25　中印国境で衝突開始
1960	4. 22　『紅旗』論文「レーニン主義万歳」でソ連の平和共存路線批判
	7. 16　ソ連，中国派遣の専門家の本国召還を通告

	8　周恩来，「日中貿易三原則」提示
1961	1. 14–18　共産党第 8 期中央委員会第 9 回総会，調整政策決定
1962	4–　新疆イリ地区住民の逃亡で中ソ国境紛争
	10. 20–11. 22　中印国境紛争
	11　LT 貿易調印
1963	5. 20　共産党中央，「前十条」公布．四清運動指示
	9. 10　共産党中央，「後十条」公布．農村社会主義教育運動をめぐる攻防
1964	1. 27　中国，フランスと国交樹立
	4　日中で新聞記者交換に関する取決め
	5. 7　(第二次)吉田書簡
	10. 16　中国，初の原爆実験成功
1965	11. 10　『文匯報』姚文元論文→文化大革命開始
1966	5. 7　毛沢東「五七指示」
	8. 1–12　共産党第 8 期中央委員会第 11 回総会，「プロレタリア文化大革命についての決定」
1967	6. 17　中国，初の水爆実験成功
1968	8. 23　周恩来演説，ソ連を社会帝国主義と規定
	9. 5　革命委員会が全国各省・市・自治区で成立
	12. 22　毛沢東，紅衛兵の農村下放指示
1969	3. 2　中ソ国境紛争(ダマンスキー島事件)
	6–8　中ソ国境紛争(新疆ウイグル自治区)
	11　佐藤・ニクソンの日米首脳会談で中国敵視政策を確認
1970	1. 20　ワルシャワ中米会談再開
	4　周恩来，日中貿易に関する「周四条件」提示
	4. 24　中国初の人工衛星打ち上げ
1971	3. 28–4. 7　名古屋で第 31 回世界卓球選手権大会，中国 6 年ぶりに参加
	7. 9–11　キッシンジャー米補佐官，秘密裡に訪中
	9. 13　林彪死亡，クーデター失敗による逃亡説流布
	10. 25　国連総会，中国代表権決議
1972	2. 21–27　ニクソン米大統領訪中
	7–8　上海舞劇団来日

	8.18　東京銀行と中国銀行との間で円元決済協定調印
	9.25–30　田中角栄首相訪中→日中国交正常化
	11.22　日中経済協会設立
1973	3.10　鄧小平，副総理として公職復帰
1974	4.10　鄧小平，国連演説「三つの世界」論
	11.10　李一哲の大字報
1976	1.8　周恩来死去
	4.5　第1次天安門事件→鄧小平再び失脚
	9.9　毛沢東死去
	10.6　江青ら「四人組」逮捕
1977	8.12–18　共産党第11回大会，華国鋒党主席が文革終了宣言→鄧小平再度復活
1978	2.16　日中長期貿易取決め調印
	4.12–18　中国漁船の尖閣領海侵犯事件
	8.12　日中平和友好条約調印
	10　鄧小平副総理，日中平和友好条約批准書交換のため来日
	11　安徽省の一部に生産責任制導入
	12.18–22　共産党第11期中央委員会第3回総会，毛沢東の指示と決定の絶対性を否定，後に改革開放の起点とされる
1979	1.1　中米国交正常化
	2.17–3.18　中国軍ベトナム侵攻
	2.26　中国当局，日本の各社にプラント契約「保留」通告
	3.29　北京市当局，民主化運動抑圧，魏京生逮捕
	7　中国で合弁企業法成立，中国国際信託投資公司(CITIC)設立
	12.5–9　大平首相訪中，日中文化交流協定調印，円借款供与申し出
1980	2.20　東京銀行，北京事務所開設
	5.18　中国初のICBM実験成功
	8.26　深圳，珠海，汕頭，廈門に経済特区設置
1981	1　プラント契約破棄事件
	6.27–29　共産党第11期中央委員会第6回総会，「歴史決議」採択
1982	7.20　『人民日報』日本の教科書検定批判

1984	1.1　「1984年の農村政策の通知」土地請負15年間，土地貸借など承認
	12.18–20　サッチャー英首相訪中．19日，「香港返還に関する中英共同声明」調印
1985	6　全国農村の人民公社解体，郷鎮政府樹立完成
	9.18　靖国参拝問題で北京反日デモ
1986	12.5　合肥で民主化要求の学生運動，以後各地に拡大
	12.30　共産党，鄧小平「旗幟鮮明にブルジョア自由化に反対せよ」を党内伝達
1987	1.16–22　共産党中央政治局拡大会議，胡耀邦辞任
	4.13　中国・ポルトガル「マカオ返還に関する共同声明」調印
	9.27　ラサでチベット独立要求デモ
1988	1.13　蔣経国総統死去，後任に李登輝就任
1989	3.7　ラサに戒厳令布告
	4.15　胡耀邦死去→北京，上海等に胡耀邦追悼，民主化要求の運動
	5.15–18　ゴルバチョフ訪中，鄧小平と会談し中ソ関係正常化を宣言
	6.4　戒厳軍，天安門広場突入，学生・市民死傷多数(天安門事件)
	7.14–16　アルシュサミットでG7が民主化弾圧に対して中国非難，日本も第3次対中円借款を凍結
1990	1.10　北京市の戒厳令11日解除を決定
	4　新疆各地で少数民族の騒乱，鎮圧される
	5.1　ラサ戒厳令解除
	12.19　上海に人民共和国初の証券取引所正式開業
1992	1.18–2.21　鄧小平「南巡講話」で改革開放の再加速化を呼びかけ
	2.25　中国全人代常務委員会，尖閣諸島，西沙・南沙諸島を自国領土とした「領海及び接続水域法」を公布
	7　南沙諸島問題でベトナム外務省，対中国抗議
	10.23–28　日本の明仁天皇訪中
1993	4.1　上海・天津で穀物・食用油価格自由化，以後各地で実施
	5.24　チベットのラサでデモ
	9.27　香港『明報』の北京駐在記者，スパイ容疑で拘束(94.4.15懲役12年の判決)

1994	1. 1　外為レート一本化，外貨兌換券も撤廃
	1. 27　モ・中・ロ国境明確化協定に調印
	3. 22　中央財政強化の分税制を含む予算法に，全人代で 2 割の反対・棄権票
	7. 18　東京銀行，北京支店開設
	12. 14　三峡ダム着工
1995	2. 26　日本，中国遺棄化学兵器調査団を派遣(この年 3 回派遣)
	8. 7　民間対日補償請求準備委員会の記者会見，当局により中止
	12. 13　魏京生に政府転覆罪で 14 年の実刑判決
1996	3. 8–25　中国軍，台湾周辺で軍事演習
	3. 23　台湾初の総統直接選挙で李登輝が当選
	10. 7　香港人・台湾人が尖閣諸島(釣魚島)に上陸
1997	2. 19　鄧小平死去
	7. 1　イギリス領香港が中国に返還され，香港特別行政区となる
	10. 28　東京株式市場，前日比 725.67 円安の暴落，「世界同時株安」の様相
1998	10. 5　市民的政治的権利保障の国際人権 B 規約に署名
	11. 25–30　江沢民国家主席，元首として初来日．歴史認識と台湾問題を強調
1999	7. 22　「法輪功」を非合法組織と認定，全国で幹部ら逮捕
	12. 20　ポルトガル領マカオが中国に返還され，マカオ特別行政区となる
2000	3. 18　台湾総統選で民進党の陳水扁が当選
	9. 10　香港で立法会の選挙，民主派が過半数を維持
2001	12　中国 WTO に加盟→高度経済成長軌道へ
2008	8　北京オリンピック開催
	9　リーマンショック→11 月，中国政府が景気対策のため 4 兆元投資
2010	9　尖閣諸島近海で中国漁船が海上保安庁巡視船に衝突→日中関係急激に悪化
	12　中国，GDP で日本を抜き世界第 2 位に
2012	9　日本政府「尖閣国有化」を決定→中国全国で反日抗議行動起こる．国交正常化 40 周年記念式典中止
	11　共産党第 18 回党大会開催．習近平，党総書記に就任

注

第1章

(1)　**瀬島龍三**(せじま・りゅうぞう)　1911–2007年．日本の陸軍軍人，実業家．陸軍参謀本部作戦課に勤務．最終階級は陸軍中佐．戦後は58年に伊藤忠商事に入社．78～81年同会長．

(2)　**越後正一**(えちご・まさかず)　1901–91年．滋賀県出身の実業家，伊藤忠商事第5代社長，「1兆円商社」に押し上げたことで「伊藤忠中興の祖」と呼ばれた．

(3)　**松村謙三**(まつむら・けんぞう)　1883–1971年．1928年衆議院議員に初当選以来，公職追放中の総選挙を除き13回連続当選．日中国交回復に尽力．金権政治を排斥，清貧，廉潔の党人政治家と言われた．

(4)　**佐藤・ニクソンの会談**　1969年11月，ニクソン政権発足後，アジアの安全保障問題と沖縄返還で意見交換．沖縄返還の具体的な作業に入ること，米国の台湾政策(2つの中国)の日本政府としての支持などを確認．

(5)　**周四条件**　佐藤内閣がとっていた中国敵視政策に対抗する意図で1970年4月，中国が日中貿易に制限をかけた条件(原則)．中国は下記に該当する企業との取引を拒否する．①中華民国および韓国を援助する企業，②中華民国および韓国に投資を行っている企業，③アメリカのベトナム戦争政策を援助する目的で兵器・弾薬などの軍事物資を供給している企業，④アメリカ企業の子会社および合弁会社．

(6)　**キッシンジャー秘密訪中**　1971年7月，米大統領特別補佐官キッシンジャーが中国をパキスタン経由で秘密裡に訪問．周恩来と会談し，米中関係の改善，ニクソンの訪中を打診，同意を取り付けていた．中ソvs米を基軸とした戦後の国際関係の大転換につながる．

(7)　**民をもって官を促す(以民促官)政策**　国交がなかった1950～60年代，民間交流はつねに日中友好運動の先頭に立って，両国関係打開のために道を開いた．たとえば「LT貿易」など．

(8)　**石橋湛山**(いしばし・たんざん)　1884–1973年．戦前は「東洋経済新報」の主筆で「小日本主義」を唱え，戦後は総理大臣として活躍が期待されたが病気で短命内閣に．リベラルな言論人，政治家として知られる．

(9)　**藤山愛一郎**(ふじやま・あいいちろう)　1897–1985年．東京出身．慶應義塾大学中退．大日本製糖社長など藤山コンツェルンを率いて経済界で活躍，日本航

空会長などを歴任．1957 年，岸信介の「中共問題」重視で民間人から外務大臣に抜擢，経済企画庁長官，衆議院議員も務めた．国貿促会長など日中国交回復に尽力．

(10) **鄧小平の南巡講話**　天安門事件以降冷え込んだ改革開放政策に活を入れるため，88 歳の高齢をおして，1992 年 1 月から 2 月にかけて武漢，深圳，珠海，上海などを視察し，その後の社会主義体制下の市場経済を提唱する重要談話を行った．

(11) **芮杏文**　1927-2005 年．江蘇省出身．元中共上海市党委員会書記，党中央書記処書記を歴任．趙紫陽の右腕で 1989 年の天安門事件で失脚．

(12) **趙紫陽**　1919-2005 年．「第 2 世代」の党指導者，開明的指導者として改革開放政策を推進．国務院総理，党中央総書記などを歴任．天安門事件で失脚，以後死に至るまで軟禁．

(13) **万里**　1916-2015 年．鄧小平に近い政治指導者．国務院常務副総理，全国人民代表大会常務委員会委員長(国会議長)などを務めた．中共八大元老の一人．

(14) **葉剣英**　1897-1986 年．人民解放軍の創立者の一人，国防部長や人民代表大会常務委員会委員長，党中央軍事委員会副主席などの要職を歴任．文革の秩序回復，華国鋒政権誕生に尽力．華国鋒失脚後は鄧小平と協力し近代化を推進．

(15) **華国鋒**　1921-2008 年．1976 年毛沢東死後，後継者として党・軍・行政のトップに就き毛沢東の革命路線を推進しようとするが，鄧小平らによって 1978 年 12 月に実権を奪われ，1981 年 6 月に党主席を辞めさせられる．

(16) **葉選寧**　1938-2016 年．別名は岳楓．葉剣英の次男．1984 年中国国際友好聯絡会副会長，1990 年に人民解放軍総政治部聯絡部部長を歴任．

(17) **一帯一路**　2013 年に習近平国家主席が提唱した現代版シルクロード経済圏構想．中国西部-中央アジア-欧州を結ぶ「シルクロード経済帯」(一帯)と，中国沿岸部-東南アジア-インド-アフリカ-中東-欧州と連なる「21 世紀海上シルクロード」(一路)を建設し，それに挟まれた地域の共同体を目指す．

(18) **社会主義市場経済**　1992 年に鄧小平が唱えた，改革開放路線のさらなる推進のために，社会主義体制(共産党一党体制)下でも積極的に市場経済を導入し，経済発展を図ることが可能とした理論．

第 2 章

(1) **長崎国旗事件**　1958 年 5 月，長崎のデパートで開かれた中国切手展示会で日本の右翼青年が中国の国旗を引き下ろした事件．軽微な犯罪として処理した日本

に対し中国が態度を硬化させ，日中貿易が一時断絶した．

(2)　**日中貿易三原則**　1960年に周恩来が示した，①政府間協定，②民間契約，③個別的配慮の三原則．

(3)　**LT貿易**　1962～67年に進められた準政府間協定に基づく日中間の長期バーター貿易．覚書に調印した廖承志と高碕達之助の頭文字による略称．

(4)　**高碕達之助**(たかさき・たつのすけ)　1885–1964年．大阪出身．農商務省水産講習所(東京海洋大学の前身)卒．東洋製罐，満洲重工業などを経て，戦後は電源開発総裁に就任．

(5)　**木村一三**(きむら・いちぞう)　1917–2006年．兵庫出身．日本国際貿易促進協会関西本部専務理事，日中経済貿易センター会長などを歴任．

(6)　**ビニロンプラント**　1962年の協定に基づき，倉敷レイヨンが中国に輸出した化学繊維生産設備．初めて日本輸出入銀行が融資．

(7)　**周鴻慶事件**　1963年，中国油圧機械訪日使節団の通訳として来日した周鴻慶がソ連大使館に入り亡命を求めた事件．最終的に周は帰国したが，台湾政府が保護に乗り出したことから，日台関係にも影響が及んだ．

(8)　**三線建設**　1960～70年代に推進された内陸部での重工業建設．軍事的な観点から，戦時に第一線となる沿海部，第二線となる平野部との対比で，内陸部を第三線と称したことから，こう呼ばれた．

(9)　**忠の字踊り**　文革期に普及された毛沢東に忠誠を誓うという踊り．

(10)　**稲山嘉寛**(いなやま・よしひろ)　1904–87年．東京出身．東京帝国大学経済学部卒業後，1927年官営八幡製鐵所(新日鐵の前身)に入所，同社社長を経て，新日鐵の初代社長，会長を務めたのち，1980～86年，経団連会長．「鉄は国家なり」と日本の高度経済成長を推進した．

(11)　**安保条約＝瓶のふた論**　1971年7月に周恩来と会談したキッシンジャーが，中国側の日米安全保障条約に対する懸念に対して，同条約は，日本を米国の軍事力に依存させることによって，日本の軍国主義化を抑える「瓶のふた」の役割を果たしていると主張した．

(12)　**岩佐凱実**(いわさ・よしざね)　1906–2001年．東京出身．東京帝国大学法学部卒．安田銀行常務，富士銀行頭取を歴任．

(13)　**渡辺弥栄司**(わたなべ・やえじ)　1917–2011年．新潟出身．1939年東京帝国大学法学部卒業後，商工省入省．通商産業省官房長(1962–63)，貿易振興局長(1965)，通商局長(1965–66)，通商産業省官房長を歴任後，岡崎嘉平太らとともに日中経済協会，国際ビジネスコミュニケーション協会(IIBC)などを設立した．

(14)　**周四条件**　第1章注(5)参照．

(15)　**王暁雲**　1920–83年．山東出身．延安軍政学院卒．1957～71年，中共の対外連絡部で日本を担当．日中国交正常化後の初代駐日大使．

(16)　**王国権**　1911–2004年．河南出身．1934～36年日本留学．1937年，延安に赴き，戦後，中共の地方幹部．1956年以降，外交に転じ，駐東独大使，ワルシャワでの中米大使級会談の中国側首席代表などを歴任．1970年，中国人民対外友好協会副会長，中日友好協会副会長となり，翌71年の北京での周恩来＝藤山愛一郎会談に参加，また松村謙三葬儀で来日し「王国権旋風」が巻き起こった．

(17)　**孫平化**　1917–97年．遼寧出身．1939–43年日本留学，東京工業大学予科中退．1952年から対日工作担当．中国人民対外文化協会秘書長，64年8月廖承志連絡事務所首席代表で日本に駐在，中日友好協会秘書長，同会長，中国人民対外友好協会副会長などを歴任．

(18)　**日中長期貿易取決め**　日本は中国から原油や石炭を輸入し，日本から中国へはプラント・技術などを輸出することを軸に，長期にわたり安定的な貿易拡大を図るために結ばれた取決め．1978年2月に第1次取決めが調印されて以来，現行第8次(有効期間：2016～20年)に至っている．

(19)　**葉志強**　1923–2006年．河南出身．東北人民政府冶金工業部副部長，北京鋼鉄学院院長などを歴任．

(20)　**李先念**　1909–92年．湖北出身．国民革命に参加．周恩来に近い指導者で国務院副総理，財政部長，国家主席などを歴任．

(21)　**谷牧**　1914–2009年．山東出身．八路軍に加わり，戦後は中共済南市委書記，上海市委副書記，国家経済委副主任などを歴任．文革で失脚後，1973年に復活．国務院副総理として対外経済政策を担当．1978年のミッション派遣で外資利用の近代化プランを提案した．

(22)　**康世恩**　1915–95年．河北出身．一二・九運動に参加，清華大に在学．戦後は西北石油管理局局長，石油工業部副部長，国務院副総理などを歴任．

(23)　**周建南**　1917–95年．江蘇人．交通大学卒．1938年，延安に赴き情報工作に参加．戦後は東北軍工部直属二廠廠長，第一機械工業部電工局局長，同部副部長などを歴任．

(24)　**周小川**　1948年–．江蘇人．清華大卒．国家経済体制改革委の委員，中国人民銀行総裁(2002–18)などを歴任．

(25)　**藤山愛一郎**　第1章注(9)参照．

(26)　**谷野作太郎**(たにの・さくたろう)　1936年–．東京出身．東京大学卒．外務省中国課長，アジア局局長，駐中国大使などを歴任．

(27)　**大来佐武郎**(おおきた・さぶろう)　1914–93年．遼寧出身．東京帝国大学工

学部卒．逓信省，大東亜省などを経て，戦後は経済企画庁に勤務．外相も務めた．

(28)　向坂正男(さきさか・まさお)　1915–87年．福岡出身．東京帝国大学経済学部卒．企画院を経て，戦後は経済企画庁に勤務．

(29)　河合良一(かわい・りょういち)　1917–2008年．東京出身．東京帝国大学卒．通産省重工業品輸出課長を経て，父良成が社長の小松製作所に入り，社長，会長．同社を世界有数のブルドーザーメーカーに育てた．日中経済協会会長，経団連副会長など歴任．

(30)　江沢民　1926年–．江蘇出身．交通大学卒，ソ連で研修．上海市党書記などを経て，1989年天安門事件後，党の総書記に就き，その後軍事委員会主席，国家主席を兼任．2002年引退後も影響力を残す．

(31)　中国国際信託投資公司(CITIC)　1979年設立．外資受入と内外への投融資機関．初代理事長は栄毅仁．

(32)　李鵬　1928–2019年．上海生まれ．祖籍は四川．義父は周恩来．延安で教育を受け，50年代にソ連留学．1988～98年，国務院総理．

(33)　朱鎔基　1928年–．湖南人．清華大学電機製造学科卒，1949年入党．国家計画委で活動．文革後，上海の市長や党書記，国務院副総理を歴任し，1998～2003年，総理．国有企業や国務院の改革を断行した．清廉で決断力に富む政治家として知られる．

第3章

(1)　日揮(にっき　Japan Gasoline Company)　日揮ホールディングス株式会社．日本最大手のエンジニアリング企業．石油精製プラント，石油化学・化学プラント，LNGプラント，天然ガス処理プラントなど製造設備を製造．

(2)　実吉雅郎(さねよし・まさお)　1893–1967年．日揮の創業者．東京帝国大学法学部卒業後，横浜正金銀行(現・三菱UFJ銀行)，島商店を経て，1928年日揮の前身日本揮発油株式会社を創立．

(3)　UOP(ユニバーサル・オイル・プロダクツ)　1914年創業の多国籍企業，現・ハネウェルUOP．石油精製，天然ガス加工，石油化学および同製造設備を製造．同社のダブ熱加工プロセスのライセンス供与は石油精製エンジニアリング産業の基礎を築いた．

(4)　稲山嘉寛　第2章注(10)参照．

(5)　森川清(もりかわ・きよし)　元満鉄中央試験所研究員，戦後は旧満州復興，とりわけ撫順石油精製工場復旧に尽力．東京工業大学教授を経て，1968年日揮

に転じ，副社長.

(6) **谷敷寛**(やしき・ひろし) 四高から東京帝国大学法学部を卒業し，通産省に入省．中小企業庁振興部金融課長，通商課長，鉱山局長，通商局輸出振興部長を経て日揮副社長．著書に『日中貿易案内』(日本経済新聞社，1964 年 5 月).

(7) **渡辺弥栄司** 第 2 章注(13)参照.

(8) **中国技術進口総公司**(CNTIC) 中国の貿易業務を直接担当する国営貿易公司の一つで，略称中技公司．1952 年 9 月成立以来，大型技術，プラント設備の輸出入を行う．1998 年以降，中国通用技術(集団)控股有限責任公司の全額出資子会社.

(9) **プラント契約未発効事件** 1979 年 2 月 27 日，中国技術進口総公司から「借款問題が未解決のため，まだ中国政府の承認を得ていない」との通告があり，31 件，26 億ドル相当の日本企業との契約の未発効が表面化した事件.

(10) **崔群** 1916–2012 年．長春市工商局局長，東北貿易部外貿局副局長などを経て，1962 年から対外貿易部成套設備局長，中国技術進口総公司総経理，党委書記．1977 年外貿部副部長.

(11) **プラントキャンセル事件** 華国鋒が主導した大規模なプラント輸入が，資金難に直面したことなどから，1979 年の宝山製鉄所の一部契約や 1981 年の山東省における石油化学プラントなどの総額 30 億ドルにも上る契約が破棄となった事件.

(12) **中国銀行**(BANK OF CHINA) 中国建設銀行，中国工商銀行，中国農業銀行と並ぶ中国四大商業銀行の一つ．総資産は 16 兆 8156 億人民元(2016 年)，営業額は 1277 億ドル(2019 年)，英 BANKER 誌では世界第 4 位.

(13) **洋躍進**(Great Leap Westward) 「四人組」失脚後，華国鋒が主導した重工業優先，大規模インフラ建設を核とする急進的な経済政策．経済の現実に立脚していなかったため，失敗に終わったが，鄧小平，陳雲らは大躍進をもじって洋躍進と批判した.

(14) **谷牧** 第 2 章注(21)参照.

(15) **余秋里** 1914–99 年．石油工業部長，国家計画委員会主任，国務院副総理，解放軍総政治部主任，軍委副秘書長などを歴任．大慶油田の開発責任者として「中国石油工業の父」ともされる.

(16) **日中長期貿易取決め** 第 2 章注(18)参照.

第4章

(1) **東京銀行／横浜正金銀行** 横浜正金銀行(Yokohama Specie Bank, Ltd.)は，かつて存在した日本の特殊銀行(通称，正金，YSB)．日本で唯一の外国為替銀行，東京銀行(現・三菱 UFJ 銀行)の前身．

(2) **中国銀行**(BANK OF CHINA) 第3章注(12)参照．

(3) **田川誠一**(たがわ・せいいち) 1918–2009年．慶應義塾大学法学部卒．朝日新聞社記者，松村謙三秘書を経て，1960年初当選以来，11回連続当選．松村謙三，古井喜実，川崎秀二らと共に1960年代から日中間のパイプ役を果たした．

(4) **郭沫若** 1892–1978年．中国の文学者・歴史学者・政治家．日本への留学，亡命経験をもつ．中華人民共和国成立後は副総理，中国科学院院長，中日友好協会名誉会長などを歴任．

(5) **王国権** 第2章注(16)参照．

(6) **劉希文** 1918年–．対外貿易部第4局長，中日友好協会常務理事，対外貿易部長補佐，中国国際貿易促進委員会副主任などを歴任．特に対日貿易の責任者として，日中覚書貿易交渉にしばしば登場．

(7) **岡崎嘉平太**(おかざき・かへいた) 1897–1989年．岡山出身．1922年東京帝国大学法学部卒．日銀，大東亜省を経て，戦後は池貝鉄工，丸善石油，全日本空輸社長を歴任．周恩来と厚い親交をもち日中国交正常化に尽力．日中経済協会常任顧問，日本国際貿易促進協会常任委員として日中経済交流推進に取り組んだ．

(8) **西園寺公一**(さいおんじ・きんかず) 1906–93年．元老・西園寺公望の孫，オックスフォード大学卒．近衛文麿のブレーンとして，対中国，対英米和平外交で活躍するも，ゾルゲ事件連座で逮捕，有罪．1958年北京へ移住し，「民間大使」ともいわれた．

(9) **河合良一** 第2章注(29)を参照．

(10) **スミソニアン多角調整**(Smithsonian currency realignment) 1971年12月にワシントンのスミソニアン博物館で開かれた10カ国蔵相会議での合意に基づき，変動幅を中心相場の上下各1% から上下各2.25% に拡大する新たな国際通貨体制の調整．

(11) **日中覚書貿易**(Memorandum Trade) 廖承志，高碕達之助の両国通商代表者名に因んで行われていたLT貿易(1962～67年)の期限切れに伴い，1968年から年次契約で行われるようになった日中貿易方式．MT貿易とも言う．

(12) **喬培新** 1912–2007年．内蒙古達拉特旗人．清華大学経済系卒．中国農業銀行行長，中国人民銀行副行長，顧問，総経理，董事長，名誉董事長などを歴任．

離休幹部(部長級待遇)．第 6, 7 期全国政協委員．

(13)　(第二次)吉田書簡　1964 年 5 月 7 日付で吉田茂・元首相が張群・台湾総統府秘書長に送った書簡．倉敷レイヨンのビニロンプラント輸出に輸銀融資を行わない旨，私信のかたちで張群に約した．

(14)　古井喜実(ふるい・よしみ)　1903–95 年．東京帝国大学法学部英法科卒業後，1925 年内務省入省．戦後，公職追放解除され，1952 年衆議院議員当選．日中友好議員連盟会長などとして，覚書貿易の維持，日中記者交換，国交正常化準備に尽力した．

(15)　柏木雄介(かしわぎ・ゆうすけ)　1917–2004 年．大連市出身の大蔵官僚．東京帝国大学法学部卒業後，大蔵省に入り，主計局主計官，国際金融局長，財務官などを歴任．1977 年東京銀行頭取，1982 年会長に就任．

(16)　高垣佑(たかがき・たすく)　1928–2009 年．東京都出身．1953 年東京銀行入行．取締役，常務，副頭取を経て，1990 年東京銀行最後の頭取に．三菱銀行との合併をまとめ上げ，東京三菱銀行の初代頭取に就任．ロシア東欧貿易会会長も務めた．

(17)　王丙乾　1925 年–．河北省出身．1940 年入党，財政部預算司長，党組書記を経て，財政部長，国務委員，全国人大常委会副委員長，中国緑化基金会第 4 期理事会主席，中共中央委員などを歴任．

(18)　日中民間貿易協定　新中国成立以降，日中両国間には貿易協定が存在せず，貿易量は微々たるレベルにとどまっていたことから，民間貿易の振興を目的に 1952 年調印された第 1 次日中民間貿易協定を嚆矢とする貿易枠組．

(19)　児玉謙次(こだま・けんじ)　1871–1954 年．1892 年高等商業学校(現・一橋大学)卒．会計検査院を経て，横浜正金銀行に転じ，1922 年同頭取．大蔵省顧問，中支那振興株式会社総裁，貴族院議員などを歴任．

(20)　洋躍進(Great Leap Westward)　第 3 章注(13)参照．

(21)　栄毅仁　1916–2005 年．上海聖ヨハネ大学卒．中国人民銀行常務理事，全国政協委員を経て，上海市副市長．文革では走資派として批判されるが，国策会社，中国国際信託投資公司(CITIC)を創設し，初代董事長兼総経理に就任した．

(22)　袁宝華　1916–2019 年．河南省南陽出身．北京大学学生会主席，冶金工業部を経て 1960 年国家経済委員会入り，国家経済委員会主任，中国人民大学校長，中央顧問委員会委員などを歴任．

(23)　鄧力群　1915–2015 年．湖南省桂東出身．北京大学学生リーダーから 1936 年入党．中国社会科学院副院長，中共中央弁公庁副主任，中央書記処研究室主任，中央宣伝部長などを歴任．保守派イデオローグの代表格．

(24)　朱鎔基　第2章注(33)参照.

第5章

(1)　**領海法**　正式名称は「中華人民共和国領海及び接続水域法」. 1992年2月25日に全人代常務委員会で制定, 公布された. 尖閣諸島, 南沙(スプラトリー)群島なども自国領土と明記され争点化した.

(2)　**第二次歴史教科書問題**　1986年6月,「日本を守る国民会議」編の高校用教科書『新編日本史』の検定通過を中国や韓国が批判した事件. その後, 文部省の追加修正要求を執筆者側が受け入れたことで収束に向かう.

(3)　**光華寮問題**　京都市内にある中国人留学生寮「光華寮」の所有権をめぐる中国と台湾(中華民国)間の民事訴訟事件. 現在, 問題は沈静化しているが, 形式的には訴訟は継続している.

(4)　**竹入メモ**　竹入義勝公明党委員長が1972年7月末に訪中し, 周恩来総理と会談した際のメモ. 日中共同声明の中国側草案とも言えるもので, 帰国した竹入委員長からこれを受け取った田中角栄総理は国交正常化のための訪中を決断する.

(5)　**第一次天安門事件**　1976年1月8日に亡くなった周恩来総理を悼むため天安門広場に集まった民衆を, 同年4月5日に当局が弾圧排除した事件. 民衆の行動は当初「反革命的」とされたが, 後に「革命的」であったと評価が逆転する.

(6)　**反覇権条項**　米中上海コミュニケ(1972年2月28日)や日中共同声明(同年9月29日)などに盛られた「両国のいずれも, アジア・太平洋地域において覇権を求めるべきでなく, こうした試みに反対する」との趣旨の条項. ソ連は,「覇権を求める国」とはソ連を指すとして強く反発した.

(7)　**2010年漁船衝突事件**　2010年9月7日, 尖閣諸島周辺の日本領海内で操業中の中国漁船が海上保安庁の巡視船に衝突した事件. 同庁は漁船船長を公務執行妨害で逮捕. 石垣島で取り調べを受けた後, 同船長は中国へ送還される.

(8)　**宮澤四項目**　「宮澤四原則」とも言う. 日中平和友好条約締結交渉促進のため, 1975年9月に宮澤喜一外務大臣より中国側に示された原則.「覇権主義反対は, 特定の第三国に向けられたものではない」など4項目からなる.

第6章

(1)　**日中文化交流協会(正式名称は, 日本中国文化交流協会)**　1956年3月, 仏文学者・中島健蔵, 井上靖らが中心となり, 日中間の友好と文化交流の促進を目指

して設立．ピンポン外交はじめ国交正常化の実現などで裏方として貢献．

(2) 中島健蔵(なかじま・けんぞう) 1903–79 年．フランス文学者で，戦前は宮澤賢治の作品に光を当て，戦後は日本文芸家協会の再建や著作権保護，日中文化交流にも力を尽くした評論家．

(3) 魯迅 1881–1936 年．本名は周樹人．中国の小説家，翻訳家，思想家．代表作に『阿 Q 正伝』，『狂人日記』．日中関係に多大な影響を与えた．日本に留学中の師・「藤野先生」との交流が有名．

(4) 趙樹理 1906–70 年．農村を描いた小説家として知られる．『李家荘の変遷』は代表作．文化大革命で批判され，冤罪で死亡，後に名誉回復．

(5) 村岡久平(むらおか・きゅうへい) 1932–2019 年．日中文化交流協会の事務局長として，後藤鉀二日本卓球協会会長らと訪中し周恩来総理と中国チームの大会参加を交渉．ピンポン外交の立役者の一人．のち日中友好協会理事長．

(6) 白土吾夫(しらと・のりお) 1926–2006 年．小学館編集者時代の 1956 年，日中文化交流協会の設立に参加．1960 年事務局長就任．

(7) 日中友好協会 1950 年に日中の友好増進を目指して設立された日本側の団体．1966 年，文化大革命の評価をめぐって中国，日本の共産党の対立により同協会も 2 つのグループに分裂し今日に至る．

(8) 井上靖(いのうえ・やすし) 1907–91 年．日本の小説家．『闘牛』で芥川賞受賞，その後も『天平の甍』など多数の作品を発表し，文化功労者，文化勲章などを受章した著名な文化人．日中文化交流協会会長．

(9) 鳩山内閣 民主党総裁鳩山一郎を首相とし，1954 年 12 月から 56 年 12 月まで続いた内閣．56 年に日ソ国交回復を実現し，対中関係改善にも前向きであった．

(10) 所感派 日本共産党が，コミンフォルム批判をめぐり 1950 年以降に内部分裂．党内の主流派(徳田球一・野坂参三ら)の親中派グループを指す．反対派は宮本顕治らで国際派と呼ばれた．

(11) アジア・アフリカ会議 1955 年 4 月，インドネシアのバンドンで開かれたアジア・アフリカ 29 カ国による会議．「バンドン十原則」(世界平和と協力の促進の共同宣言)を決議し，民族解放，国際連帯の運動に寄与した．第三世界の存在を世界に示した．

(12) 丁玲 1904–86 年．本名は蔣偉．女性小説家，近代女性の生き方を描く．反右派闘争，文革で批判される．

(13) 茅盾 1896–1981 年．本名は沈徳鴻．中国の小説家，評論家．1949～65 年，中国文化部部長を務め，近代中国最大の共産作家と言われた．代表作『子夜』，

文革で批判される.

(14) **武田泰淳**(たけだ・たいじゅん) 1912–76 年. 日本の小説家. 第一次戦後派作家として活躍. 主な作品に『司馬遷』,『秋風秋雨人を愁殺す』.

(15) **中国人民対外友好協会** 民間レベルの友好交流の推進を図って, 1954 年に中国人民対外文化協会が設立され, 1966 年に現在の名称に変更された. 党政府の指導下にあったが, 国際的に孤立していた時代には重要な役割を果たす.

(16) **王炳南** 1908–88 年. 中国の外交官. 1926 年入党. 64 年外交部副部長. 文化大革命で失脚したが, 73 年復活. 中国人民対外友好協会会長を務める.

(17) **シンガポールでの華人虐殺事件** 1942 年 2〜3 月, 日本軍の占領下のシンガポールで, 日本軍が中国系住民多数を殺害した事件. 犠牲者は 5 万人との供述もある.『日本憲兵正史』でも「大東亜戦争史上一大汚点」とその暴虐を認めている.

(18) **久保田万太郎**(くぼた・まんたろう) 1889–1963 年. 浅草生まれの大正から昭和にかけて活躍した俳人, 小説家, 劇作家.

(19) **アジア連帯委員会**(正式には日本アジア・アフリカ・ラテンアメリカ連帯委員会) 民族自決・民主主義・社会進歩を希求してアジア・アフリカ・ラテンアメリカ諸国民と連帯, 帝国主義・新旧植民地主義に反対し, 民族解放と世界平和を目指すため 1955 年に創設.

(20) **梅蘭芳** 1894–1961 年. 清末から中華民国, 中華人民共和国にかけての京劇俳優. 女形で名高い. 京劇の近代化を推進.

(21) **岸信介**(きし・のぶすけ) 1896–1987 年. 日本の政治家. 戦前は満州国の国務院高官. 戦後政界復帰後は首相を務め, 日米安保体制確立, 自主憲法制定に尽力.

(22) **周揚** 1908–89 年. 国防文学を提唱し魯迅と対立.
田漢 1898–1968 年. 劇作家で詩人. 国歌・義勇軍進行曲の作詞者.
夏衍 1900–95 年. 中国の現代劇作家.
陽翰笙 1902–93 年. 中国の劇作家.

(23) **長崎国旗事件** 第 2 章注(1)参照.

(24) **亀井勝一郎**(かめい・かついちろう) 1907–66 年. 左翼的政治運動に参加したが, のち転向し, 仏教思想に関心を深め, 文芸評論, 文明批評で活躍.

(25) **ゾルゲ事件** ソ連のスパイ, ゾルゲを頂点とする諜報グループの日本国内での活動が 1941〜42 年発覚し, そのメンバーが逮捕された事件. その中には, 近衛内閣のブレーンであった元朝日新聞記者の尾崎秀実もいた.

(26) **アジア太平洋地域平和連絡委員会** 1952 年, 宋慶齢, 郭沫若らの主唱のも

とに，20カ国から代表が参加して北京で開かれたアジア太平洋地域平和国際会議で設置が決定した常設の委員会.

(27)　**中国作家協会**　1949年に文学芸術界の全国的統一機関・中華全国文学芸術界聯合会が結成され，その文学部門の下部団体として組織された中華全国文学工作者協会が53年改組された組織.

(28)　**中国文学芸術界聯合会**　共産党の指導下で1949年7月に設立された全国的な文芸作家の連合組織．1953年の第2回全国大会で現在の名称に変更される．略称は文聯.

(29)　**孫平化**　第2章注(17)参照.

(30)　**巴金**　1904–2005年．中国の小説家．代表作に『寒夜』．文化大革命を起こした中国の社会・思想状況や自らの思想的弱点を深く内省した『随想録』.

(31)　**ピンポン外交**　中国は建国以来敵対した米国との関係を改善し国交正常化に向かわせるために，まずスポーツ，文化の交流から手掛けた．その代表事例で，日本での世界卓球選手権大会で招かれた中国が，終了後米国選手を北京に招待することから外交関係の糸口を作った.

(32)　**老舎**　1899–1966年．中国の小説家，劇作家．代表作『駱駝祥子』．文化大革命できびしく批判されて迫害死.

(33)　**「白毛女」**　中国の歌劇で文革中の代表的な革命京劇とされて広く公演．辺地の農民の間で伝わっていた物語をもとに，1944年に賀敬之，丁毅らにより延安の魯迅芸術学院で集団創作したもの.

(34)　**團伊玖磨**(だん・いくま)　1924–2001年．日本を代表するクラシック音楽の作曲家の一人，エッセイスト.

(35)　**辻井喬**(つじい・たかし)　1927–2013年．本名は堤清二．セゾングループの元代表で，詩人・小説家.

(36)　**竹内好**(たけうち・よしみ)　1910–77年．中国文学者，文芸評論家．特に魯迅の研究・翻訳，日中関係論，日本の近代および近代主義に対する批判的評論で知られる.

(37)　**胡耀邦**　1915–89年．1977年の鄧小平復活とあわせて党の要職を歴任．1982年に党のトップである総書記に就任．改革開放の積極的な推進者，党内保守派と鋭く対立し，87年失脚．日中関係の改善にも尽力.

第7章

(1)　**記者交換協定**　1964年に日中間で結ばれた記者の相互常駐に関する協定.

(2) **『燕山夜話』** 1961年から62年にかけて『北京晩報』に連載された鄧拓(北京市党委員会書記)によるコラム．政権批判の論調により，文化大革命期には批判にさらされた．

(3) **竹内好** 第6章注(36)参照．

(4) **東亜同文書院** 1901年，日中関係を担う人材の育成を目的に，東亜同文会(会長・近衛篤麿)によって上海に設立された日本の高等教育機関，のちに大学に昇格．1945年日本の敗戦により閉校．

(5) **継続革命論** 社会主義社会においても階級闘争が継続するという毛沢東の晩年の理論．

(6) **五四運動** パリ講和会議で日本の対華二十一カ条要求についての撤廃要求が拒否されたことに対し，北京の学生が1919年5月4日に行った抗議デモ．

(7) **新文化運動** 1910年代の中国で展開された文学・思想の革新運動．科学と民主を掲げ，儒教文化を批判．

(8) **張春橋** 1917–2005年．文化大革命期に中央文革小組副組長として文化大革命を推進．党中央政治局委員，同常務委員として政治を動かしたが，1976年10月四人組の一人として逮捕され，党籍剝奪，全ての職務解任の処分を受けた．

(9) **廖承志** 1908–83年．日本生まれの知日派幹部．1950年代より中国の対日交渉の責任者として活躍．

(10) **覇権条項** 日中平和友好条約締結に向けた交渉過程では，ソ連の覇権に対する両国の協同を示すべく「反覇権条項」を盛り込みたい中国と，それに慎重な日本との間で折衝が行われた．第5章注(6)も参照．

(11) **「北京の春」** 1978年秋から翌年春まで，北京市西単の通称「民主の壁」を中心に展開された壁新聞や地下出版物などによる民主化運動．

(12) **魏京生** 1950年–．「北京の春」で「第五の近代化＝民主化」を訴え，運動を主導したが，反革命罪で逮捕され，14年半にわたり服役．民主化運動のシンボル的存在．

(13) **『河殤』** 1988年中央テレビ局で放映された蘇暁康，王魯湘の編集による連続ドキュメンタリー番組．黄河文明に始まる中国の伝統を批判し，近代化への道を探る．

(14) **劉賓雁** 1925–2005年．ジャーナリスト．権力の腐敗を暴く記事により反右派闘争，文化大革命で批判された．1987年には民主化運動を支持したとして党籍剝奪処分を受け，渡米．

(15) **清末新政** 1901年以降，西太后の主導により行われた政治改革．

(16) **郭沫若** 第4章注(4)参照．

(17) **費孝通** 1910–2005 年．中華民国，中華人民共和国の社会学者，人類学者．

(18) **林彪事件** 毛沢東の後継者とされていた林彪が，1971 年 9 月毛沢東暗殺を企てて失敗し，空軍機でソ連への亡命を試みるものの，モンゴル上空で墜落死した事件．

(19) **陳雲** 1905–95 年．中国の政治家．副総理のほか，財政経済委員会主任，基本建設委員会主任など要職を歴任．

(20) **銭其琛** 1928–2017 年．中国の政治家，外交官．1988 年より 98 年まで外交部長．国務委員，国務院副総理，党中央対台湾工作領導小組副組長などを歴任．

第 8 章

(1) **人事檔案制度** 共産党政権になってから設けられた制度．中国人すべてを管理・監視するための身上調書で，出身階級，学歴，政治態度などが細かく記載され，就職，出世などに影響する．公安部門が管理している．

(2) **シベリア抑留** 第二次世界大戦終結後，旧満州にいた日本人 57 万人余りがシベリアなどへ移送され，奴隷的な強制労働を強いられ約 6 万の死者を出した悲劇．

(3) **満蒙開拓民** 1931 年の満州事変以降，1945 年の敗戦までの期間に日本政府の国策により満州，内蒙古，華北に入植した日本人移民の総称．満蒙開拓団とも言われ，総数約 27 万人．

(4) **下関協定** 帰国に際し配偶者が生死不明の既婚者同士が，日本到着まで偽装の夫婦となった誓約書．

(5) **長崎国旗事件** 第 2 章注(1)参照．

(6) **大躍進** ソ連型社会主義を放棄し中国独自の建設を目指した毛沢東の野心的試み．大量の無駄と農民の過剰な動員で食糧不足に陥り，4000 万人前後といわれる餓死者を出し大挫折に終わる．

(7) **都市戸籍** 1953 年を境に農村から都市への盲目的な人口流入が進み，1955 年以降，計画経済と配給制度を運営する必要上，農村戸籍と都市戸籍が区別されるようになり基本的には今日に至る．

(8) **統一買付・統一販売制度(「統購統銷」)** 1953 年以来，国家が独占して農産物を統一的に買い付け，統一的に販売する制度を実施するようになり，市場はなかった．改革開放期まで続いた．

第9章

(1) **出光計助**(いでみつ・けいすけ) 1900–94年．出光興産の創業者である出光佐三の末弟．旧制東京商科大学卒業後，南満州鉄道を経て，出光興産入社．第2代社長(1966年)，会長(1972年)．石油連盟会長も務め，勲二等旭日重光章を受章した．

(2) **八路軍** 日中戦争時期に華北方面で活動した中国共産党軍(紅軍)の通称．1937年中国工農紅軍が国民革命軍第八路軍として国民政府指揮下の編成単位とされたことからこの名で呼ばれる．中国人民解放軍の前身の一つ．

(3) **カイロワン(開灤)炭鉱** 河北唐山市，灤県にある中国有数規模の炭鉱．大同と並ぶ良質の粘結炭を産する．推定埋蔵量30億トン．1877年李鴻章の興したカイピン(開平)炭鉱と1907年袁世凱創設のロワンチョウ(灤州)炭鉱が前身．

(4) **茂山(ムサン)鉱山** 朝鮮民主主義人民共和国咸鏡北道の北部に位置する鉄鉱山．総埋蔵量70億トン，可採埋蔵量は13億トンとも22億トンともいわれ，世界でも屈指の，北東アジアでは最大規模の埋蔵量を持つ．

(5) **北京上海日本商品展覧会** 1956年10〜12月，中国で開催された日本商品展覧会．毛沢東，周恩来も来場し，北京会場では126万，上海では168万人が入場．毛沢東は「看了日本展覧会，覚得很好，祝賀日本人民的成功」と揮毫した．

(6) **曹妃甸** 河北省唐山市の市轄区．環渤海湾の中心地区．1955年，河北省人民委員会が灤県南部地区に大型国営農場を建設．現在，曹妃甸高新技術産業開発区，曹妃甸総合保税区が設置されている．

(7) **COCOM**(Coordinating Committee for Export Control 対共産圏輸出統制委員会，ココム) 1949年11月，先進資本主義国による共産圏向け輸出統制のための機関として発足した委員会(本部パリ)．禁輸品目リスト(ココム・リスト)にある品目の輸出には，本委員会の事前の全会一致承認が求められた．

(8) **CHINCOM**(China Committee 対中国輸出統制委員会，チンコム) 朝鮮戦争勃発を契機に，1952年米国主導下でCOCOMの下部組織として発足．対中国禁輸品目リスト(チンコム・リスト)はココム・リストの2倍にも上ったが，国際緊張の緩和で1957年COCOMに一本化．

(9) **三進交易** 1956年創業の商社．睦商事，羽賀通商と並び，当時「友好商社の御三家」と言われた．いずれも社長および幹部社員は日本共産党の党員だったともいう．

(10) **住友吉左衛門**(すみとも・きちざえもん) 「住友吉左衛門」は，住友財閥の創業家・住友家が3代目から代々襲名した名前．本文中の「住友吉左衛門」は住

友家16代当主の住友友成(すみとも・ともなり，1909–93年)．最後の住友本社社長で，アララギ派の歌人でもあった．

(11)　**欧州運賃同盟**　欧州航路に関するコンテナ定期船会社による海運アライアンス(shipping conference)．相互間の競争を抑制し，他社の参入を制するため，就航条件，運賃率，配船計画など営業上の事項を定めた国際カルテル．

(12)　**六中核隊**　1964年，日本の海運業再建のため，中核の6社を軸に業界が再編された．日本郵船，昭和海運，大阪商船／三井船舶，ジャパンライン，山下新日本汽船，川崎汽船の大手6社を六中核隊と称した．

(13)　**東方輪船**　東方輪船株式会社．西園寺家がオーナーを務め，南村志郎が社長を務めた．1994年には中国遠洋運輸(集団)総公司(コスコ)と合弁で，コスコシッピングジャパン・トウホウを設立．

(14)　**コスコ**(China COSCO Shipping Corporation Limited　中国遠洋海運集団有限公司)　国務院国有資産監督管理委員会が100% 持分を所有する会社(国有独資会社)．組織形態として持株会社制を採用，傘下に海運，物流，リース，造船などを手掛ける企業を擁する．

(15)　**「四大金剛」**　本来は天宮の門を守る4人の神，仏教の四天王のことだが，周恩来指揮下の対日交渉チームのコアの孫平化，蕭向前，趙安博，張香山，王暁雲を指す．前三者は「対日工作の三羽がらす」とも呼ばれた．

(16)　**園田直**(そのだ・すなお)　1913–84年．日本の政治家，陸軍軍人．熊本生まれ．1947年，衆議院議員総選挙で初当選以後，通算当選15回．内閣官房長官，外務大臣，厚生大臣などを歴任．1978年，外相として日中平和友好条約に署名，調印した．

(17)　**三木武夫**(みき・たけお)　1907–88年．徳島県出身．明治大学卒業後，無所属で初当選以降，当選19回，51年間衆議院議員連続在任．1974年内閣総理大臣．一貫して小規模の政党・派閥を渡り歩き，バルカン政治家の代表格とされる．

(18)　**福田赳夫**(ふくだ・たけお)　1905–95年．群馬県出身．神童の誉れ高く，高崎中学を首席卒業し，東京帝国大学法学部法律学科へ．高文試験をトップ合格で大蔵省入省．昭電疑獄を機に，政界入り．農林，大蔵，外務，経企庁長官を経て，1976年内閣総理大臣．

(19)　**内田健三**(うちだ・けんぞう)　1922–2010年．日本の政治評論家・政治ジャーナリスト．元共同通信社政治部長・論説委員長．退職後，法政大学法学部教授．東海大学教授を歴任．専門は，日本政治論，政治過程論．

(20)　**古井喜実**　第4章注(14)参照．

(21)　**川勝傳**(かわかつ・でん)　1901–88年．京都府出身．立命館大学経済学科卒．

電通，同盟通信を経て，南海電気鉄道の会長兼社長ほか南海グループ各企業など多くの要職を歴任.「財界左派」とも呼ばれ，早くから日中国交回復をめざした.

(22) **宇都宮徳馬**(うつのみや・とくま) 1906–2000年. 東京府生まれ. 京都帝国大学経済学部中退. ミノファーゲン製薬創立者.『軍縮問題資料』創刊者. 衆議院議員，参議院議員，日中友好協会会長などを歴任し，藤山愛一郎らと共に日中国交回復に尽力した.

第10章

(1) **黄華** 1913–2010年. 1976年から82年まで中国の外交部長を務めた. 日中平和友好条約や米中国交正常化を担当した.

(2) **笹川良一**(ささかわ・りょういち) 1899–1995年. 国粋大衆党総裁，衆議院議員，日本船舶振興会会長などを歴任した. 勲一等旭日大綬章受章.

(3) **国家計画生育委員会** 1980年に設立され，計画生育を担当した中国の官庁. 2013年に衛生部と合併，国家衛生計画生育委員会に改組.

(4) **鄧小平** 1904–97年. 毛沢東死後，中国経済の改革と開放を推進. 中央軍事委員会主席として89年民主化運動を弾圧した.

(5) **楊尚昆** 1907–98年. 文革中は迫害された. 文革後，鄧小平に取り立てられ，中央軍事委員会副主席，国家主席を歴任した.

(6) **馬海徳** 1910–88年. レバノン系米国人医師. 延安に行き，中国共産党に入党. 中華人民共和国の建国後，中国籍取得.

(7) **朱鎔基** 第2章注(33)参照.

(8) **日中鉄道協力** 中国の鉄道の近代化は対中ODAの中でも早くから実施され，鉄道部には「日本専家弁公室」が置かれていた.

(9) **六四天安門事件** 1989年6月4日未明，人民解放軍が天安門広場の民主化要求学生らの排除に出動し，市民，学生と衝突して多数の死者が出た事件. 第二次天安門事件とも言う.

(10) **第3次円借款** 1990～95年にかけて，エネルギー，交通インフラなど42件のプロジェクトに低利の円借款を提供した有償資金協力.

(11) **中国医科大学** 1948年，かつての満州医科大学と奉天医科大学が，元の中国医科大学と合併して成立した.

(12) **核拡散防止条約** 米国，ロシア，英国，フランス，中国以外の国の核保有を禁じ，核兵器国には核軍縮交渉を義務付ける条約.

(13) **熊光楷** 1939年–. ドイツ駐在武官，人民解放軍総参謀部情報部長，副総参

謀長，中国共産党中央候補委員を歴任した．上将．

(14)　**一帯一路**　第1章注(17)参照．

(15)　**台湾旅行法**　米国と台湾の政府高官の交流を促進することを目的として，2018年に米国で成立した法律．

(16)　**蔣介石**　1887–1975年．孫文の後継者．中華民国の統一を実現したが，抗日戦争の後，国共内戦に敗れ，台北に遷都した．

(17)　**毛沢東**　1893–1976年．中国革命の指導者．死ぬまで中国共産党主席，中央軍事委員会主席を務め，66年には文革を発動した．

(18)　**周恩来**　1898–1976年．中国革命の指導者．日仏などに留学．死ぬまで国務院総理を務め，外交にも手腕を発揮した．

(19)　**彭徳懐**　1898–1974年．朝鮮戦争の志願軍司令官．初代国防部長を務めたが，大躍進政策の転換を毛沢東に建議して失脚した．

士課程単位取得退学，博士(法学)．主著に『現代中国の市民社会・利益団体——比較の中の中国』(共編著)，『中国の公共性と国家権力——その歴史と現在』(共編著)．

聞き手プロフィール

服部健治(はっとり けんじ)
1948年生まれ．中央大学大学院戦略経営研究科フェロー，日中協会理事長．南カリフォルニア大学大学院修士課程修了．日中経済協会員，日中投資促進機構北京事務所首席代表，愛知大学教授，中央大学教授など歴任．主著に『日中関係史 1972–2012 Ⅱ　経済』(共編)など．

加藤千洋(かとう ちひろ)
1947年生まれ．ジャーナリスト．東京外国語大学卒．朝日新聞北京特派員，アジア総局長，中国総局長，編集委員，テレビ朝日「報道ステーション」初代コメンテーター，同志社大学大学院教授を歴任．鄧小平の死を世界のメディアに先駆けて報道．主著に『中国大陸をゆく——近代化の素顔』，『胡同の記憶——北京夢華録』など．

山本秀也(やまもと ひでや)
1961年生まれ．国際医療福祉大学教授．北京大学哲学系卒．産経新聞シンガポール，台北，香港，北京，ワシントン支局長，編集委員兼論説委員などを歴任．主著に『南シナ海でなにが起きているのか——米中対立とアジア・日本』，『習近平と永楽帝——中華帝国皇帝の野望』など．

石井 明(いしい あきら)
1945年生まれ．東京大学名誉教授．東アジアの国際関係(日中関係・中ソ関係史)．東京大学大学院博士課程単位取得退学．東京大学教養学部助手，講師，助教授，教授を歴任．主著に『中ソ関係史の研究——1945–1950』(大平正芳記念賞)，『中国国境　熱戦の跡を歩く』など．

編者および「新しい日中関係を考える研究者の会」幹事プロフィール

天児 慧(あまこ さとし)
1947年生まれ．早稲田大学名誉教授．現代中国論，アジア国際政治．一橋大学大学院博士課程修了，社会学博士．アジア政経学会理事長，人間文化研究機構現代中国地域研究プログラム代表など歴任．主著に『中国政治の社会態制』，『中華人民共和国史 新版』，『日中対立』など．

高原明生(たかはら あきお)
1958年生まれ．東京大学教授．現代中国政治．サセックス大学DPhil．アジア政経学会理事長，新日中友好21世紀委員会日本側秘書長など歴任．主著に *The Politics of Wage Policy in Post-Revolutionary China*，『シリーズ中国近現代史5 開発主義の時代へ 1972–2014』(共著)など．

菱田雅晴(ひしだ まさはる)
1950年生まれ．法政大学法学部教授．中国政治社会論，国家社会論．東京大学社会学部卒業．JETRO，静岡県立大学教授，同国際関係学研究科長，法政大学政治学研究科長など歴任．主著に『共産党とガバナンス』(共著)，『中国共産党のサバイバル戦略』(編著)，『社会——国家との共棲関係』(編著)など．

久保 亨(くぼ とおる)
1953年生まれ．信州大学特任教授．近現代中国史．一橋大学大学院博士課程単位取得退学，社会学修士．歴史学研究会委員長，日本学術会議会員など歴任．主著に『戦間期中国〈自立への模索〉』，『シリーズ中国近現代史4 社会主義への挑戦 1945–1971』，『日本で生まれた中国国歌』など．

諏訪一幸(すわ かずゆき)
1958年生まれ．静岡県立大学教授．現代中国論，日中関係．日本大学大学院修士課程修了，国際情報学修士．元外務省課長補佐．主要論文に「中国共産党の幹部管理政策」，「全国人民代表大会常務委員会と中国共産党指導体制の維持」など．

小嶋華津子(こじま かずこ)
1970年生まれ．慶應義塾大学法学部教授．現代中国政治．慶應義塾大学大学院博

証言 戦後日中関係秘史

2020年3月27日　第1刷発行

編　者　天児《あまこ》 慧《さとし》　高原明生《たかはらあきお》　菱田雅晴《ひしだまさはる》

発行者　岡本 厚

発行所　株式会社 岩波書店
〒101-8002 東京都千代田区一ツ橋 2-5-5
電話案内 03-5210-4000
https://www.iwanami.co.jp/

印刷・理想社　カバー・半七印刷　製本・松岳社

ISBN 978-4-00-061401-6　Printed in Japan

証言　戦後日中関係秘史